SEMANA DE VINTE E DOIS
Olhares Críticos

SERVIÇO SOCIAL DO COMÉRCIO
Administração Regional no Estado de São Paulo

Presidente do Conselho Regional
Abram Szajman
Diretor Regional
Danilo Santos de Miranda

Conselho Editorial
Ivan Giannini
Joel Naimayer Padula
Luiz Deoclécio Massaro Galina
Sérgio José Battistelli

Edições Sesc São Paulo
gerente Iã Paulo Ribeiro
gerente adjunta Isabel M. M. Alexandre
coordenação editorial Cristianne Lameirinha, Clívia Ramiro, Francis Manzoni, Jefferson Alves de Lima
produção editorial Maria Elaine Andreoti, Thiago Lins
coordenação gráfica Katia Verissimo
produção gráfica Fabio Pinotti, Ricardo Kawazu
coordenação de comunicação Bruna Zarnoviec Daniel

Biblioteca Brasiliana Guita e José Mindlin

UNIVERSIDADE DE SÃO PAULO
Reitor Carlos Gilberto Carlotti Junior
Vice-reitora Maria Arminda do Nascimento Arruda

Pró-Reitoria de Cultura e Extensão Universitária
Pró-reitora Marli Quadros Leite
Pró-reitor adjunto Hussam El Dine Zaher

Biblioteca Brasiliana Guita e José Mindlin
Diretor Alexandre Macchione Saes
Vice-diretor Alexandre Moreli

Publicações BBM
Editor Plinio Martins Filho
Editoras assistentes Millena Santana, Mirela de Andrade Cavalcante e Amanda Fujii

Edições Sesc São Paulo
Rua Serra da Bocaina, 570 – 11º andar
03174-000 – São Paulo SP Brasil
Tel.: 11 2607-9400
edicoes@sescsp.org.br
sescsp.org.br/edicoes
/ edicoessescsp

Publicações BBM
Biblioteca Brasiliana Guita e José Mindlin
Rua da Biblioteca, 21
Cidade Universitária
05508-065 – São Paulo, SP, Brasil
Tel.: 11 2648-0840
bbm@usp.br

SEMANA DE VINTE E DOIS
Olhares Críticos

Marcos Antonio de Moraes (org.)

© Marcos Antonio de Moraes, 2022
© Edições Sesc São Paulo, 2022
Todos os direitos reservados

Direitos reservados e protegidos pela Lei 9.610 de 19.02.1998.
É proibida a reprodução total ou parcial sem autorização,
por escrito, das editoras.

Edição	Plinio Martins Filho
Preparação	Isabella Silva Teixeira, Mirela de Andrade Cavalcante
Composição	Camyle Cosentino, Mirela de Andrade Cavalcante
Projeto gráfico	Camyle Cosentino
Capa	Fabio Pinotti
Revisão	Marcos Antonio de Moraes

Dados Internacionais de Catalogação na Publicação (CIP)
(Câmara Brasileira do Livro, SP, Brasil)
Ficha catalográfica elaborada pelo Serviço de Biblioteca e Documentação da Biblioteca
Brasiliana Guita e José Mindlin (BBM-USP)

S471

Marcos Antonio de Moraes (organizador). Semana de Vinte e Dois: Olhares Críticos.
– São Paulo: Publicações BBM; Edições Sesc São Paulo, 2022.
280 p. ; 16 x 23 cm ; il.

ISBN BBM: 978-65-87936-00-0
ISBN Edições Sesc: 978-65-86111-61-3

1. Modernismo. 2. Semana de arte moderna. 3. Brasil. 4. 1922.
I. Organizador. II. Título.

CDD: 709.040981

Bibliotecário
Rodrigo M. Garcia, CRB8ª: SP-007584/O

SUMÁRIO

Olhares que Redirecionam – *Danilo Santos de Miranda* 7

Semana Centenária – *Marcos Antonio de Moraes* 9

I. MEMORIALISMO, RELEITURAS

1. A Teatralização da Insatisfação: A Semana de Arte Moderna – *Maria Eugenia Boaventura* 29

2. A Semana de Arte Moderna Revisitada por Mário de Andrade – *Marcos Antonio de Moraes* 37

3. Semana de 1922 Segundo Rubens Borba de Moraes: Desdobramentos Intelectuais e Culturais – *Aracy Amaral* 61

4. Mário da Silva Brito: O Grande Historiador do Modernismo Brasileiro – *Maria Augusta Fonseca* 67

5. Semana Sem Fim: Percurso de uma Pesquisa – *Frederico Coelho* 81

6. 1922: Novos Olhares? Ou: Como Modernizar a Semana de Arte Moderna? – *João Cezar de Castro Rocha* 93

II. ESPAÇO, PERSONAGENS

7. Theatro Municipal de São Paulo: Um Difícil Lugar de Memória da Semana de 22 – *Paulo César Garcez Marins* 105

8. Paulo Prado no Centro [Da Fotografia Que Não É] da Semana de Arte Moderna – *Carlos Augusto Calil* 127
9. Manuel Bandeira: Modernismos e Sociabilidades – *Eduardo Coelho* . . 149
10. Entre Vaias e Aplausos: Guiomar Novaes na Semana de Arte Moderna – *Fernando Binder* 161

III. TEMPORALIDADES, VÍNCULOS, GEOGRAFIAS

11. Modernos Antes do Modernismo: Constituição do Meio Artístico e Formação Transnacional como Estratégias para uma Construção Nacional e Moderna da Arte no Brasil – *Fernanda Pitta* 179
12. Cartas em Contexto: Documento ou Gênero Literário – *Sergio Miceli* 209
13. "Renascimento Feliz": Análise da Correspondência entre Mário de Andrade e Anita Malfatti – *Mauricio Trindade da Silva* . . 219
14. De uma Viagem ao Sertão – *Humberto Hermenegildo de Araújo* . . 239
15. Modernismo e Regionalismo no Brasil: Aproximações Críticas – *Maria Arminda do Nascimento Arruda*. 251

Sobre os Autores 273

Olhares que Redirecionam

DANILO SANTOS DE MIRANDA
Diretor do Sesc São Paulo

CARACTERIZADA POR MÚLTIPLOS FATORES, a história inclui em seus relatos os agentes que dela fizeram parte. Contudo, os pesos utilizados variam de acordo com a medida da escrita e o intervalo de tempo em que foram realizadas as pesquisas. Presentes nas mais diversas narrativas, as figuras históricas que compuseram os fatos de determinado período as tornam, por meio de um olhar minucioso, mais complexas e, por que não, mais interessantes. Diferente de biografias, trata-se de contextualizar o papel desempenhado por cada agente histórico na respectiva trama que o enreda.

Ao revisitar manifestações históricas e culturais, a depender da luz do presente, outras personagens e situações têm redimensionadas a sua participação, adquirindo muitas vezes um vulto maior do que até então pareciam ter. Ao longo do tempo, novas perspectivas analisam os acontecimentos de maneira a oferecer informações e tessituras que comporão suas memórias, entrelaçando passado, presente e futuro, e permitindo que as próximas gerações acessem um panorama de fatos influentes para determinado ato histórico, bem como seu legado.

Assim ocorre com a Semana de Arte Moderna de 1922, evento artístico e literário realizado no Theatro Municipal de São Paulo que reuniu artistas de diferentes áreas, apresentando ao público novas formas de expressão, liberdade de criação e estilo, propondo renovação da linguagem e valorização da identidade brasileira no cenário academicista até então vigente. Considerado ousado para o tradicionalismo da época e com recepção crítica desfavorável, o movimento de 22 foi um marco para o modernismo no Brasil e teve sua importância reconhecida no decorrer dos anos após sua realização.

O livro *Semana de Vinte e Dois: Olhares Críticos*, por meio dos textos de especialistas e estudiosos no assunto, nos oferece a oportunidade de conhecer situações relacionadas a Semana de Arte Moderna, com uma acuidade que nos possibilita maior compreensão deste movimento de florescimento intelectual e artístico. Com organização do pesquisador e docente Marcos Antonio de Moraes, a publicação resulta do seminário homônimo ocorrido no âmbito do projeto *3 vezes 22*, cuja proposta foi revisitar o passado à luz do presente, entrecruzando as temporalidades da Independência (1822), do modernismo (1922) e do presente (2022). O projeto decorre de uma parceria entre o Sesc São Paulo com o Instituto de Estudos Brasileiros (IEB), a Pró-Reitoria de Cultura e Extensão da USP e a Biblioteca Brasiliana Guita e José Mindlin, parceira nesta coedição.

Ao completar o primeiro centenário da Semana de 22, com este livro o Sesc contribui para a reflexão crítica acerca de um movimento marcante para a história da cultura brasileira, entendendo que para se construir novas narrativas é desejável conhecer os envolvidos e o caminho até então percorrido, sedimentando novos legados.

Fica o convite à leitura!

Semana Centenária

MARCOS ANTONIO DE MORAES

"ASSISTI, NA SEMANA DE ARTE MODERNA DE 22, a uma mesa formada por gente de imprensa e jornalistas: estavam nessa reunião Mário de Andrade, Oswald de Andrade", relembra D. Jovina, professora de classe média paulista, que, com suas economias, habituara-se a frequentar o Theatro Municipal de São Paulo. Na entrevista a Ecléa Bosi, nos anos de 1970, admirava-se: "Nunca pensei que a Semana fosse ter a repercussão que teve"[1].

A Semana de Arte Moderna, entre 13 e 17 de fevereiro de 1922, incluindo conferências, apresentações literárias, audições musicais, dança e exposição de artes plásticas, converteu-se, de fato, em uma perdurável efeméride na paisagem cultural brasileira. Enquanto "lugar de memória", na acepção irradiada pelo historiador francês Pierre Nora, a sua permanência no imaginário coletivo suscita abrangentes reflexões críticas. O festival modernista em uma cidade em pulsante transformação urbana e econômica inscreve-se no tecido da história como um registro factual, mas as suas ressonâncias transbordam indefinidamente. Os "lugares de memória", efetivamente, "só vivem de sua aptidão para a metamorfose, no incessante ressaltar de seus significados e no silvado imprevisível de suas ramificações". Em torno da Semana de 22, desenha-se a espiral de apropriações interpretativas e de manipulações

---

1. Ecléa Bosi, *Memória e Sociedade. Lembranças de Velhos*, 7.ed., São Paulo, Companhia das Letras, 1999, p. 293.

ideológicas de excepcional envergadura, quando comparada a seu limitado (porém ambicioso) empuxo inicial. São como aqueles "acontecimentos, por vezes ínfimos, apenas notados no momento, mas aos quais, em contraste, o futuro retrospectivamente conferiu a grandiosidade das origens, a solenidade das rupturas inaugurais". A Semana de 22 conserva-se, nestes termos, como um "lugar duplo", "fechado sobre si mesmo, fechado sobre sua identidade" e, ao mesmo tempo, "constantemente aberto sobre a extensão de suas significações". Nora ainda perscruta outros sentidos atrelados às rememorações duradouras, indicando que a mitificação, enquanto "vigilância comemorativa", contraditoriamente, pode dizer que "nós não nos identificamos mais completamente" com a "herança" desses eventos[2].

Na órbita da Semana de Arte Moderna, entre 1920 e 1924, alguns de seus participantes engajaram-se em fabricar uma baliza histórica. Em maio de 1920, Oswald de Andrade, no *Jornal do Commercio* de São Paulo, entremostrando a modelagem do evento modernista, menciona o "pugilo pequeno, mas forte" que se preparava "para fazer valer o nosso Centenário"[3], o da independência política. A ideia de consagração firma-se nos artigos de Menotti del Picchia, que, em 1922, alardeia a concretização de "uma semana histórica na vida literária do país" e a sua potência para marcar "uma época definitiva na história do pensamento brasileiro"[4]. Paulo Prado, em *O Estado de S. Paulo*, em janeiro de 1924, lançava o firme prognóstico: "dentro de pouco tempo [...] a Semana [...] marcará uma data memorável no desenvolvimento literário e artístico do Brasil"[5]. Mário de Andrade, em 1922, programaticamente beligerante, em carta divulgada na coluna jornalística de Menotti, vangloriava-se, para fustigar adversários: "teremos os nossos nomes eternizados nos jornais

---

2. Pierre Nora, "Entre Memória e História. A Problemática dos Lugares", trad. de Yara Aun Khoury, *Projeto História, Revista do Programa de Estudos Pós-Graduados em História e do Departamento de História*, puc/sp, n. 10, dez. 1993, pp. 11, 13, 22, 25, 27.
3. Oswald de Andrade, "Arte do Centenário", *Jornal do Commercio*, São Paulo, 16 maio 1920. *Apud* Mário de Silva Brito, *História do Modernismo Brasileiro: Antecedentes da Semana de Arte Moderna*. 3.ed. Rio de Janeiro, Civilização Brasileira/mec, 1971, p. 175.
4. Menotti del Picchia, "Semana de Arte Moderna" e "Futurismo no Municipal", *Correio Paulistano*, São Paulo, respectivamente em 7 e 12 fev. 1922; Yoshie Sakiyama Barreirinhas (introdução, seleção e organização), *Menotti del Picchia, o Gedeão do Modernismo: 1920/22*, Rio de Janeiro, Civilização Brasileira/ Secretaria de Estado da Cultura-SP, 1983, pp. 312, 320.
5. Paulo Prado, "Victor Brecheret e a Semana de Arte Moderna", *O Estado de S. Paulo*, 11 jan. 1924, em Carlos Augusto Calil (org.), Paulo Prado, *Paulística etc.*, São Paulo, Companhia das Letras, 2004, p. 301.

e na História da Arte Brasileira"[6]; e, em abril de 1924, ponderando acerca das contribuições e fragilidades da Semana, constatava que "a fantasia dos acasos fez dela uma data que, creio, não poderá mais ser esquecida na história das artes nacionais. Eis a famosa Semana"[7]. O recurso à vaia, como forma de autopromoção do grupo, não escapou aos historiadores, embora Oswald de Andrade negasse (talvez sem muita convicção) tê-la contratado[8]. Em 1956, Menotti, em conversa com Villa-Lobos, considerava, com ênfase, que os modernistas não tinham sido feitos pela Semana, mas, contrariamente, eles a fizeram[9].

Narrativas reconstituindo a Semana de 22 moldam-se em bases memoria-lísticas, nos depoimentos breves ou extensivos, com maior ou menor precisão informativa, legados, ao longo dos anos, por aqueles que dela participaram (Anita Malfatti, Cândido Motta Filho, Guilherme de Almeida, Di Cavalcan-ti, Ernani Braga, Mário de Andrade, Menotti del Picchia, Oswald de Andra-de, Paulina D'Ambrósio, René Thiollier, Sérgio Milliet, Villa-Lobos, Yan de Almeida Prado), tanto quanto por aqueles que não presenciaram o certame, mas que dele obtiveram notícias no calor da hora, como Rubens Borba de Moraes e Tarsila do Amaral[10]. A epistolografia do período também abriga

6. Menotti del Picchia, "Uma Carta", *Correio Paulistano*, 23 fev. 1922; Yoshie Sakiyama Barreirinhas, *op. cit.*, p. 341.
7. Mário de Andrade, "Crônicas de Malazarte VII", *América Brasileira*, Rio de Janeiro, n. 28, ano III, out. 1924.
8. Oswald de Andrade, "Minha Vida em Cinco Atos", *Um Homem Sem Profissão*, 2.ed., São Paulo, Globo, 2002, p. 202.
9. Cf. P. M. Bardi, *O Modernismo no Brasil*, São Paulo, Sudameris, 1978, p. 10. O crítico literário Wilson Martins ratificaria a percepção de Menotti del Picchia: "foram os modernistas que fizeram a Semana de Arte Moderna e não a Semana de Arte Moderna que fez o Modernismo". (Wilson Martins, *A Ideia Modernista*, Rio de Janeiro, Topbooks/Academia Brasileira de Letras, 2002, p. 62).
10. Cf. Anita Malfatti, "A Chegada da Arte Moderna ao Brasil", em Maria Alice Milliet, *Mestres do Modernismo*, São Paulo, Imprensa Oficial do Estado de São Paulo, 2005; Cândido Motta Filho, *Contagem Regressiva: Memórias*, Rio de Janeiro, José Olympio, 1972; Emiliano Di Cavalcanti, *Viagem da Minha Vida (Memórias) I - Testamento da Alvorada*, Rio de Janeiro, Civilização Brasileira, 1955; Ernani Bra-ga, "O que Foi a Semana de Arte Moderna [...]", *Presença de Villa-Lobos*, 2ª volume, Rio de Janeiro, Museu Villa-Lobos, 1966; Guilherme de Almeida, "Ideias de 1922", *Revista Anual do Salão de Maio*, São Paulo, 1939; Luiz Guimarães (org.), *Villa-Lobos Visto da Plateia e da Intimidade (1912/1935)*, Rio de Janeiro, Gráfica Editora Arte Moderna, 1972; Mário de Andrade, "O Movimento Modernista", *Aspectos da Literatura Brasileira*, 4. ed., São Paulo, Martins/ Instituto Nacional do Livro – MEC, 1972; Menotti del Picchia, *A Longa Viagem: 2ª Etapa: Da Revolução Modernista à Revolução de 1930*, São Paulo, Martins, 1972; Oswald de Andrade, "O Caminho Percorrido", *Ponta de Lança* [1945], 5.ed., São Paulo, Globo, 2000; René Thiollier, *A Semana de Arte Moderna (Depoimento Inédito) 1922*, São Pau-lo, Cupolo, s.d.; Sérgio Milliet, "Uma Semana de Arte Moderna em São Paulo", *Lumière*, n. 7, Anvers,

informes sobre o evento no Municipal. A ambiência belicosa, opondo "futuristas" e "passadistas", preserva-se nos embates jornalísticos resgatados pela pesquisa imprescindível de Maria Eugenia Boaventura, em *22 por 22: A Semana de Arte Moderna Vista por seus Contemporâneos* (2000 e 2008). O cruzamento de testemunhos, na tessitura da história da Semana, oferece percepções destoantes, os graus variados de apreensão do projeto modernista em seus vínculos com a tradição e as vanguardas europeias. Tecido compósito, estuário de anseios e projeções pessoais e do grupo.

Outras narrativas acerca da Semana de Arte Moderna formalizam-se nas molduras de seus primeiros historiadores. Brito Broca (1903-1961) não teve oportunidade de finalizar uma planejada *Vida Literária – Época Modernista*, sequência de sua penetrante *Vida Literária no Brasil, 1900* (1956). Todavia, em fevereiro de 1942, buscou reconstituir, "apenas arrolando os fatos", em duas reportagens, a "aventura modernista", em consonância com a percepção de Menotti, tomando a Semana como um "grande acontecimento", como "uma etapa definitiva em nossa literatura". Dois meses depois dos artigos estampados no suplemento dominical de *A Gazeta* de São Paulo, Mário de Andrade pronunciava a conferência "O Movimento Modernista", rejeitando visões eufóricas sobre a Semana e sua geração, à qual, a seu ver, faltaram ações de natureza mais social e política. Broca, em 1952, pergunta-se, em *Letras e Artes*, do Rio de Janeiro, "quando teria começado o modernismo". Detecta focos de transgressão literária antes mesmo da Semana de 22 – "início 'oficial' de uma nova era para as letras" – ultrapassando o terreno estritamente vanguardista, ao referir-se a Lima Barreto, Antonio Torres, Adelino Magalhães e Hermes Fontes. Para ele, a "rebeldia modernista" enraizava-se em "uma inquietude já de há muito pressentida", sendo, entretanto, "difícil" de pontuar "quando ela teria verdadeiramente começado"[11].

---

15 abr. 1922, em Marta Rossetti Batista (apresentação), *Revista do Instituto de Estudos Brasileiros*, n. 34, IEB-USP, 1992; Yan de Almeida Prado, *A Grande Semana de Arte Moderna: Depoimento e Subsídios para a Cultura Brasileira*, São Paulo, Edart, 1976; Rubens Borba de Moraes, *Testemunha Ocular (Recordações)*, Brasília, Briquet de Lemos, 2011; Tarsila do Amaral, "Ainda a 'Semana'", *Diário de S. Paulo*, 28 jul. 1943, em Laura Taddei Brandini, *Crônicas e Outros Escritos de Tarsila do Amaral*, Campinas, Editora da Unicamp, 2008.

11. Cf. João Fábio Bittencourt, A Vida Literária no Brasil – Época Modernista: *Um Projeto de Brito Broca e Alexandre Eulálio*. Tese de Doutorado. Teoria e História Literária. Instituto de Estudos da Linguagem, Universidade Estadual de Campinas, 2017. Orientadora: Profa. Dra. Vera Maria Chalmers, pp. 229-245.

Maria Augusta Fonseca, em estudo neste volume, distingue o historiador autodidata Mário da Silva Brito (1916-2008) em sua devotada garimpagem documental e hábil enquadramento dos vanguardistas brasileiros no contexto local e mundial. Em 1959, um ano depois da publicação da *História do Modernismo Brasileiro: Antecedentes da Semana de Arte Moderna*, Silva Brito traçou uma síntese da "Revolução Modernista", em *A Literatura no Brasil*, obra organizada por Afrânio Coutinho. Discerne e encadeia os marcos do movimento: a exposição de Anita ("o principal acontecimento artístico") em 1917, ventilando tendências expressionistas; a contribuição do escultor Brecheret, em 1920; o banquete no Trianon, visto como declaração pública inaugural do desejo de ruptura, em 1921; nesse mesmo ano, a adesão do renomado acadêmico carioca Graça Aranha. O grupo, assim, organizado, preparava o terreno para que "outra etapa da história cultural brasileira" fosse "inaugurada". Em seu estudo, Mário da Silva Brito institui o campo semântico dos embates bélicos, em clave revolucionária. Emergem no texto, como recurso estilístico, "luta renovadora", "combate", "vitória", "conquista", "soldados em campanha", participantes "arregimentados", "ataque de surpresa", "comando", "tomar de assalto", "arremetida" etc. A dificuldade na (re)composição factual informa sobre os limites do trabalho historiador da literatura: por maior que fosse o seu empenho, pondera o autor, sempre seria "difícil determinar, no grupo de escritores, quais os participantes da Semana de Arte Moderna". No horizonte, o desejo de exaustividade antevisto em *Promenades de Rome*, livro em que Flaubert registra a angustioso processo de "buscas para chegar à verdade sobre o mais fútil pormenor"[12].

O anedotário também encontra espaço na versão da Semana de 22 engendrada por Mário da Silva Brito, quando ele alimenta o mito da transgressão na base do evento de amplo espectro artístico que "repercutiu, entre as famílias de São Paulo como acontecimento escandaloso, e até imoral. Tanto que, conforme testemunhas da época, à Semana não se referiam na presença das crianças, especialmente das meninas. Os comentários nos lares eram cochichados e disfarçava-se a conversa, ou mudava-se de assunto, à chegada de

---

12. Mário da Silva Brito, "A Revolução Modernista" [1959], em Afrânio Coutinho (dir.); Eduardo de Faria Coutinho (codireção), *A Literatura no Brasil. Era Modernista*, 3. ed., rev. e atual., Rio de Janeiro, José Olímpio/ Editora da Universidade Federal Fluminense, 1986, pp. 4-42.

pessoas do sexo feminino ou de menores..."[13] A geração de estudiosos do modernismo que surgiu na sequência não desqualificaria as pesquisas pioneiras, mas puxaria outros cordéis no empreendimento que visava à reconstituição e à avaliação crítica da vanguarda brasileira do começo do século XX. O crítico e professor de literatura Wilson Martins, em O Modernismo, de 1965, reafirmava a ideia de que movimento sobre o qual se debruçava, cumprira, de fato, "a mais profunda de todas as nossas revoluções literárias". Distinguia, contudo, na obra de Silva Brito, o tributo pago às "tradições da crônica heroica que o modernismo veio formando". Em sua percepção, a Semana de 22, embora reunisse um grupo que apreendera desigualmente a significação da vanguarda artística, lograra representar um estágio do modernismo "maduro", mas de pouco alcance, ao mobilizar apenas intelectuais da "parte mais viva e criadora da inteligência brasileira". Wilson Martins acusa na Semana um erro na estratégia de convencimento: "justamente por seu caráter provocador e escandaloso, pôs tudo a perder; ela ergueu contra o modernismo muito mais resistências do que ele teria normalmente despertado se se realizasse, não com menos manifestos, mas com menos manifestações"[14].

Do campo universitário, entre o final dos anos de 1960 e a década seguinte, provieram duas das mais consistentes e duradouras interpretações da Semana de Arte Moderna, uma na área das artes visuais, a outra no campo da música. A dissertação de mestrado de Aracy A. Amaral, divulgada em livro em 1970, Artes Plásticas na Semana de 22: Subsídios para uma História da Renovação das Artes no Brasil vinha pavimentar a trilha aberta pelos críticos de arte Lourival Gomes Machado (Retrato da Arte Moderna do Brasil, 1945), Mário Pedrosa (conferência "Semana de Arte Moderna", em 1952, incluído em Dimensões da Arte, 1964) e Paulo Mendes de Almeida (artigos no Suplemento Literário de O Estado de S. Paulo, entre 1958 e 1959, reunidos no livro De Anita ao Museu, 1961). O ensaio de Aracy Amaral, embasado em robusta pesquisa documental e iconográfica, bem como em depoimentos de modernistas, assegura, desde as suas páginas iniciais, ter como objeto um "marco na arte contemporânea do Brasil", de cuja "abertura" os movimentos

13. Idem, p. 21
14. Wilson Martins, A Ideia Modernista, Rio de Janeiro, Topbooks/Academia Brasileira de Letras, 2002, pp. 21, 61.

artísticos no século XX no país seriam, no seu modo de entender, ainda beneficiários. A visada crítica lhe permitia assegurar que o festival se caracterizara
por "inconsistências e improvisações", e que as "obras apresentadas no saguão do Theatro Municipal estavam muito distantes daquilo que se poderia
denominar como 'vanguarda' do tempo internacional". Propõe, em síntese,
um painel das conquistas da Semana de 22 no terreno estético, e, ao mesmo
tempo, as suas flagrantes limitações, argumentando que, na exposição, domi-
navam as "obras de tendência pós-impressionista (Anita e John Graz, além
de dois neoimpressionistas, Rego Monteiro e Zina Aita)", enquanto "tudo o
mais" era "experiência de difícil determinação como tendência, por serem de
procedência romântica ou estudos visando a um cubismo apreciado, se bem
que não digerido e inautêntico"[15].

Em 1974, *O Coro dos Contrários: A Música em Torno da Semana de 22*,
de José Miguel Wisnik, originava-se, igualmente, de uma dissertação de mestrado, como a de Aracy Amaral, defendida na Universidade de São Paulo. O
professor de literatura e músico perfaz o emparelhamento das novas sonori-
dades intentadas na Europa ("a superação da tonalidade, a desagregação do
código tonal, as experiências atonais e politonais") e o relativo acanhamento
experimental das composições executadas no palco do Municipal. Em sua
percepção, em vista da "defasagem" entre as ideias valorizadas pelos modernistas e a concretização dos textos literários, da produção pictórica e das
músicas, a Semana não chegava "a ser propriamente a realização acabada da
modernidade", mas insistia "em ser seu índice, daí um certo desequilíbrio
entre o que se alardeia e o que se mostra". No que tange às manifestações
musicais, a programação destacava Villa-Lobos, ao lado de poucas peças dos
franceses Debussy, Blanchet, Vallont, Satie e Poulenc. Consideradas em contraste – matriz europeia e realização local – "as manifestações musicais da
Semana", para Wisnik, "não compartilham de nenhuma solução estética radical, – nem se pensamos no modelo formal das vanguardas europeias, nem
se pensamos na compacta preocupação de nacionalismo que marca a música
brasileira depois de 1924"[16].

15. Aracy A. Amaral, *Artes Plásticas na Semana de 22*, 5. ed. rev. e aum., São Paulo, Editora 34, 1998, pp.
    13, 15-6, 18, 19, 190.
16. José Miguel Wisnik, *O Coro dos Contrários: A Música em Torno da Semana de 22*, 2 ed., São Paulo,
    Duas Cidades, 1983, pp. 29, 64, 66, 70, 141.

Ainda no âmbito da Universidade de São Paulo, a pesquisadora Telê Ancona Lopez, em um dos capítulos da *História do Século 20 – 1919/1934*, de 1974, propõe uma síntese crítica do "Modernismo no Brasil", buscando aquilatar o alcance reflexivo da produção dos escritores vanguardistas. Discerne o atilado posicionamento de Mário de Andrade, desde 1921, em face da história do Brasil, na contenda jornalística com Menotti del Picchia, companheiros apartados na disposição de "matar" ou "curar" Peri, personagem de José de Alencar, que evocava, alegoricamente, o passado romântico. Contra o idealismo ufanista do criador de *Juca Mulato*, Mário impõe a "nacionalidade" como "caminho unido à pesquisa da modernidade, que se nutre de estéticas estrangeiras, mas que não esquece a lição do passado". A menção à Semana de 22, no texto de Telê, põe a descoberto as festividades acríticas estimuladas pelo regime ditatorial vigente no país:

> [...] estas considerações sobre a crítica de Mário de Andrade à sua época são interessantes para nosso momento, pois, em 1972, as comemorações do cinquentenário da Semana de Arte Moderna limitaram-se à louvação que igualou *todos* os modernistas. Não perceberam projetos, não diferenciaram os autores realmente modernos, e em estranhamentos deliberados igualaram a visão de Mário e Oswald à visão de Menotti del Picchia[17].

Fruto desse mesmo momento universitário que impulsionou pesquisas em arquivos pessoais de escritores, mirando a ampliação e o adensamento de proposições histórico-críticas, conta-se a alentada coletânea *Brasil: 1º. Tempo Modernista – 1917/29. Documentação* (1972), hoje raridade bibliográfica, organizada pelas professoras do Instituto de Estudos Brasileiros Marta Rossetti Batista, Telê Ancona Lopez e Yone Soares de Lima, com a colaboração de José Miguel Wisnik. A publicação resultava da exposição homônima financiada pelo Ministério das Relações Exteriores e pelo governo estadual paulista, inaugurada em Paris, e destinada também a circular em Portugal e na América Latina. Os painéis da amostra, estruturados por Marta, Telê, Yone e pelo cineasta Carlos Augusto Calil, levavam a Semana de Arte Moderna e a época modernista a cruzar as fronteiras nacionais, propagando, matreiramente, uma leitura crítica do Brasil nos anos de chumbo. Marcos

---

17. Telê Ancona Lopez, "O Modernismo no Brasil", *História do Século 20 – 1919/1934*, São Paulo, Editora Abril, 1974, pp. 1270; 1272.

Augusto Gonçalves fixou uma elucidativa súmula das apropriações da Semana nesse período:

> [...] para o regime [militar], em época de milagre econômico e patriotismo desenfreado, tratava-se de explorar a dimensão nacionalista do movimento modernista e alçar seu lançamento ao panteão dos fatos históricos gloriosos e intangíveis, mantendo-o afastado da realidade cultural e política do momento – como se viu na imprensa e nas homenagens oficiais.
>
> Para o mundo cultural da esquerda, o cinquentenário [da Semana de 22] não deixava de ser uma oportunidade de valorizar os traços "vanguardistas" do modernismo e ressaltar seu aspecto insurrecional, de "ruptura" ou levante contra a velha ordem[18].

Do final dos anos de 1970 ao começo de 2000, consolida-se a fortuna crítica da Semana de Arte Moderna em suas grandes linhas (os testemunhos, a produção de historiadores autodidatas e as pesquisas universitárias, essas em franca expansão[19]). Emergem leituras interpretativas do evento, de maior ou menor fôlego, iluminando debates (e mesmo disputas) em torno de sua herança. Vingou, em algumas proposições intelectuais, o senso revisionista, denunciando aspectos da realidade brasileira silenciados ou rasurados pelos modernistas no Municipal. Em 1972, Pietro Maria Bardi (1900-1999), à frente do Masp, empreendeu a exposição do cinquentenário, propondo, em sua curadoria, superar a face "burguesamente" elitista de 22. Decide, assim, colocar, ao lado de algumas "poucas obras expostas na Semana", abundante matéria compósita da cultura de massa e objetos prosaicos, fazendo também instalar, nas proximidades do museu, na avenida Paulista, o circo de Piolim, o palhaço reverenciado pelos modernistas. Buscava, com isso, inserir a "questão

18. Marcos Augusto Gonçalves, *1922: A Semana que Não Terminou*, São Paulo, Companhia das Letras, 2012, pp. 339-340.
19. Cabe destacar a contribuição oferecida pela dissertação de mestrado de Eliana Bastos, evidenciando semelhanças e diferenças entre a Semana de Arte Moderna e o Armory Show, realizado em Nova York, em 1913. O ensaio *Entre o Escândalo e o Sucesso: A Semana de 22 e o Armory Show*, publicado em 1991, adensa a constatação de Pietro Maria Bardi, em *O Modernismo no Brasil*: "Não teve qualquer repercussão o memorável acontecimento do Armory Show [...], a mostra internacional de arte moderna das mil obras catalogadas e outras mil fora do catálogo: a exposição do anticonformismo, a descoberta de novas maneiras de expressão, a denúncia dos compromissos de rotina da flagelada academia" (p. 30). Em 1982, o Seminário "A Semana de Arte Moderna de 22, Sessenta Anos Depois", promovido pela Secretaria de Estado da Cultura de São Paulo, com adesão de instituições e centros universitários, resultou na publicação dos Anais, em 1984, congregando as comunicações nele apresentadas.

social" em um acontecimento cultural visto como preso a um "circuito estético fechado em si mesmo". O *Modernismo no Brasil*, livro resultante da exposição, impresso em 1978, apresenta um inventário de "omissões perpetradas pelos organizadores" da Semana. No que tange às artes, Bardi indica a ausência dos pintores Eliseu Visconti, Helios Seelinger, José Maria dos Reis Júnior, Gastão Worms, Quirino da Silva, e de "tantos outros" como Enrico Castello Boccardo, que, em 1920, expusera no Rio de Janeiro telas de extração cubista e dadaísta. Registra ainda o sequestro das "raízes populares", da arte da diáspora africana, do primitivismo (teria faltado um "Douanier Rousseau tupiniquim") e de alguém como Theodoro Braga, devotado às artes aplicadas de inspiração indígena marajoara. Reprova o "selecionador do elenco de artistas", que se descuidara de convidar desenhistas-chargistas, como Voltolino, J. Carlos e Belmonte[20].

O crítico literário Franklin de Oliveira (1916-2000), em 1993, ambicionou levar a cabo um "processo de revisão da patuscada de 22", em seu livro *A Semana de Arte Moderna na Contramão da História e Outros Ensaios*. A avaliação de que as apresentações do grupo modernista não passaram de uma "farsa" ou "divertimento"[21] radicava-se em seu espírito desde, pelo menos, 1972, quando bradava na imprensa contra um "mito" que era preciso "desmontar"[22]. O autor via os modernistas no palco do suntuoso teatro paulistano como politicamente alienados, elitistas e despreocupados "com os problemas do povo brasileiro", sem "consciência histórica" e sem "base filosófica". Entre as omissões, no terreno da literatura, inculpava-os por terem deixado à margem o poeta Da Costa e Silva e os prosadores Lima Barreto e Enéas Ferraz[23]. Yan de Almeida Prado, na catilinária *A Grande Semana de Arte Moderna*, de 1976, bosquejando-a como um "embuste" fertilizado por discursos apologéticos, e rotulando de cabotinos seus camaradas da época, consignou, na introdução obra, a sua afinidade com o modo de pensar de Franklin de Oliveira[24].

20. P. M. Bardi, *O Modernismo no Brasil*, São Paulo, Sudameris, 1978, pp. 10, 22, 26, 30, 36.
21. Franklin de Oliveira, *A Semana de Arte Moderna na Contramão da História e Outros Ensaios*, Rio de Janeiro, Topbooks, 1993, pp. 11-12.
22. Cf. Frederico Coelho, *A Semana Sem Fim: Celebrações e Memória da Semana de Arte Moderna de 1922*, Rio de Janeiro, Casa da Palavra, 2012, p. 77.
23. Franklin de Oliveira, *op. cit.*, pp. 34, 35.
24. Yan de Almeida Prado, *op. cit.*, p. 10.

O crítico de arte e curador Paulo Herkenhoff, em ensaio nas páginas de *Arte Brasileira na Coleção Fadel: Da Inquietação do Moderno à Autonomia da Linguagem* (2002), convalida a percepção de que "1922 deixou-nos um indiscutível legado". Porém, o reposiciona dentro de um contexto histórico mais abrangente, impondo uma distinção entre modernista e moderno/modernidade. Ao tangenciar a discussão sobre o "lado geopolítico da Semana", contrapondo São Paulo e Rio de Janeiro em seus (iniludíveis) desígnios hegemônicos, o estudo procura reconstituir a ambiência cultural da nossa antiga capital, no início do século XX, vivenciando o "moderno" nos projetos urbanísticos (a Esplanada do Castelo, os bulevares de inspiração francesa), nas "experiências arquitetônicas" e nas expressões artísticas. Herkenhoff, assim como Bardi e Oliveira, recenseia o que considera as limitações informativas e conceituais dos organizadores da Semana, quando deixam na sombra arquitetos como Victor Dubugras e Antonio Virzi, a fotografia de Augusto Malta, a caricatura de J. Carlos e de Nair de Teffé, o cinema, a "música popular moderna", as artes decorativas de Eliseu Visconti. Do pintor Belmiro de Almeida, eles teriam passado ao largo da tela *Mulher em Círculos*, de 1921, que, na visão do crítico, revelava "consciência moderna de superfície mais radical do que tudo que se exporia na Semana"[25]. Ausências, omissões e pretensos desconhecimentos modulam processos de revisão do evento paulistano, então compreendido sob uma outra perspectiva situacional e em outros alinhamentos críticos. Imaginada nessa outra configuração, difusa, mais abrangente e exponencialmente heterogênea, esta Semana, de todo modo, seria, evidentemente, uma outra Semana, inteiramente fora do radar dos modernistas de 22, que estavam de olhos voltados para as vanguardas europeias, cujos vetores estéticos foram desigualmente apreendidos por eles.

Milionária bibliografia, catálogos de exposição e numerosa produção audiovisual sobre a Semana de Arte Moderna, de variável relevância, desaguam no século XXI. Essa massa de informação permitiu o conhecimento de fatos e situações, de escorços biográficos mais bem delineados e de registros de sociabilidades, assim como reavaliações críticas. Propiciou a composição de duas encorpadas prosopografias, tendo por eixo os três dias de festivais e a exposição

---

25. Paulo Herkenhoff, *Arte Brasileira na Coleção Fadel: Da Inquietação do Moderno à Autonomia da Linguagem*, Rio de Janeiro, Andrea Jakobsson Estúdio, 2002, pp. 25, 35, 44.

modernista: *Semana de 22: Entre Vaias e Aplausos* (2002), da historiadora Márcia Camargos, e *1922. A Semana que Não Terminou* (2012), do jornalista devotado à observação de tópicos culturais, Marcos Augusto Gonçalves (2012). Ambos os livros, desejando recuperar as raízes do evento, a sua floração performática no Municipal, o seu impacto na época e a sementeira extemporânea, consagram um olhar reflexivo sobre o próprio processo de reconstituição histórica. Márcia Camargos planejou "desmistificar" a Semana, "sem, no entanto, obliterar sua feição de alegre desafio aos padrões vigentes, nem sua contribuição efetiva para as transformações que se processaram no campo das artes". Explicita igualmente, no princípio da obra, o traçado previsto para atingir os diversificados sentidos da Semana: "optei por mostrar o festival modernista sob diversos ângulos, nem sempre convergentes, numa abordagem crítica que revela aspectos pouco visitados e discute suas ambiguidades"[26]. Marcos Augusto Gonçalves, pela vez dele, no mesmo diapasão reflexivo, compromete-se a urdir um "relato" orientado pelo (melhor) jornalismo, procurando "inserir os personagens numa rede de relações capaz de relativizar ou transcender simplificações do tipo futuristas x passadistas, modernos x acadêmicos, mocinhos x bandidos"[27]. Para tanto, quer lançar luz sobre o problema das linearidades simplificadoras, da formação do cânone, das ideologias triunfalistas (e das esbulhadoras) em ação, das torções de sentido na apreensão do movimento em benefício de personalidades, de grupos socioculturais e mesmo de idealizações coletivas.

A narração da Semana de 22, certamente em razão das exigências do rigor acadêmico, passou a demandar do historiador (e de seus avatares) todas as cartas na mesa, com a explicitação de fontes primárias e secundárias utilizadas, bem como dos pressupostos metodológicos, críticos e interpretativos. Assim, a entrada pelos anos 2000 trouxe tanto bons projetos de reconstituição da Semana de Arte Moderna dotados de expressiva documentação, quanto o elã da historiografia, muito bem representada pelo livro *A Semana Sem Fim: Celebrações e Memória da Semana de Arte Moderna de 1922*, de Frederico Coelho, de 2012. Antes, em 1981, a tese de doutorado de Roselis Oliveira de Napoli, *1922/1972 A Semana Permanece* lançara um primeiro olhar sobre as camadas de interpretação sobrepostas à Semana,

---

26. Márcia Camargos, *Semana de 22: Entre Vaias e Aplausos*, São Paulo, Boitempo, 2002, p. 14.
27. Marcos Augusto Gonçalves, *op. cit.*, p. 340.

em seu cinquentenário[28]. Consolida-se, assim, uma linhagem historiográfica ("o momento de um retorno reflexivo da história sobre si mesma"[29]), da qual se esperam novos frutos[30]. Essa linhagem guarda a consciência de que materializa mais um momento (e não o último) de abordagem da Semana (e sua pletora de significados), integrando-se a uma intrincada rede de discursos sedimentados uns sobre os outros, uns mesclando-se aos outros.

Possivelmente, a próxima camada discursiva que virá a se sobrepor mais aderentemente à Semana de 22, para além do memorialismo (depoimentos daqueles que a vivenciaram, tanto quanto o exame de sua costura em relatos), das escritas da história (em novos arranjos interpretativos[31], ou girando em falso) e da historiografia, apresente-se em termos de uma incômoda aporia. Ou seja, um "lugar de memória" que acabe se tornando uma "pedra no meio do caminho" na experiência artística brasileira, uma fantasmagoria dificultando novos empreendimentos estéticos em um novo paradigma. Entre 5 e 10 de novembro de 2007, o bonito projeto cultural do escritor Sérgio Vaz, à frente da Cooperifa, a Cooperação Cultural da Periferia, talhou uma Semana de Arte Moderna da Periferia, na zona Sul de São Paulo. A agitação pretendia dar maior visibilidade a talentos alijados de investimentos e de valorização, atualizando lutas pelo direito à cultura, no território das artes plásticas, da literatura, música, dança, do vídeo, cinema e teatro. O organizador, entrevistado, alude à Semana de 22, como estratagema de difusão mais segura da atividade programada, ratificando, de algum modo, a dificuldade em transpor a efeméride bloqueadora: "Quando você se apropria de um nome sagrado da elite cultural, chama a atenção, diferente disso, passaríamos como mais uma mostra cultural"[32].

---

28. Roselis Oliveira de Napoli, *1922/1972 A Semana Permanece*, 3 vols. Tese de doutorado. Literatura Brasileira. Faculdade de Filosofia, Letras e Ciências Humanas, Universidade de São Paulo, 1981. Orientadora: Professora Doutora Telê Ancona Lopez.

29. Pierre Nora, *op. cit.*, p. 12

30. Outros projetos encontram-se em marcha, como o *Dicionário Semana de 22*, amplo repositório (biobibliográfico e iconográfico), tendo à frente Frederico Camargo e Marcos Antonio de Moraes, no âmbito das atividades do *3 Vezes 22*, da Biblioteca Brasiliana Guita e José Mindlin (BBM) da Universidade de São Paulo, com a participação de um importante corpo de colaboradores especialistas.

31. Em *Metrópole à Beira Mar: O Rio Moderno dos Anos 20*, São Paulo, Companhia das Letras, 2019, por exemplo, o biógrafo Ruy Castro, no capítulo "Missão em São Paulo", reconfigura a Semana, realçando o protagonismo de Emiliano Di Cavalcanti e de Heitor Villa-Lobos, cariocas.

32. Cf., por exemplo: "Periferia Faz sua Própria Semana de Arte Moderna", Portal Aprendiz, UOL, 1 nov. 2017. https://portal.aprendiz.uol.com.br/content/periferia-faz-sua-propria-semana-de-arte-moderna.

Franklin de Oliveira sugeriu, em 1972, que "a melhor maneira de festejar o cinquentenário da Semana de Arte Moderna seria criar um novo Modernismo"[33]. Ou seja, interrompendo a sua marcha (vitoriosa), sobrepujando-a, delimitando cronologicamente a sua força gravitacional. Marcelo Coelho, em 1992, compreendia que a Semana resiste porque, ambivalentemente, tanto nos ofereceria um "referencial histórico", quanto nutriria a "nossa ânsia de ruptura", em um país em que se experimenta, ao mesmo tempo, a "carência de memória" e "o nosso bovarismo da Revolução". O articulista de "Rebeldia de 22?" desvela frágeis impulsos de emulação da Semana na "mímica da revolta sem tragicidade edipiana", no espelho de uma "eterna adolescência"[34]. Em outubro 2021, o historiador Francisco Alambert, no artigo "Os Séculos da Semana", se pergunta, entre outras indagações igualmente embaraçosas, se a movimentação de 22 estaria "superada e substituída pelos novos arranjos identitários?", quando tudo nos "condena ao distanciamento ou à aproximação dos desejos modernistas"[35]. À luz das proposições interpretativas de Pierre Nora, as celebrações totêmicas da Semana de 22 talvez acusem a (nossa) dificuldade em suplantá-la, criativa e disruptivamente. Rechaçá-la, ressignificá-la, contorná-la tornam-se legítimos gestos empenhados, em demanda de expressões artísticas friccionadas com a realidade do século XXI e suas multifárias agendas. Para criadores e críticos contemporâneos de várias artes, a Semana impõe-se como um enigma.

Nos arredores dos cem anos de sua realização, a Semana de 22 tornou-se matéria de "olhares críticos" no seminário realizado entre 21 e 24 de fevereiro de 2018 no Centro de Pesquisa e Formação do SESC São Paulo, dentro das atividades previstas no projeto *3 VEZES 22*, da Biblioteca Brasiliana Guita e José Mindlin, da Universidade de São Paulo, em parceria com a Pró-Reitoria de Cultura e Extensão e do Instituto de Estudos Brasileiros da mesma instituição. Seis mesas-redondas radiografaram o "marco", o "divisor de águas", do modernismo, a partir de diversos ângulos: "Memorialismo", reunindo Marcos Antonio de Moraes, Maria Augusta Fonseca e João Fábio Bittencourt; "Personagens, Sociabilidades", com a participação de Carlos Augusto Calil,

---

33. *Apud* Yan de Almeida Prado, *op. cit*, p. 10.
34. Marcelo Coelho, "Rebeldia de 22?", *Folha de S. Paulo*, 19 fev. 1992, em *Gosto se Discute*. São Paulo, Ática, 1994, pp. 106-109.
35. Francisco Alambert, "Os Séculos da Semana", *Folha de S. Paulo*, Ilustrada/Ilustríssima, 26 set. 2021, p. 6.

Eduardo Coelho e Maurício Trindade da Silva; "Revisitar (Criticamente) a Semana de 22", com Maria Eugenia Boaventura, Frederico Coelho e Marcos Augusto Gonçalves; "Repercussões Regionais", com Sergio Miceli, Humberto Hermenegildo de Araújo e Maria Arminda do Nascimento Arruda; "Artes Visuais, Espaços", com Fernanda Pitta, Aracy Amaral e Paulo César Garcez Marins; "Literatura", com João Cezar de Castro Rocha, Telê Ancona Lopez e o escritor Ferréz; "Música", com Flávia Toni, Manoel Aranha Corrêa do Lago e Pedro Fragelli. Fecundo em debates e na apreensão do imaginário da Semana, o ciclo encerrava-se com o pianista Cristian Budu, executando as composições de Debussy, Erik Satie e Villa-Lobos para piano solo, que foram ouvidas pela plateia do Theatro Municipal em fevereiro de 1922.

Este livro, *Semana de Vinte e Dois: Olhares Críticos*, congrega um representativo número de comunicações difundidas no seminário de mesmo nome, contribuindo para o delineamento de uma complexa cartografia do modernismo, em termos sincrônicos e diacrônicos, por meio de proposições críticas de intelectuais de diversas formações nas humanidades. O volume organiza-se em três partes: "Memorialismo, Releituras", "Espaço, Personagens" e "Temporalidades, Vínculos, Geografias", que desembocam em questões relacionadas ao discurso testemunhal e à sua problemática, à formalização da história (e do cânone) do modernismo, às vicissitudes da historiografia, e à discussão em torno dos sentidos manifestos (e latentes) da Semana de 22, inegável "monumento" na história cultural brasileira.

Em "Memorialismo, Releituras", Maria Eugenia Boaventura, retoma as vozes engajadas dos primeiros modernistas, reinserindo a Semana em seu contexto histórico, com o intuito de acentuar a sua dimensão política. Marcos Antonio de Moraes observa Mário de Andrade reavaliando criticamente, em diversos escritos, públicos e privados, ao longo dos anos, as conquistas e a limitações do evento, do qual foi um dos principais atores. Aracy Amaral compartilha depoimento inédito de Rubens Borba de Moraes, no qual ele coloca em pauta as heranças da Semana no plano cultural e político. Maria Augusta Fonseca patenteia os pressupostos metodológicos e reflexivos que orientaram a elaboração da incontornável *História do Modernismo Brasileiro: Antecedentes da Semana de Arte Moderna* (1958), de Mário da Silva Brito. Frederico Coelho mostra como o evento icônico do modernismo, em seu percurso conflituoso de sedimentação cultural, foi, ao longo do tempo, sendo "rasurado, apagado, deslocado ou defendido". João Cezar de Castro Rocha descortina paradoxos da vanguarda e nos incita a "aprofundar o gesto de modernizar o nosso entendimento da Semana de 22".

No segundo tópico, "Espaço, Personagens", Paulo César Garcez Marins posiciona no centro do debate o Theatro Municipal de São Paulo, representação emblemática dos festivais de 22, examinando o seu tardio reconhecimento como patrimônio federal a ser preservado pela nação. Carlos Augusto Calil devota-se a recompor a participação de Paulo Prado, homem de negócios e mecenas, no seio do grupo modernista, avaliando os rumos e ações de um intelectual entre duas gerações, "a de Nabuco e a de Oswald". Eduardo Coelho, pela vez dele, focaliza o percurso do poeta e cronista Manuel Bandeira, que, mesmo não tendo se apresentado no palco da Semana, possui protagonismo no movimento de vanguarda, vivenciando, como "moderador", sociabilidades e experiências estéticas que valorizaram a pluralidade. Fernando Binder investiga as "ambiguidades" em relação à atuação da renomada pianista Guiomar Novaes no programa musical da Semana.

Na terceira parte deste livro, "Temporalidades, Vínculos, Geografias", Fernanda Pitta propõe uma compreensão mais profunda da produção artística brasileira que precede à das vanguardas das primeiras décadas do século XX, colocando em tela problemas historiográficos, com a intenção de desarmar teleologias. Sergio Miceli, em face da substanciosa epistolografia modernista que contribui para a observação dos "bastidores alvoroçados da vida intelectual", oferece instrumentais teóricos e críticos para a produtiva apreensão de um irrequieto retrato de grupo. Mauricio Trindade da Silva detém-se na correspondência trocada entre Mário de Andrade e Anita Malfatti, explicitando posturas estéticas em confronto e interações afetivas. Humberto Hermenegildo de Araújo divisa os impactos da Semana e do modernismo no Rio Grande do Norte como "recepções ativas", no atrito entre empreendimento vanguardista e a realidade local. Maria Arminda do Nascimento Arruda, encerrando o volume, distingue as tensionadas relações entre a literatura "regionalista" (cerradamente problematizada por ela) e os signos cosmopolitas do modernismo nacional, tendo em vista o "romance de 30" como "parte do legado das vanguardas".

Semana de Vinte e Dois: Olhares Críticos, reunindo abalizados sociólogos, estudiosos da literatura, das artes visuais, da música e do patrimônio, ambiciona ampliar reflexões e debates sobre a efeméride centenária, ao inscrevê-la na ossatura histórica brasileira, como um problemático "lugar de memória", emaranhado em acesas controvérsias.

AGRADEÇO A Frederico Camargo a leitura atenta desta apresentação, impulsionando frutíferas (e inesgotáveis) discussões críticas sobre a Semana de Arte Moderna e a Elisabete Ribas, pela colaboração na pesquisa documental. A Marco Antonio Teixeira Junior, que me ofereceu informações sobre a publicação jornalística da conferência "O Movimento Modernista" de Mário de Andrade. À Biblioteca e ao Setor de Arquivo do IEB-USP. Agradeço ainda a Andréa de Araújo Nogueira, Maurício Trindade da Silva, Flávia Prando e Emily Fonseca de Souza, do CPF-SESC, e aos professores Carlos Alberto de Moura Ribeiro Zeron, Alexandre Macchione Saes, Plínio Martins Filho e Telê Ancona Lopez, da USP, pelo apoio na organização do Seminário e na concretização deste projeto editorial.

I

MEMORIALISMO, RELEITURAS

I

A Teatralização da Insatisfação:
A Semana de Arte Moderna

MARIA EUGENIA BOAVENTURA

ENQUANTO COMEÇAVAM OS DEBATES em torno da organização da Semana de Arte Moderna (realizada nos dias 13, 15 e 17 de fevereiro de 1922, em São Paulo, com leituras de textos literários, conferências, concertos e exibição de trabalhos plásticos), do outro lado do Atlântico, um conjunto de artistas liderado por André Breton e Tristan Tzara polemizava em torno do logrado Congresso de Paris, anunciado para março de 1922. Durante os meses de janeiro e fevereiro, esses escritores discordaram publicamente a respeito da necessidade de uniformizar a nomenclatura, a definição e a agenda que abrangessem as diferentes manifestações de vanguarda que se espalhavam pela Europa, desde o início do século XX. Naquele momento, diante da situação de empobrecimento geral de pós-guerra, Breton, além disto, insistia na necessidade de um rearranjo político destes movimentos, postulando uma guinada para o social. Tzara, por sua vez, rejeitava a codificação do modernismo e as prescrições formais, apostando na espontaneidade e no incessante desmantelamento do sistema intelectual. O fato é que estas discussões acirradas ocorreram nos periódicos literários da Europa e certamente repercutiram entre os artistas brasileiros, sobretudo aqueles que viviam na França[1].

---

1. Cf. as revistas *Comoedia, L'Intransigeant, Ça Ira, De Stijl, Excelsior etc.* Ver uma história sintética desta malograda reunião em Marius Hentea, "Federating the Modern Spirit: The 1922 Congress of Paris", PMLA, New York, jan. 2015, vol. 130, n. 1.

A exemplo deste discutido Congresso, na história da literatura ocidental desfilam incontáveis eventos similares a essa Semana de Arte. Todavia, nenhum desses encontros tem sido tão celebrado quanto esta festa tipicamente paulistana, de repercussão, na época, quase que local. Hoje, impressiona o seu poder de reverberação a cada aniversário, graças ao trabalho da imprensa decisivo antes na sua divulgação e depois para torná-la famosa. Os principais jornais deram cobertura, sem falar nos periódicos das colônias estrangeiras que também foram receptivos.

Questões recorrentes são formuladas nas suas rememorações – O que foi a Semana? Foi coisa de grã-fino? Quem a financiou? Sua importância? Foi resultado dos Salões? A exposição de Anita Malfatti foi o estopim? Por que em São Paulo? Qual o papel da imprensa? O que era Moderno? As respostas estão nos textos de época produzidos, exclusivamente até o ano de 1922, por aqueles que conceberam e criticaram o festejo, como veremos[2].

Esta produção jornalística desse mesmo grupo desejoso de mudanças, de olho nas diferentes tendências da vanguarda europeia e nas particularidades do contexto, a partir de 1920, comprovou a gradativa e sistemática atividade de debates e reflexões sobre uma nova estética, ainda restrita a São Paulo. Ou seja, a montagem de um projeto de renovação artística estava em curso. Numa empostação confessadamente autoritária, alardeando galhardias atávicas, conferia-se àquela atividade em andamento o estatuto de "marcha heroica", "revolução heroica", "vitoriosa guerra", "nova luz", "nova Renascença", "verdadeira Renascença", "Renascença paulista", "movimento sério", "civilização integral", "balanço", "tomada de posição para organizar melhor o movimento de progresso", "emancipação artística", "sopro vital, fremente de uma ressurreição de Arte", "justa apoteose" etc. As crônicas de Menotti del Picchia (por exemplo, "Arte Nova", 1920, "Na Maré das Reformas", 1921, "A Bandeira Futurista", 1921), as de Oswald de Andrade ("Arte do Centenário", 1920, e "Meu Poeta Futurista", 1921), no *Correio Paulistano* e no *Jornal do Commercio*, anunciaram a arquitetura e o planejamento das ações daquelas noites, com antecedência de pelo menos dois anos[3].

2. Maria Eugenia Boaventura (org.), *22 por 22: A Semana de Arte Moderna Vista pelos seus Contemporâneos*, São Paulo, Edusp, 2000 e 2008.
3. Yoshie Barreirinhas (org.), *Menotti del Picchia, o Gedeão do Modernismo (1920-1922)*, Rio de Janeiro, Civilização Brasileira, 1983.

O acesso à imprensa pelos chamados modernistas foi um processo natural, pois, além de serem também jornalistas profissionais e atuarem nos principais veículos, tinham relações de amizade com os seus proprietários. Não se sabe ao certo quais textos literários foram lidos na Semana. Os jornais não os reproduziram, todavia, fizeram referência, de passagem, a trechos de *Os Condenados* de Oswald, de *O Homem e a Morte* de Menotti, e "Os Sapos" de Manuel Bandeira. Da *Pauliceia Desvairada*, Sérgio Milliet, em artigo daquele ano, declarou ter assistido Mário de Andrade recitar o poema "Domingo"[4]. Sendo assim, como lembrança daqueles três dias de festa, ou seu documento exclusivo e concreto, restaram somente: algumas das obras lidas ou expostas, o catálogo desenhado por Di Cavalcanti com a programação, as músicas de Villa-Lobos, as três conferências magistrais, e a série de artigos publicados na imprensa, resumo da polêmica mantida entre os partidários da Semana e aqueles que defendiam o modelo vigente de arte e cultura, reunida no livro *22 por 22: A Semana de Arte Moderna Vista Pelos Seus Contemporâneos*. Até uma foto exaustivamente divulgada como sendo da Semana, foi realizada em outro momento, pois Manuel Bandeira, que ali figura, não compareceu ao festival e o seu poema foi lido por algum colega.

Vale notar que, dos três conferencistas do Municipal, figuras conhecidas e consagradas no meio literário, apenas Menotti del Picchia integrou o conjunto de polemistas locais. Dois moravam no Rio, um deles – Graça Aranha – chegou quando a ideia do evento estava madura e entusiasmado anunciou: "Se ao volver a nossa imprevista e maravilhosa terra, alguma coisa me surpreendeu foi certamente a ascensão espiritual da jovem inteligência brasileira" (12 nov. 1921). O outro – Ronald de Carvalho, agiu à distância. Mas ambos ganharam o lugar de honra no palco do Municipal, reconhecimento do prestígio destes escritores na época, num gesto dos organizadores, lembrando a cordialidade dos seus ancestrais selvagens, que reservava aos visitantes o lugar de honra na aldeia. Passada a turbulência deste fevereiro, é bom frisar que a reação à empolada conferência de Graça Aranha e a disputa por liderança o levaram a perder a aura (o último número da *Klaxon*, que lhe fora dedicado, foi boicotado por Oswald, Bandeira, Ribeiro Couto, entre outros), até culminar no violento artigo "Modernismo Atrasado", de Oswald,

---

4.   Conferir "A Jovem Literatura Brasileira", *22 por 22*, p. 164.

(*A Manhã*, 25 jun. 1924), seguido da "Carta Aberta a Graça Aranha" de Mário (*A Manhã*, 12 jan 1926). A dimensão do poeta de *Epigramas Irônicos e Sentimentais*, do mesmo modo, foi relativizada ao longo do tempo. Tendo em vista este inventário, não devemos perder de vista que o importante para a história cultural foram as produções desses e de outros artistas que surgiram nos anos seguintes, na literatura, na música, na arquitetura, na pintura.

Aquelas crônicas e as polêmicas citadas historiam o trabalho do grupo paulista na concepção da Semana, como vimos, no contexto de um projeto iluminista de atualização do Estado, com apoio da elite econômica. Menotti registrou esta parceria dois anos antes: "São Paulo de hoje, o São Paulo tumultuário e nababesco, chegou a tal fastígio econômico que começa a dedicar seus ócios de enriquecido às produções da arte [...]. Registra um duplo progresso: financeiro e cultural" ("O Pintor Pedro Bruno", *Correio Paulistano*, 10 maio 1920). Num cenário radicalmente diferente daquele do Congresso de Paris, seu contemporâneo, e das demais vanguardas europeias, o grupo modernista, sem exceção, além de confundir-se com essa elite, regozijava-se pelo apoio recebido: "o mais lídimo estofo da velha aristocracia bandeirante", "nomes dos mais genuínos representantes da mais fina aristocracia paulista" , "aliança entre o escol social paulista e o escol mental: para afirmação da nossa cultura e a segurança absoluta do seu predomínio espiritual em todo país", "acolhimento da alta sociedade brasileira pelos seus líderes mais legítimos à arte pessoal do país novo".

Numa demonstração de prestígio alardeada de modo arrogante, tinham convicção de serem os guias de "um movimento tão sério que é capaz de educar o Brasil e curá-lo do analfabetismo letrado", como sentenciava Oswald, e concluía o exultante Menotti: "mais uma vez se justifica o lema do brasão da cidade dos bandeirantes: *Non ducor, duco*!" A aposta nesta empreitada foi alta e consciente, planejava-se de antemão "uma semana histórica na vida literária do país", ou melhor, "tudo está preparado para que essa Semana marque uma época definitiva na história do pensamento brasileiro", anunciava Menotti. Este ainda escrevia no *Correio Paulistano*: "Surgirá [...] uma estética original e nossa" ("Da Estética. Seremos Plagiários?", 10 abr. 1920); "antes de 1921 – livros definitivos afirmarão toda a força e todo esplendor de nossa grande arte. São Paulo será, em breve, o líder intelectual de nossa pátria" ("Cérebro Paulista", 23 fev. 1920). E na véspera do evento vaticinava: "será um acontecimento histórico para a vida mental do país". Não esqueçamos o espaço símbolo, meticulosamente escolhido para cenário da festa – o Theatro Municipal, berço da arte oficial.

Estas propostas de atualização, desenhadas exclusivamente nos artigos de jornais do período, foram incipientes e confusas. A unanimidade residia em alguns pontos: na urgência de mudança da linguagem artística, inspirada nas vanguardas europeias, sem perder a personalidade; na afirmação do papel de São Paulo, "cosmopolita e vibrante", dentro das nossas fileiras provincianas", conforme resumiu Oswald[5]; no reconhecimento da liderança de Graça Aranha; e nas incisivas e constantes declarações de que o futurismo italiano deveria ser empregado num sentido "largo e universal que abrangia toda a revolução moderna das artes, ou no sentido 'paulista' de renovação". Apesar deste trabalho de doutrinação, o parnasianismo imperava soberano. A popularidade da sua estética era avassaladora a ponto de esmaecer o brilho das manifestações simbolistas ensaiadas em solo brasileiro. Talvez este fenômeno explique dois aspectos da história do movimento: de um lado, as marcas nítidas de certo modernismo datado e desatual que, entre nós, caiu no gosto do público; do outro, a penetração desastrosa no meio literário de um futurismo obcecado pela modernidade aparente, no âmbito da linguagem e de tiradas bombásticas, praticando, em outro registro, o mesmo artifício linguístico que os novos almejavam derrubar.

Esta "teatralização da insatisfação artística", na definição de um dos articulistas, teve méritos. Significou um toque de reunir de um punhado de artistas (Oswald de Andrade, Mário de Andrade, Menotti del Picchia, Anita Malfatti, Victor Brecheret, Di Cavalcanti, para ficar apenas nos mais conhecidos), em prol da atualização da linguagem e de caminhos próprios e diferentes para a arte de modo geral, tendo em vista os novos tempos, ou seja, um século forte e construtor, também como lembrava Oswald. Consolidou, ampliou e tornou público a atuação deste grupo (formado por volta de 1917, depois do impacto da exposição de Anita, visitada mais de uma vez por muitos dos envolvidos). Funcionou como um item de refinamento, ou de contemporização na escalada do projeto de poder econômico e cultural do Estado, contribuindo para deslocar o centro dos acontecimentos culturais da então capital do país para São Paulo.

---

5. "Futuristas de São Paulo", *22 por 22*, pp. 102-105.

Portanto, pelo exposto, faz sentido, cem anos depois, esta Semana, mesmo se levarmos em conta que, para a arte, o marco zero são as obras e não as festas. Somente o ano de 1922 ofereceu uma série de textos dissonantes, em relação à produção oficial, a começar da revista *Klaxon,* e agilizou o lançamento de livros diferentes que estavam em processo de composição, todos publicados naquele ano, tais como *Pauliceia Desvairada* (em julho) e *Os Condenados* (em outubro).

A preocupação com o social, ao contrário do Congresso de Paris, ainda não se colocava. Todavia, não escapou aos modernistas, mais tarde. Vai aparecer, por exemplo, em *Memórias Sentimentais de João Miramar* (1924) e *Serafim Ponte Grande* (1933). No primeiro, a elite patrocinadora será ridicularizada pelo seu comportamento a partir dos seus próprios textos, através da antologia que o protagonista faz das cartas da família; no *Serafim*, ao moldar um protagonista, bisneto do conquistador bandeirante, trapaceiro, calhorda, preguiçoso, machista, corrupto etc. Isto é, ironizando as vestes de heroicidade que marcaram as polêmicas em torno da Semana. Surgirão as questões sócio-políticas também na *Revista de Antropofagia* (1928-29) pela releitura ácida da História do Brasil, onde aparecem, entre outras coisas, o quadro dramático da dizimação da população indígena, durante a conquista bandeirante e a desastrosa tentativa de integração de muitas tribos em extinção; o confronto com a visão racista da historiografia da época e sua teoria do branqueamento; a opressão da mulher etc.[6] Sem dúvida textos que manifestam consciência crítica dos problemas da sociedade brasileira aliada à experimentação radical da linguagem estética, contraditoriamente uma herança da elitista Semana de 22.

Uma mitologia heroica desenhou-se ao longo do tempo, a serviço desse projeto, com a colaboração da Universidade e sobretudo da grande imprensa. O resultado às vezes seguiu a reboque dos seus criadores e a cada dez anos, a partir de 1942, marcou-se o evento com atividades e matérias na imprensa. Chamo atenção para dois momentos: o silêncio de 1932 e o ufanismo de 1972, por coincidência duas situações complicadas na vida política do país e do Estado.

1932, o ano trágico na história política paulista, coloca aquele projeto de poder econômico e cultural em perigo. Uma publicação singela, curiosamente lançada em julho – mês da eclosão do conflito, por um dos modernistas de

---

6. Maria Eugenia Boaventura, *A Vanguarda Antropofágica*, São Paulo, Editora Ática, 1985, pp. 54-100.

primeira hora, Rui Ribeiro Couto, *Espírito de S. Paulo*, preso ainda à ideologia do caráter nacional, na linha dos clássicos (*Paulística, Retrato do Brasil*), pode ser encarada como a celebração solitária e silenciosa dos dez anos da Semana. Coincidiu com lançamentos bibliográficos do peso de *Caetés,* de Graciliano Ramos, e *Menino de Engenho*, de José Lins do Rego, cujos autores insistiam em distanciar-se do movimento modernista, pelo menos em entrevistas e artigos. Em decorrência dos rumores separatistas, defendidos inclusive por muitos participantes da Semana, respaldados pelo apócrifo tabloide O *Separatista*, lançado em janeiro desse ano, Ribeiro Couto fez uma defesa veemente de sua terra e do seu projeto civilizacional: "O espírito de São Paulo, atento a todas as manifestações da vida nacional, não o arrastará nunca ao isolamento, mas a uma preocupação sempre maior do bem do Brasil".

Em 1972, jornais, revistas, rádios e TVs ecoavam a manipulação dos festejos da Semana de Arte Moderna, com reportagens, artigos e testemunhos eufóricos, encampando ingenuamente arroubos patrióticos da época. Estavam vivos, dentre os participantes, Menotti del Picchia, Di Cavalcanti, Yan de Almeida Prado, Cândido Mota Filho, Sérgio Buarque de Holanda e outros que não atuaram no Teatro Municipal, como Cassiano Ricardo, Rubens Borba de Moraes e Plínio Salgado. Tarsila incorporada à turma depois da Semana, tornou-se ícone, a musa do movimento. Pode-se associar a sua imagem debilitada, locomovendo-se numa cadeira de rodas, com a cabeça protegida por um invariável lenço, às leituras convencionais e sem viço, adotadas em relação ao evento do qual ela não participou, figurando na celebração de 1972 como uma espécie de estrela cadente. A bela pesquisa *1922/1972: A Semana Permanece*, de Roselis Oliveira de Napoli, mostra minuciosamente a contaminação dos artigos, sobretudo na imprensa, produzidos em homenagem à Semana, pelos rasgos patrióticos coincidentes com o sesquicentenário da Independência, cujas celebrações foram patrocinadas pelo governo militar.

Na mesma década, a Semana havia chegado finalmente ao Museu (a maior instituição privada da América Latina mantida pela aquela mesma elite que patrocinou a Semana, o Masp, organizou uma grande exposição comemorativa) e à Universidade (com as pesquisas no Instituto de Estudos Brasileiros da USP, em torno do recém-comprado acervo Mário de Andrade, resultando na mostra itinerante no exterior, em particular na França, "Brasil:

1º. Tempo Modernista 1917-1929"), transformada em livro. Com o passar do tempo, ainda graças à Universidade, o modernismo de modo geral ganhou uma fortuna crítica própria considerável. A Semana virou minissérie de TV, e invadiu revistas de shoppings e jornais de bairros.

Voltando ao projeto daquela elite, talvez o seu diferencial tenha sido a capacidade de articulação coletiva, em benefício do Estado. Por sinal, uma das marcas da sociedade paulista ao longo de sua história, em reação à inércia governamental que até o Império alijou São Paulo do seu programa político. Por conta disto, a esses modernistas coube-lhes a tarefa de pensar, planejar e implementar parte da engrenagem do sistema, no âmbito da política, da cultura e da educação no seu Estado. Estamos pensando em projetos como: Partido Democrático, *Diário Nacional*, Serviço de Proteção ao Patrimônio, Serviço de Imigração, Escola Livre de Sociologia e Política, Associação dos Geógrafos, Biblioteca Municipal Mário de Andrade, Escola de Biblioteconomia, Sociedade de Arte Moderna, Clube de Arte Moderna, Departamento de Cultura, para citar apenas algumas dessas interferências. Não esqueçamos também o empenho na Revolução de 1932, com modernistas improvisados em combatentes do Batalhão da Liga de Defesa Paulista, de cuja liderança vários participaram à frente do *Jornal das Trincheiras* e de outras iniciativas relativas ao suporte organizacional e de divulgação do conflito.

REFERÊNCIAS BIBLIOGRÁFICAS

COUTO, Rui Ribeiro. *Espírito de S. Paulo*. Rio de Janeiro, Schmidt, 1932.

BARREIRINHAS, Yoshie Sakiyama. *Menotti del Picchia, o Gedeão do Modernismo (1920-1922)*. Rio de Janeiro, Civilização Brasileira, Secretaria de Estado de Cultura, SP, 1983.

BATISTA, Marta Rossetti; LOPEZ, Telê Porto Ancona & LIMA, Yone Soares de (orgs.). *Brasil: 1º. Tempo Modernista – 1917/29. Documentação*. São Paulo, IEB-USP, 1972.

BOAVENTURA, Maria Eugenia (org.). *22 por 22: A Semana de Arte Moderna Vista pelos seus Contemporâneos*. São Paulo, Edusp, 2000 e 2008.

_____. *A Vanguarda Antropofágica*. São Paulo, Editora Ática, 1985.

BRITO, Mário da Silva. *História do Modernismo Brasileiro. Antecedentes da Semana de Arte Moderna*. São Paulo, Saraiva, 1958.

HENTEA, Marius. "Federating the Modern Spirit: The 1922 Congress of Paris". *PMLA*. vol. 130, n. 1. New York, jan. 2015.

NAPOLI, Roselis Oliveira de. *1922/1972: A Semana Permanece*. São Paulo, Faculdade de Filosofia, Letras e Ciências Humanas, USP, 1981, 3 vols. (Tese de Doutorado em Literatura Brasileira).

2

A Semana de Arte Moderna Revisitada por Mário de Andrade

MARCOS ANTONIO DE MORAES

ESCREVENDO DE BELO HORIZONTE a Mário de Andrade, em 28 de março de 1941, o jovem estudante de direito Wilson Castelo Branco indaga acerca da realização de uma Segunda Semana de Arte Moderna, em São Paulo, anunciada na imprensa. No Rio de Janeiro, o semanário de cultura *Dom Casmurro*, dirigido por Brício de Abreu, estampara, em 1º de março, a pedido dos organizadores, o Projeto de Programa Teórico da Segunda Semana de Arte Moderna, que seria concretizada em 1942, emprestando o nome do evento ocorrido no Theatro Municipal de São Paulo, em 13, 15 e 17 de fevereiro de 1922. As diretrizes do movimento encabeçado pelo jornalista Amadeu Amaral Júnior fixavam-se em dez tópicos, abrindo espaço para acolher "sugestões dos interessados". O Programa determinava, logo nas primeiras linhas, a disposição do grupo para "acreditar na grandeza do Brasil e em seu imenso futuro" e o seu compromisso de "honrar os grandes vultos nacionais". Prescrevia a comemoração anual da Semana de 22, a fim de avaliar como ela "influiu na evolução cultural" do país. Propunha a elevação do nível educacional e da imprensa; a valorização do profissional das letras e de artistas, em defesa dos direitos autorais. Encampava discussões da corrente "pró 'língua brasileira'". Pretendia ainda "levar os intelectuais a praticar esportes e elevar o nível cultural dos esportistas"[1]. O planejamento também

---

1. "Segunda Semana de Arte Moderna", *Dom Casmurro*, ano 4, n. 189, 1 mar. 1941, p. 4, Rio de Janeiro. O rastreamento de informações acerca da Segunda Semana valeu-se do mecanismo de buscas do *site* da Hemeroteca Digital da Biblioteca Nacional, do Rio de Janeiro: https://bndigital.bn.gov.br/hemeroteca-digital/.

ganhou as páginas do *Diário Carioca* e do *Jornal do Commercio* do Rio de Janeiro, estruturando-se em sete itens. Especificavam, em acréscimo, o propósito de "reerguimento do teatro nacional", o apoio ao "cinema educativo, cultural e artístico" e a valorização de "aspectos mais modernos da propaganda"[2]. O Programa embaralhava ideologia nacionalista conservadora e reivindicações progressistas. Entre os empreendimentos culturais ligados à Segunda Semana, o *Diário de Notícias* do Rio de Janeiro enumerava, em agosto, "Primeiro Salão de Arte Infantil", "Primeiro Salão de Arte dos Loucos", "Salão de Arte dos Presos" e "A Criança e o Avião"[3]. À frente da exposição de obras infantis estavam, entre outros, Amadeu, como presidente da comissão, os pintores Flávio de Carvalho e Oswald de Andrade Filho, o escritor Luís Martins[4]. O novo agrupamento parecia cumprir um acerto de contas com alguns dos pioneiros, pois, como mais tarde se soube publicamente, visava "cortar as asas de meia dúzia de cavalheiros que fizeram profissão de ter pertencido à Semana de Arte Moderna de 22"[5].

Wilson Castelo Branco perguntava na carta a Mário de Andrade: "o que me diz você sobre esse próximo movimento?", animando-o, certamente, a elaborar uma comparação entre as duas propostas de Semana de Arte Moderna, para colher, assim, um balanço crítico. Fornece, na mensagem, o seu ponto de vista; considerava ser ainda muito cedo para um "reajustamento de valores, em arte", pois a experiência literária, a seu ver, não havia acusado mudanças significativas. Ao avaliar a mobilização dos escritores de seu tempo, detecta que "falta[va] um renascimento da honestidade, da coragem, nunca uma diversidade de rumos"[6], ou seja, se a expressão literária, depois da Primeira Guerra, lograra abrangentes conquistas técnicas ("rumos"), a postura pessoal dos escritores tinha deixado a desejar.

O jornalista carioca Guilherme Figueiredo, dirigindo-se a Mário de Andrade em 15 de abril, toca no mesmo assunto: "que negócio é esse de segunda semana

---

2. "A Segunda Semana de Arte Moderna", *Diário Carioca*, p. 12, 5 mar. 1941; "São Paulo", *Jornal do Commercio*, 3 e 4 mar. 1941, p. 3, Rio de Janeiro.
3. "Inaugurado o Salão de Arte Infantil", *Diário de Notícias*, 2 ago. 1941, p. 5, Rio de Janeiro.
4. "I Salão de Arte Infantil", "Notas de Arte", *Jornal do Commercio*, 2 ago. 1941, p. 5, Rio de Janeiro.
5. Armando Pacheco, "A Única Entrevista que Amadeu Amaral Júnior Concedeu Durante Toda Sua Dispersiva e Torturada Vida", *Vamos Ler!*, 18 out. 1945, p. 35, Rio de Janeiro.
6. Carta de Wilson Castelo Branco a Mário de Andrade, 28 mar. 1941, Fundo Mário de Andrade, Série Correspondência Passiva, Instituto de Estudos Brasileiros – Universidade de São Paulo (IEB-USP). Na transcrição dos textos, optou-se pela atualização ortográfica; conservaram-se as idiossincrasias linguísticas de Mário de Andrade ("sube", "semvergonhice" etc.).

de arte moderna em São Paulo. Que pretendem esses modernos de segunda mão, por favor?" Imaginava essa empreitada como um avançar indevido em "espólio alheio"[7]. Respondendo ao amigo moço, na carta de 28 de abril, expõe a desconfiança de que a movimentação estivesse afinada com a política do Estado Novo e com seus ideólogos (como Almir de Andrade, professor de psicologia e de direito constitucional no Rio de Janeiro, diretor do periódico *Cultura Política*[8]), presa aos cordéis do Departamento de Imprensa e Propaganda (DIP): "a tal de segunda semana de arte moderna, não consigo saber bem do que é, mas traz um programa que andei treslendo, creio que vai dar em dip-semana, com semvergonhice a mais, cultura política, almir de andrade com excesso de psicologia e vários 'imperativos econômicos' satisfeitos". Sem fechar a questão, deixa o interlocutor de sobreaviso: "Por mim não me comprometerei, mas não aconselho nada. Nem consigo aclarar pra você tamanhas escurezas. Só observei que havia uns subconscientes no meio dessas ideias de Segunda (mão) Semana"[9].

A apropriação do nome da Semana de Arte Moderna, quase duas décadas depois, sinalizava a vitalidade de sua permanência no imaginário coletivo letrado, resultante do exercício de estabilização memorialística cumprido principalmente por aqueles que dela tomaram parte. Recuando-se a janeiro e fevereiro de 1922, constata-se que, para além do expressivo conjunto de artigos dos modernistas e de seus detratores, as notícias sobre a Semana foram relativamente parcas. Detiveram-se em aspectos factuais da movimentação artística. A notável pesquisa de Maria Eugenia Boaventura, *22 por 22: A Semana de Arte Moderna Vista Pelos Seus Contemporâneos*, permite a composição de um esclarecedor painel da realidade do festival no espelho da imprensa. A pedidos ou no simples ofício noticioso, sem muito se preocupar com isenção de juízo, nem com aprofundamentos críticos, divulgam-se a lista dos patrocinadores dos espetáculos, gente grada da

---

7. Carta de Guilherme Figueiredo a Mário de Andrade, 15 abr. 1941, Fundo Mário de Andrade, Série Correspondência Passiva, IEB-USP.
8. "Almir Bonfim de Andrade" (verbete). Centro de Pesquisa e Documentação de História Contemporânea do Brasil – FGV. http://www.fgv.br/cpdoc/busca/dicionarios/verbete-biografico/almir-bonfim-de--andrade.
9. Carta de Mário de Andrade a Guilherme Figueiredo, 28 abr. 1941, Guilherme Figueiredo (org.), *Mário de Andrade. A Lição do Guru: Cartas a Guilherme Figueiredo - 1937/1945*, Rio de Janeiro, Civilização Brasileira, 1989, p. 34.

sociedade local; a programação das três noites; nomes dos participantes nas três áreas artísticas contempladas (artes plásticas, literatura, música), com destaque para o renomado escritor acadêmico Graça Aranha e para a "insigne" pianista Guiomar Novaes; o local de venda dos ingressos (Automóvel Club); a notícia da lotação das frisas do teatro etc. Os periódicos referiam-se à Semana como "interessante"[10], situando-a no plano da "curiosidade, misto de entusiasmo"[11]. O relato do confronto entre a plateia e os modernistas, na segunda noite, por ocasião da palestra de Menotti del Picchia, delineia-se sumariamente, sem muito relevo: "uma parte da assistência começou a portar-se inconvenientemente"[12]; "grande confusão, que mal permitia fosse ouvido o que se dizia no palco"[13]. Em relação ao terceiro dia, data do concerto de Villa-Lobos, noticia-se a "hostilidade" de "uma parte diminuta da assistência", "francamente condenada pela grande maioria, que obrigou ao silêncio os demais"[14]. Nesses ralos apontamentos jornalísticos, o nome de Mário de Andrade surge na listagem de escritores envolvidos, nunca em primeiro lugar; com algum realce, a sua palestra no saguão do Theatro, "dizendo seu ponto de vista sobre a arte moderna"[15].

A percepção de Mário de Andrade acerca da Semana de Arte Moderna – história, compreensão crítica e legado –, pode ser apreendida por meio de suas publicações e cartas a diversos interlocutores, em uma perspectiva cronológica. Nos primeiros dias de fevereiro de 1922, o escritor polemizou na imprensa com um "passadista", velado sob o pseudônimo "Candido". Em sua argumentação, empenhava-se em mostrar aos leitores que os modernistas se afastavam dos estritos ditames do Futurismo italiano e de seu *capo*, F. T. Marinetti, no compromisso de "ser atuais" e "livres de cânones gastos"[16]. Para o articulista, a "liberdade" imantava "moços de tendências múltiplas, às vezes contrárias", pois "união é força"[17]. A Semana, que então se anunciava,

---

10. Maria Eugenia Boaventura (org.), "Registro", *Jornal do Commercio*, 13 fev. 1922, São Paulo, em *22 por 22: A Semana de Arte Moderna Vista Pelos Seus Contemporâneos*, 2 ed., rev. e aum., São Paulo, Edusp, 2008, p. 423.
11. "Semana de Arte Moderna", *Jornal do Commercio*, São Paulo, 7 fev. 1922 (*idem*, p. 405).
12. "Semana de Arte Moderna", *Correio Paulistano*, São Paulo, 16 fev. 1922 (*idem*, p. 451).
13. "Mundo da Arte", *Folha da Noite*, São Paulo, 16 fev. 1922 (*idem*, p. 445).
14. "Semana de Arte Moderna", *Correio Paulistano*, São Paulo, 18 fev. 1922 (*idem*, p. 455).
15. "Semana de Arte Moderna", *Correio Paulistano*, São Paulo, 16 fev. 1922 (*idem*, p. 452).
16. Mário de Andrade, "Arte Moderna I – Terno Idílio", *A Gazeta*, São Paulo, 3 fev. 1922 (*idem*, p. 38).
17. Mário de Andrade, "Arte Moderna II – Iluminações Inúteis", *A Gazeta*, São Paulo, 3 fev. 1922 (*idem*, p. 39).

será vista por ele como "um divertido e porventura magnífico estalão", que iria facultar a "renascença paulista" no campo cultural[18]. A visão auspiciosa do evento, prometendo uma nova fase criativa nas artes nacionais, elidia dissensões no meio "avanguardista". Nesse clima de boa camaradagem, Mário reconhecia o "alto prestígio"[19] de Graça Aranha, a quem coubera a "bela ideia" de organizar o certame[20].

Terminada a Semana, a coluna "Crônica Social" do *Correio Paulistano*, subscrita por "Hélios" (Menotti del Picchia no posto de "gedeão do modernismo"), propaga, em 23 de fevereiro, uma "carta muito particular" de Mário de Andrade, apresentando-o como o "incorrigível *blagueur* da fronda da 'Arte Nova'". Essa mensagem provocativa, ao ser endereçada a "Hélios", foi certamente concebida para circular na imprensa. A missiva alardeia o plano levado a termo pelos modernistas para obter projeção cultural ("alcançar a celebridade"), com a colaboração dos próprios opositores. A reação colérica dos "araras" (tolos) aos modernistas e à Semana de Arte Moderna, suscitando o escândalo, teria contribuído para que movimentação "não se apaga[sse] mais da memória" do público: "Estamos célebres! Enfim! Nossos livros serão comprados! Ganharemos dinheiro! Seremos lidíssimos! Insultadíssimos! Celebérrimos. Teremos os nossos nomes eternizados nos jornais e na História da Arte Brasileira". A carta, curiosamente, não desabona apenas a inteligência dos opositores (considerados inocentes úteis), como também desqualifica a Semana de 22 (um "Carnaval"), seus produtos ("arte verdadeira incompreensível") e seus participantes ("somos bestas, doentes, idiotas, ignaros! / Tudo isso é verdade")[21]. O documento representava, por um lado, mais um petardo para "irritar" os reacionários[22]. Por outro, derrisoriamente, na esteira do

---

18. *Idem, ibidem.*
19. Mário de Andrade, "As Duas Irmãs IV – Neblinas, Neblinas", *A Gazeta*, São Paulo, 9 fev. 1922 (*idem*, p. 57).
20. Mário de Andrade, "Semana de Arte Moderna", *Para Todos*, Rio de Janeiro, 15 fev. 1922 (*idem*, p. 441).
21. Menotti del Picchia, "Crônica Social: Uma Carta", *Correio Paulistano*, São Paulo, 23 fev. 1922. Yoshie Sakiyama Barreirinhas (Introdução, Seleção e Organização), *Menotti del Picchia: O Gedeão do Modernismo: 1920/22*, São Paulo, Civilização Brasileira/Secretaria de Estado da Cultura, SP, 1983, pp. 340-341.
22. Em dezembro de 1943, endereçando-se a Carlos Lacerda, Mário de Andrade relembra esse documento e o que o moveu, ao se referir ao discurso de Cassiano Ricardo na posse de Menotti del Picchia na Academia Brasileira de Letras: o autor de *Martim Cererê* "deu a entender que em 1922 eu escrevi ao Menotti uma carta 'particular' que se fosse mesmo 'particular' seria bastante indecente como cabotinismo. Mas se trata de um artigo que publiquei, creio que chamado 'Carta aberta a Menotti del Picchia', não tenho certeza, mas que principiava assim [...]: 'Carta muito particular'. E principiava dizendo que

dadaísmo, Mário expressava a sua visão crítica em relação ao movimento, flagrando nele disparidades no que tange ao grau de conhecimento que escritores, artistas e músicos unidos em torno da Semana possuíam acerca do real sentido da modernidade.

No espectro memorialístico da Semana de 22, delineado por Mário de Andrade, constata-se a ausência de uma importante peça. Sabe-se que, em 26 de fevereiro de 1922, em mensagem atualmente desaparecida, ele partilhou com Pio Lourenço Correa, culto fazendeiro de Araraquara, esposo de sua prima Zulmira de Moraes Rocha, um "relatório pormenorizado dos sucessos da famosa semana, e dos sentimentos que eles criaram ou alteraram [em sua] consciência"[23].

Em outubro de 1923, o poeta de "Carnaval Carioca", colaborando no mensário *América Brasileira*, do Rio de Janeiro, dirigido por Elísio de Carvalho, formula uma primeira visada panorâmica da Semana e do modernismo em suas ações inaugurais. Em março de 1922, essa revista empenhada em cumprir a "Resenha da Atividade Nacional" havia anunciado os sucessos no Theatro Municipal de São Paulo, em bases favoráveis, aplaudindo "a iniciativa, gloriosamente realizada pelo grande espírito de Graça Aranha". Os editores, no grifo "Semana de Arte Moderna", aclamavam o agrupamento devotado à "renovação estética, no Brasil", emitindo profusos elogios. Ressaltavam a "grande repercussão [...], o triunfo grandioso das festas [...], o alto significado dos princípios proclamados para a estética nova [...] [,] o mais formoso êxito". Nessa nota, Mário de Andrade será lembrado em sua apresentação das obras de artes expostas no saguão do Theatro e por ter lido no palco seus versos da "nova tendência"[24]. Será ainda tomado pela revista como "o poeta moderníssimo da *Pauliceia Desvairada* e um dos críticos mais poderosos da moderna geração"[25] e como convidado das tertúlias na mansão

tínhamos feito o barulho da Semana de Arte Moderna só pra ficarmos célebres, e estávamos célebres com efeito, porque os 'araras' [*sic*] tinham caído no que queríamos. Coisa publicada pra irritar e que irritava mesmo" (Carta de Mário de Andrade e Carlos Lacerda, 26 dez. 1943, Fundo Carlos Lacerda, Universidade de Brasília).

23. Carta de Pio Lourenço Correia a Mário de Andrade, 11 mar. 1922, Gilda de Mello e Souza (introdução), Denise Guaranha (estabelecimento de texto e notas) & Tatiana Longo Figueiredo (estabelecimento do texto, das datas e revisão ortográfica , *Pio & Mário: Diálogo da Vida Inteira*, Rio de Janeiro, Ouro sobre Azul/Sesc, 2009, p. 55.

24. "Semana de Arte Moderna", *América Brasileira*, Rio de Janeiro, n. 4, ano I, mar. 1922.

25. "América Brasileira", *América Brasileira*, Rio de Janeiro, n. 22, ano II, out. 1923.

do senador Freitas Valle, a Vila Kyrial, em São Paulo, na qual Elísio também tinha acesso franqueado.

Na sétima "Crônica de Malazarte", na *América Brasileira*, Mário empreende uma articulada narrativa do modernismo, desde os seus primórdios, encadeando a exposição de Anita Malfatti em 1917, a atuação de Oswald de Andrade e Menotti del Picchia, a adesão do escultor Brecheret, o rótulo "futurista" recusado. Retrata a efusiva sociabilidade modernista, o desabusado embate com os adversários retrógrados, tudo tendo sido vivenciado pelo grupo com "entusiasmo". Ao resgatar as origens, considera que a "atualização das artes brasileiras partiu do acaso de se encontrarem um dia em São Paulo sete ou oito artistas paranoicos e mistificadores" – empregando aqui palavras de Monteiro Lobato na devastadora crítica à produção pictórica a que Anita[26] se associava. Do artista plástico Di Cavalcanti teria partido a sugestão de se organizar uma "manifestação coletiva". Graça Aranha "imaginou então, sem que soubesse do nosso projeto, a Semana de Arte Moderna". Emerge da crônica a louvação da "inesquecível Semana" na qual teriam passado "em revista as forças da orientação. Bruta sacudidela nas artes nacionais". Para Mário, "é indiscutível que jamais reviravolta de arte movimentou, apaixonou e enlouqueceu mais a monotonia brasileira que o chamado futurismo. Enchentes de tinta, vulcões de lama, saraivada de calúnias. Muito riso e pouco siso. De ambas as partes".

Malazarte que, nessa crônica, havia cedido a palavra a Mário de Andrade para o desenvolvimento do caudaloso relato memorialístico, intervém, reconhecendo a consagração dos vanguardistas, convencido de que a Semana teria sido um "triunfo". Retomando a palavra, o escritor procura colocar os pingos nos is, na contramão de posicionamentos laudatórios. Institui o distanciamento crítico, contrariando mitificações:

Maluquice, imprevidência é que foi. Disparatada, sem norma, contraproducente. Confusão e caos em que orientações quase opostas, em vez de convizinharem, libertas umas das outras, se confundiam numa barafunda de estardalhaço. Oh! Semana sem juízo. Desorganizada, prematura. Irritante. Ninguém se entendia. Cada qual pregava uma coisa. Uns pediam liberdade absoluta. Outros não a queriam mais Catilinárias.

---

26. Monteiro Lobato, "A Propósito da Exposição Malfatti", *O Estado de S. Paulo*, 20 dez. 1917. *Apud* Mário de Silva Brito, *História do Modernismo Brasileiro: Antecedentes da Semana de Arte Moderna*, 3. ed., Rio de Janeiro, Civilização Brasileira/MEC, 1971, p. 52.

O público vinha saber. Mas ninguém se lembrava de ensinar. Os discursos não esclareciam coisa nenhuma. Nem podiam, porque não havia tempo: os programas estavam abarrotados de música. Noções vagas; entusiasmo sincero; ilusão engraçada, ingênua, moça, mas duma ridiculez formidável. Muitos de nós poderíamos nos queixar do sacrifício que fazíamos, se o sacrifício não fosse geral. A Semana de Arte Moderna não representa nenhum triunfo, como também não quer dizer nenhuma derrota. Foi uma demonstração que não foi. Realizou-se. Cada um seguiu para seu lado, depois. Precipitada. Divertida. Inútil. A fantasia dos acasos fez dela uma data que, creio, não poderá mais ser esquecida na história das artes nacionais. Eis a famosa Semana. A culpa não cabe a ninguém. A culpa é do idealismo brasileiro que mais uma vez manifestou a sua falta de espírito prático. Maior defeito da alma nacional. [...] Não repudio a Semana de Arte Moderna... Mas quis dizer umas sinceridades[27].

A Semana de 22 permanece viva na correspondência de Mário de Andrade. Em dezembro de 1924, dialogando com Prudente de Moraes, neto, que, ao lado de Sérgio Buarque de Holanda, estivera à frente da revista carioca *Estética*, aconselha que somente eles, os dois jovens editores, elegessem as matérias que iriam ocupar as páginas do periódico modernista, a fim de alcançar certa homogeneidade valorativa. Evoca, a propósito, o desabonador ecletismo da exposição artística em fevereiro de 22:

Doce em que toda a gente mexe sai porcaria. Sai Semana de Arte Moderna onde até o impressionismo camuflado da Zina Aita andava de braço dado com o expressionismo da Anita. Não nego o talento de Zina, minha boa amiga. Mas que fazia impressionismo, isso fazia. Era até pontilhismo com espátula[28].

Na sequência da interlocução epistolar, Mário aborda o livro *Estudos Brasileiros* de Ronald de Carvalho, sobre o qual Prudente e Sérgio tinham se decidido a publicar resenha crítica a quatro mãos, apontando fragilidades. O escritor mostra-se igualmente decepcionado com a obra, que julgava imperfeita, sobretudo o capítulo dedicado às artes plásticas; justifica a sua avaliação desfavorável, ao detectar nela "erros injustiças graves". Denuncia, na argumentação, o blefe (*bluff*) na Semana de 22:

---

27. Mário de Andrade, "Crônicas de Malazarte VII", *América Brasileira*, Rio de Janeiro, n. 28, ano III, out. 1924.
28. Carta de Mário de Andrade a Prudente de Moraes, neto, 4 dez. [1924], em Georgina Koifman (org.), *Cartas de Mário de Andrade a Prudente de Moraes, neto, 1924-1936*, Rio de Janeiro, Nova Fronteira, 1985, p. 56.

Naquela enumeração de artistas modernistas pôr a Zina Aita em primeiro lugar? [...] admiro o talento dela, mas acho impossível numa enumeração pô-la antes de Anita Malfatti. Além disso o que piora a enumeração é que a Zina não tem nada de propriamente moderno. Na nossa Semana de Arte Moderna que tinha *bluffs* fantásticos que só a ignorância brasileira dessas coisas podia engolir, ela figurou com trabalhos à espátula caracteristicamente impressionistas e até pontilhistas. Nos quadros a pincel um certo talento decorativo, admirável colorido, mas tendência moderna nenhuma[29].

Em maio de 1926, Mário de Andrade recupera, em carta a Carlos Drummond de Andrade, a Semana de Arte Moderna como causadora de dissabores e prejuízo financeiro pessoais. Relembra-se como professor recém-efetivado no Conservatório Dramático e Musical de São Paulo, em 1922:

[...] depois de estar indo de vento em popa, ganhando quase dois contos por mês, só por causa dos meus ideais e das minhas convicções fiquei sem ganhar praticamente nada porque depois da Semana de má morte todos os meus alunos particulares eu perdi e só me restou o ajutorinho do Conservatório e esse se ficou era porque o meu cargo era vitalício e ninguém me pôde tirar de lá[30].

O escritor conservou em seu arquivo a mensagem irascível que lhe enviara o maestro João Gomes de Araújo, em 17 de fevereiro, documento que testemunhava bem o desgosto sofrido no âmbito profissional. O criador da ópera *Carmosina* (1905), nascido em 1846, formou-se no Instituto Nacional de Música do Rio de Janeiro, tendo sido aluno do Francisco Manuel, autor do *Hino Nacional*; em 1884 fez jus ao prêmio viagem de estudos à Europa, conferido pelo imperador Pedro II. Em São Paulo, em 1906, foi um dos membros fundadores do Conservatório, vinculando-se à seção musical[31]. Nessa tradicional instituição de ensino, Mário inicia seus estudos em 1909, atuando depois como monitor, professor substituto de História da Música; forma-se no curso de Canto em 1915. Em 1922, vinte dois dias antes da Semana, obtém a nomeação de catedrático de História da Música. João Gomes de Araújo

29. *Idem*, pp. 58-59.
30. Carta de Mário de Andrade a Carlos Drummond de Andrade, 8 maio 1926, Silvano Santiago (Prefácio e notas), em Lélia Coelho Frota (Organização e pesquisa iconográfica), *Carlos & Mário: Correspondência Completa entre Carlos Drummond de Andrade (inédita) e Mário de Andrade*, Rio de Janeiro, Bem-Te-Vi, 2002, p. 215.
31. Cf. Estephania Castro Gomes de Araújo, *João Gomes de Araújo: Sua Vida e Suas Obras*, São Paulo, Gráfica Sangirad, 1972.

aborrece-se com esse colega que pregava "abertamente [...] ideias futurista" nas disciplinas pelas quais era responsável e arrebanhava as alunas para assistir aos espetáculos ou atuar nos coros dos concertos musicais programados. Para ele, essa desajustada "festa das artes" – apostava – iria "marc[ar] uma triste época" da história brasileira. Empurra o colega para fora da instituição: "Não seria melhor que o Sr. Mário renunciasse a sua Cadeira de ensino e de catedrático do Conservatório e estabelecesse com os seus colegas da propaganda, um Instituto de Futurismo das Artes? Me parece isso mais lógico, do que o amigo estar no meio de colegas atrasados", desrespeitando "as tradições antigas"[32]. Mário resiste em seu posto, e, como historia Gilda de Mello e Souza, "aos poucos a fama de bom professor e o prestígio junto aos alunos amortecem o temor das famílias e pela altura de 1924 já está reequilibrando as finanças através de um curso particular de Estética e História da Música, dado a um grupo de moças"[33].

Em 1932, Mário de Andrade seria chamado a se pronunciar publicamente sobre a Semana de 22. Prudente de Moraes, neto, em março, o estimula a difundir texto sobre ela na *Revista Nova*, periódico paulistano em que o escritor modernista encabeçava a direção, ao lado de Paulo Prado e António de Alcântara Machado. Para Prudentinho, esse "papel" cabia ao amigo "que sabe, que viu e além do mais levou a vaia". A ele sugere ainda, em tom galhofeiro, "pedir a mimosa colaboração do Gui[lherme de Almeida], a dinâmica do Ronald [Carvalho], etc. etc."[34], para que se fizesse um diversificado número comemorativo. Menotti del Picchia, em janeiro desse mesmo ano, em artigo na *Folha da Manhã*, acomodava o festival no campo semântico belicista: "Dez anos! Caramba! O tempo metralha os dias como a cinta de uma arma automática! Vai para uma década que se realizou em São Paulo, o Estado líder da Federação, a Revolução intelectual do Brasil"[35]. O autor de

32. Carta de João Gomes de Araújo a Mário de Andrade, 17 fev. 1922, Fundo Mário de Andrade, Série Correspondência, IEB-USP.
33. Gilda de Mello e Souza , "Prefácio", em Flávia Camargo Toni (org.), Mário de Andrade, *Introdução à Estética Musical*, São Paulo, Hucitec, 1995, p. XII.
34. Carta de Prudente de Moraes, neto, a Mário de Andrade, 15 mar. 1932, Fundo Mário de Andrade, Série Correspondência Passiva, IEB-USP.
35. Menotti del Picchia, "1922-1932. A Revolta dos Intelectuais", *Folha da Manhã*, São Paulo, 15 jan. 1932, em *A 'Semana' Revolucionária*, Organização, apresentação, resumo biográfico e notas Jácomo Mandatto, Campinas, Pontes, 1992, p. 27.

Juca Mulato ressignificava a Semana, subtraindo dela a proeminência das questões estéticas, para emplacar o sentido de uma "radiosa projeção política"[36]. No subtexto, o desagrado paulista com o governo de Getúlio Vargas, que tomara a presidência em outubro de 1930, com a deposição de Washington Luís. O artigo prenunciava o 9 de Julho, a Revolução Constitucionalista.

No oitavo número da *Revista Nova*, de 14 de junho de 1932, Mário de Andrade, no ensaio "Luiz Aranha ou a Poesia Preparatoriana", analisa a produção poética do companheiro da vanguarda que se afastara da vida literária ("mandou a arte à fava"). Mário constata, na abertura do ensaio, que "ninguém celebrou" os dez anos da Semana de Arte Moderna e, no seu entendimento, "não era mesmo possível celebrá-la". "Os que tomaram parte nela", explica, "que querem bem ela como em geral a gente ama os fatos dignos de sua vida passada, esses terão sempre que sentir um certo pudor"[37]. A modéstia, contudo, não o impede de patentear a contribuição modernista, "em meio culto", impondo, como valores positivos, a "falta de seriedade acadêmica", a "coragem intelectual e confiança no presente", o "coletivismo condescendente mas libérrimo"[38]. A Semana teria propiciado a experiência da "virgindade", a superação das amarras da tradição, facultando ao artista a "pesquisa dentro do atual e do novo". A "observação da realidade contemporânea", segundo o autor, teria também talhado a vocação nacionalista do modernismo, embasando a ideia de "que temos de ser, brasileiros e americanos, pra contribuirmos de alguma forma ao enriquecimento da humanidade"[39]. Nesse estudo literário, a Semana de 22, vista como força agregadora, será tomada como representação metonímica (positiva) do modernismo. Mário passa ao largo do período de gestação da vanguarda em São Paulo. Tampouco se detém nas divergências estéticas, as quais, em 1932, já tinham levado à clivagem do núcleo inicial em tantas vertentes: pau-brasil, nacionalismo universalista, verde-amarelismo, antropofagia, tendências espiritualistas etc. A Semana de 22 e o modernismo também apareciam descolados da ebulição política da época que presenciou

36. *Idem*, p. 30.
37. Mário de Andrade, "Luiz Aranha ou a Poesia Preparatoriana" (1932), *Aspectos da Literatura Brasileira*, 4. ed., São Paulo, Martins/Instituto Nacional do Livro – MEC, 1972, p. 47.
38. *Idem*, p. 47.
39. *Idem*, p. 48.

a Revolta Tenentista de 1924 e a Revolução de 30. Mário privilegiava as conquistas do modernismo na seara da literatura e das artes, não os vínculos entre ideário estético e pensamento político.

Da capital mineira, em julho de 1941, chega às mãos de Mário de Andrade carta da poeta Henriqueta Lisboa incitando-o a publicar um relato sobre o itinerário modernista, incluindo os icônicos espetáculos de fevereiro de 22. Escreve: "há um [...] trabalho que você precisa fazer: o estudo da Semana de Arte Moderna – vinte anos depois". Para ela, o movimento tinha significado "o surto de maior importância da nossa literatura", tendo sido o criador de *Macunaíma* o seu "esteio" e, por isso mesmo, a ele apenas caberia o testemunho geracional, "particularmente nas suas consequências". Encoraja o interlocutor: "faça o trabalho! Dê-nos o seu depoimento!"[40]

Antes, em 19 de março de 1939, Mário, no início do artigo "Noção de Responsabilidade", no *Diário de Notícias* do Rio de Janeiro, já havia de algum modo tangenciado o assunto, ao indagar: "Que fim levaram aqueles rapazes literatos de São Paulo, que a Semana de Arte Moderna lançou em 1922?..."[41] Constata, nessa resenha dos *Ensaios* de Sérgio Milliet, que os escritores paulistas "novos" daquela época, partindo de uma arte "bastante incerta", tinham chegado à vida política. Mário ilumina a biografia dos companheiros; certamente pontuava também a sua própria trajetória, pois, entre 1935 e 1938, tinha assumido a direção do Departamento de Cultura da Prefeitura de São Paulo, no governo de Fábio Prado. A guinada se dera, segundo ele, com a fundação do Partido Democrático, em São Paulo, em 1926, que congregava em sua legenda os que se opunham sistematicamente ao "regime da primeira República"[42]. Registra, nesse texto, o momento em que teriam experimentado o ânimo político:

> [...] na casa de Paulo Nogueira Filho formávamos quase exclusivamente uma repetição da Semana de Arte Moderna. Eu seria o decano entre os presentes e por certo o único que descria daquilo tudo. [...] E, com efeito, a política empolgou em seguida to-

---

40. Carta de Henriqueta Lisboa a Mário de Andrade, 31 jul. 1941, em Eneida Maria de Souza (org. e introd.), *Correspondência Mário de Andrade & Henriqueta Lisboa* (Notas de Eneida Maria de Souza e Pe. Lauro Palú. Estabelecimento de texto de Maria Sílvia Ianni Barsalini), São Paulo, Edusp/IEB/Peirópolis, 2010, p. 161.

41. Mário de Andrade, "Noção de Responsabilidade, 19 mar. 1939", *O Empalhador de Passarinho*, 3. ed. São Paulo, Martins/Instituto Nacional do Livro – MEC, 1972, p. 23.

42. *Idem*, p. 24.

dos aqueles intelectuais disponíveis [...]; vieram revoluções. E depois veio um terrível silêncio. Dir-se-ia que esses rapazes, já agora homens-feitos, esperavam alguma coisa pra voltar à tona da vida[43].

Mário de Andrade responderia à mensagem de Henriqueta Lisboa em setembro, tendo agora em sua escrivaninha, encaminhado por ela, o artigo de Aires da Mata Machado Filho tocando na questão da "língua brasileira", texto que, segundo o escritor, apreendia o alcance de sua proposta de atualização literária. Mário declina da incumbência que recebeu da autora de *Prisioneira da Noite*:

> Não, Henriqueta, eu não posso contar a Semana, nem responder em carta aberta (que era o que devia) ao Mata Machado Filho. Seria uma ou várias inferioridades que a altivez do meu espírito me impede absolutamente praticar. Não porque eu seja "maior" que os outros, pelo contrário: SEI que sou menor, mas porque tive certa força, certa honestidade, certa grandeza [...] que me fizeram "superior" a muitos[44].

Negando-se a edificar uma narrativa do modernismo, prefere espraiar-se nas páginas da carta. Discorre longamente acerca do modo como ele se enxergava no panorama intelectual brasileiro posterior à Semana, comparando a sua atuação à de seus contemporâneos alinhados à vanguarda. Sem "humildade", julga ter marcado "duro no espírito brasileiro". Pleiteia o reconhecimento de seu "valor transitório" de agitador e não a glória do escritor canônico[45]. Tece crítica acerba aos modernistas:

> Como eu poderia contar minhas experiências na Semana, sem demonstrar que o que eu queria era... mais alguma coisa! Você diz que foi um movimento fundamental na evolução da inteligência brasileira... Seria, se todos se sacrificassem. Não foi porque a maioria desses... aqueles quiseram ser maiores, em vez de apenas superiores. Aqui entram os bastidores. O que não existe é o espírito "social", a consciência de grupo, a forma da coletividade. A Dádiva: Cada qual se buscou, fazendo de si o Brasil, o Mundo. Daí uma ausência de "cultura", no seu mais elevado sentido, uma realidade coletiva[46].

---

43. *Idem, ibidem.*
44. Carta de Mário de Andrade a Henriqueta Lisboa, set. 1941, em Eneida Maria de Souza (org. e introd.), *Correspondência Mário de Andrade & Henriqueta Lisboa*, p. 164.
45. *Idem*, p. 167.
46. *Idem*, p. 166.

Mário observa nos protagonistas do movimento gestos narcísicos, infrutíferos, acovardados – incapazes até mesmo, segundo ele, de tradicionalizar, na literatura, a língua nacional[47]. O modernismo, em sua totalidade, nessa clave sombria, revelava-se infecundo.

A apreciação de Mário de Andrade acerca do tempo modernista, sugerida por Henriqueta, logo deixaria o espaço privado da correspondência para circular no campo intelectual. *O Estado de S. Paulo*, em 22 de fevereiro de 1942, inicia a publicação de "O Movimento Modernista" de Mário de Andrade. Dividido em quatro "capítulos", o depoimento prossegue nos três domingos seguintes, em 1º, 8 e 15 de março. No terceiro deles, o escritor reconhece que o modernismo "representou um papel contraditório e muitas vezes precário", no que se refere à "atualização da inteligência artística". Deixa, contudo, de esmiuçar a questão, avisando os leitores: "me reservo para demonstrar isso numa conferência que farei na Casa do Estudante do Brasil".

Em 23 de fevereiro de 1942, a Casa do Estudante do Brasil, com sede no Largo da Carioca, 11, no Rio de Janeiro, havia expedido carta ao escritor convidando-o a proferir conferência sobre temática que lhe aprouvesse, no salão da Biblioteca do Palácio do Itamarati. Os universitários do Departamento Cultural da C.E.B., colocando o destinatário "entre nomes de alto prestígio e saber" no Brasil, oferecem-lhe o pagamento das despesas de viagem e cinco diárias em hotel. Solicitam, em contrapartida, a cessão de direitos autorais da preleção, para que fosse editada pelo selo da Casa[48]. A resposta afirmativa de Mário veio sem muito retardo, pois em 3 de março, telegrama da presidente da Fundação, Ana Amélia de Queiroz Carneiro de Mendonça, expressava a satisfação com a receptividade do autor, já solicitando a ele o título da conferência, "para publicidade"[49]. Na sequência, reformas no recinto escolhido

---

47. Em 9 de outubro de 1941, escrevendo a Mário de Andrade, Henriqueta Lisboa sustenta a validade da contribuição do movimento modernista, transformador do gosto estético: "Voltemos por um instante à revolução de 22. Sonhando cousas geniais você queria naturalmente, que todas elas se realizassem. Muitas se realizaram esplendidamente. Eu talvez não saiba avaliar o que se perdeu de sonho, mas sei e sinto o que perdura – uma irradiação profunda e vasta de inteligência pura de pensamento, de verdade, de novidade, de poesia. Perdura alguma coisa que, quanto mais passa o tempo, mais nitidamente se distingue o que foi, o que é. Mas você pela paixão à causa, tem a esse respeito opiniões exigentes. O que era antes e o que é hoje o nosso espírito!" (*idem*, p. 169).

48. Carta de Ana Amélia de Queiroz Carneiro de Mendonça a Mário de Andrade, 23 fev. 1942, Fundo Mário de Andrade, Série Correspondência Passiva, IEB-USP.

49. Telegrama de Ana Amélia de Queiroz Carneiro de Mendonça a Mário de Andrade, 3 mar. 1942, Fundo Mário de Andrade, Série Correspondência Passiva, IEB-USP.

empurrariam a apresentação, que vinha "despertando vivo interesse" no Rio de Janeiro[50], de 10 de abril, para a quinta-feira, 30, às 17 horas.

Dirigindo-se a Renato Almeida, em 12 de março, Mário de Andrade refere-se à conferência "um pouco explosiva" que estava redigindo. Aborrecia-o imaginar a presença de "gentes do governo" na assistência. Receava que o companheiro da geração modernista não se "agrada[sse] muito pelo ponto de vista" realçado no testemunho[51]. Em progresso a escrita da palestra, sente-se angustiado em face do momento histórico; confessa a Henriqueta Lisboa: "Você não imagina em que estado de estraçalho está meu coração com a guerra"[52]. A conferência brotava, de fato, em um chão arado por convicções sociopolíticas. Mário, em abril de 1944, endereçando-se ao jovem ativista de esquerda Carlos Lacerda, detectava, retrospectivamente, em seu próprio percurso biográfico uma "fase sócio-estourante", no período de 1929 a 1935, que o predispusera a criar o poema "O Carro da Miséria" e a "talvez mais trágica das arrebentações", os versos de "O Grã-Cão de Outubro", os quais evidenciavam nele "o desfazimento [...] dos prazeres e prerrogativas da [sua] classe", a burguesia. Encorajara-se, então, a assumir-se na imprensa, em 1934, como simpatizante do comunismo[53]. Dessa mesma etapa, em 1935, tinha resultado a sua oração de paraninfo no Conservatório Dramático e Musical de São Paulo, "Cultura Musical". Defendendo a busca de "elevações estéticas e sociais" na música, concita os formandos à "luta por uma realidade mais de todos"[54]. Em 1942, na aula inaugural do Conservatório, "Atualidade de Chopin", no contexto do conflito mundial, Mário tomava o compositor polonês como um "bom símbolo dos povos escravizados e do antinazismo"[55].

---

50. Telegrama de Ana Amélia de Queiroz Carneiro de Mendonça a Mário de Andrade, 6 abr. 1942, Fundo Mário de Andrade, Série Correspondência Passiva, IEB-USP.

51. Carta de Mário de Andrade a Renato Almeida, 12 mar. 1942, em Maria Guadalupe Pessoa Nogueira, *Edição Anotada da Correspondência: Mário de Andrade e Renato de Almeida*, Tese de Doutorado. Faculdade de Filosofia, Letras e Ciências Humanas, Universidade de São Paulo, 2004, Orientadora: Profa. Dra. Ivone Daré Rabelo, pp. 351-352.

52. Carta de Mário de Andrade a Henriqueta Lisboa, 26 abr. 1942, em Eneida Maria de Souza (org. e introd.), *Correspondência Mário de Andrade & Henriqueta Lisboa*, p. 206.

53. Carta de Mário de Andrade a Carlos Lacerda, 5 abr. 1944, Lygia Fernandes (org.), *71 Cartas de Mário de Andrade*, Rio de Janeiro, Livraria São José, [1968], pp. 91-92.

54. Mário de Andrade, "Cultura Musical", *Aspectos da Música Brasileira*, São Paulo, Martins/Instituto Nacional do Livro – MEC, 1975, pp. 240 e 246.

55. Carta de Mário de Andrade a Murilo Miranda, 10 jul. 1942, em Raúl Antelo (org. e notas), *Mário de Andrade. Cartas a Murilo Miranda, 1934-1945*, Rio de Janeiro, Nova Fronteira, 1981, p. 120.

Entre março e abril de 1942, os propósitos de "O Movimento Modernista" seriam compartilhados por Mário Andrade em suas cartas. Ao amigo político Paulo Duarte, exilado em Nova York por enfrentar o autoritarismo varguista, vai aquilatar o texto em preparo como "um caso bem típico" do seu "estado de espírito". Registra os caminhos tomados pelo texto, entre a expectativa e a sua efetivação:

> [...] vinte anos justos da Semana de Arte Moderna, e era lógico que eu devia fazer uma espécie de processo do modernismo, historiá-lo, analisá-lo e criticá-lo. Saiu coisa inteiramente diversa, uma mistura maluca de recordações pessoais e maneiras críticas de ver que tornaram a conferência de um forte caráter polêmico. E no final botei uma confissão bastante cruel do que julgo que faltou à minha obra e à minha atitude vital[56].

Ao jornalista Newton Freitas, expatriado em Buenos Aires, assegura estar ciente de que à sua elocução faltava análise e crítica do movimento, salientando ter incluído nela "umas confissões bastante cruéis"[57]. Aos dois interlocutores, Mário garantia que a palestra na Casa do Estudante do Brasil era "pretexto pra dizer umas coisas meio brabinhas"[58]. Ao reconhecê-la como "discutível e mesmo errada"[59], "merecedora de controvérsia"[60], mostrava-se receoso do que poderia suceder, "principalmente" se no recinto também estivessem "pessoas 'oficiais'"[61].

Na mesa, ao lado do conferencista, estavam, na presidência, Carlos Drummond de Andrade, chefe de gabinete do Ministério da Educação e Saúde, o ministro J. B. Macedo Soares, representando o chanceler Oswaldo Aranha, o substituto do ministro do trabalho e, da Casa do Estudante do Brasil, Arquimedes de Melo Neto e Augusto de Almeida Filho. O *Diário de Notícias*

---

56. Carta de Mário de Andrade a Paulo Duarte, 28 abr. 1942, em Paulo Duarte, *Mário de Andrade por Ele Mesmo*, 2. ed., São Paulo, Hucitec/Prefeitura do Município de São Paulo/Secretaria Municipal de Cultura, 1985, p. 228.
57. Carta de Mário de Andrade a Newton Freitas, 28 abr. 1942, em Raúl Antelo (org., introd. e notas), *Correspondência Mário de Andrade & Newton Freitas*, São Paulo, Edusp/IEB/Editora UFSC, 2017, p. 124.
58. Carta de Mário de Andrade a Paulo Duarte, 20 mar. 1942, em *Mário de Andrade por Ele Mesmo*, p. 22; Carta de Mário de Andrade a Newton Freitas, 21 mar. 1942, *Correspondência Mário de Andrade & Newton Freitas*, p. 122.
59. Carta de Mário de Andrade a Paulo Duarte, 20 mar. 1942, em *Mário de Andrade por Ele Mesmo*, p. 227.
60. Carta de Mário de Andrade a José Candido de Andrade Muricy, 25 abr. 1942, Fundo José Candido de Andrade Muricy, Arquivo-Museu da Literatura Brasileira, Fundação Casa de Rui Barbosa, Rio de Janeiro.
61. Carta de Mário de Andrade a Newton Freitas, 21 mar. 1942, *Correspondência Mário de Andrade & Newton Freitas*, p. 122.

do Rio de Janeiro, no qual Mário de Andrade colaborara como crítico na coluna "Vida Literária" entre 1939 e 1940, compõe, na edição de 3 de maio, uma síntese plana da apresentação, esquivando-se de seu tom polemizador. Destaca "pontos de vista originais" do testemunho, que vinculava o "movimento literário e artístico com a inquietação e as modificações políticas e sociais no mundo e no Brasil". Na plateia, "numeroso público de escritores e artistas", que parecia cumprir a praxe, "aplaud[indo] com entusiasmo incomum" aquele que era visto como "um dos iniciadores do nosso modernismo", uma das "maiores figuras da inteligência brasileira de hoje"[62]. Compulsando-se um bom conjunto de periódicos da época, a dicção protocolar com a qual a variada imprensa carioca anunciou e noticiou a conferência atesta a sua acanhada repercussão[63]. O historiador Sérgio Buarque de Holanda, em mensagem a Mário de Andrade, em outubro de 1942, rememora o ambiente algo dispersivo no qual o discurso se realizara:

[...] aquela sala do Itamarati, o lugar onde me coloquei, as campainhas insistentes, não me deixaram escutar o orador. Certas frases mal-entendidas deixaram-me a impressão só em parte exata de que v. tratou só dos "salões" modernistas, fazendo uma espécie de concessão ao ambiente itamaratiano[64].

O romancista Oswaldo Alves, também presente na ocasião, criticou, em carta ao escritor, a precariedade acústica do local: "não posso dizer que ouvi tudo distintamente [...], principalmente depois daquela maldita campainha"[65].

62. "O Modernismo Brasileiro: A Conferência do Escritor Mário de Andrade, no Itamarati", *Diário de Notícias*, Rio de Janeiro, 3 maio 1942, p. 2.

63. Em 6 de junho, Mário de Andrade pronuncia a conferência na Faculdade de Direito de São Paulo. A Paulo Duarte, em 15 de junho, que lá se formara, constata o alcance restrito de suas críticas entre os universitários: "o sucesso foi enorme, é certo, o pessoal ficou brutalmente comovido. Mas dois dias depois o Guilherme de Almeida, pelas bodas de prata do seu primeiro livro, obtinha sucesso três vezes maior, fazendo uma falação tão boçal, mas tão, que chegou a dizer, no final apoteótico que, oh sim, valia a pena ser poeta, porque os poetas têm como condecoração dentro do peito um coração pulsando!!! [...] o que me horroriza é a mentalidade desses estudantes de Direito" (Carta de Mário de Andrade a Paulo Duarte, 15 jun. 1942, em *Mário de Andrade por Ele Mesmo*, p. 234).

64. Carta de Sérgio Buarque de Holanda a Mário de Andrade, 12 out. 1942, em Pedro Meira Monteiro (org.), *Mário de Andrade e Sérgio Buarque de Holanda: Correspondência*, São Paulo, Companhia das Letras/Edusp/IEB, 2012, p. 132.

65. Carta de Oswaldo Alves a Mário de Andrade, s.d. [1942], Fundo Mário de Andrade, Série Correspondência, IEB-USP.

Diante da plateia, em 30 de abril, Mário de Andrade desvela o "caráter polêmico"[66] de sua conferência. Não se tratava, portanto, de perfazer um abrangente painel do modernismo, percebendo suas linhagens estéticas principais, os literatos e artistas que as fortaleceram, as obras representativas, os temas paradigmáticos, em diálogo com a tradição. Da história do movimento, recupera os antecedentes, a Semana de Arte Moderna, a sua participação nela, os salões modernistas constituídos em sua casa, nos palacetes aristocráticos de Paulo Prado e de Olívia Guedes Penteado, no ateliê de Tarsila do Amaral. Perfaz uma síntese, aprofundada ao longo do testemunho, das conquistas da vanguarda no Brasil: "o direito permanente à pesquisa estética; a atualização da inteligência artística brasileira; e a estabilização de uma consciência criadora nacional", conjugados "num todo orgânico da consciência *coletiva*"[67]. Mário toca em pontos susceptíveis a contendas acaloradas, ao radicar o início do modernismo em São Paulo e não no Rio de Janeiro, ao trazer à tona a discussão sobre um dos aspectos centrais do ideário nacionalista na literatura, a "língua brasileira". No clímax da explanação, acusa a postura hiperindividualista do grupo, que se ativera a questões estéticas, com elã destruidor:

> Eu creio que os modernistas da Semana de Arte Moderna não devemos servir de exemplo a ninguém. Mas podemos servir de lição. O homem atravessa uma fase integralmente política da humanidade. [...] E apesar da nossa atualidade, nossa nacionalidade, da nossa universalidade, uma coisa não ajudamos verdadeiramente, duma coisa não participamos: o amilhoramento político e social do homem. E esta é a essência mesma da nossa idade[68].

Nesse enquadramento, a Semana de Arte Moderna vai ser fixada por Mário de Andrade como "sendo o brado coletivo principal"[69]. O seu valor, contudo, será relativizado já no princípio do depoimento. Ela marcava, a seu ver, "uma data, isso é inegável", embora as suas raízes devessem ser buscadas "desde pelo menos seis anos" antes, quando, em 1917, o "grupinho de intelectuais paulistas" aderira "incondicionalmente" ao expressionismo

---

66. Mário de Andrade, "O Movimento Modernista", *Aspectos da Literatura Brasileira*, p. 242.
67. *Idem*, p. 242.
68. *Idem*, p. 255.
69. *Idem*, p. 231.

pictórico de Anita Malfatti[70]. Mário firma também a essência alardeadora e combativa do certame, visto por ele como "apresentação espetacular"[71], como uma "batalha"[72], da qual tomara parte "enceguecido pelo entusiasmo dos outros"[73]. Pergunta-se: "como tive coragem pra dizer versos diante duma vaia tão bulhenta. [...] Como pude fazer uma conferência sobre artes plásticas, na escadaria do Teatro, cercado de anônimos que me caçoavam e ofendiam a valer?"[74] Presenciando o enfrentamento, Dona Antonieta, tia de Rubens Borba de Moraes, anotava no programa do espetáculo, que enviaria ao sobrinho, acamado no interior paulista: Mário "foi vaiadíssimo tanto quando recitou os seus versos como na palestra, na primeira vez ficou um tanto nervoso, na segunda não ligou"[75]. Menotti del Picchia, nas crônicas do *Correio Paulistano*, em 1922, tinha contribuído para a construção do imaginário bélico das apresentações na Semana, qualificando-as de "batalha", "refrega", "combate"; chamaria de "diabólico"[76] o poeta de "Ode ao Burguês"[77]. A Semana, assim, com o seu vigor belicoso, inventadamente coesa[78], teria inaugurado, no modernismo, "o período realmente destruidor"[79]. Significava, ao mesmo tempo, "o coroamento lógico", resultante da

70. *Idem*, p. 232.
71. *Idem, ibidem*.
72. *Idem*, p. 231.
73. *Idem*, p. 232.
74. *Idem*, pp. 231-232.
75. Rubens Borba de Moraes, *Testemunha Ocular (Recordações)*, org. e notas Antonio Agenor Briquet de Lemos, Brasília, Briquet de Lemos, 2011, pp. 289-290.
76. Menotti del Picchia, "A Segunda Batalha", *Correio Paulistano*, São Paulo, 15 fev. 1922, em Yoshie Sakiyama Barreirinhas (Introdução, seleção e organização), *Menotti del Picchia: o Gedeão do Modernismo: 1920/22*, pp. 321-322.
77. *Idem, ibidem*.
78. Em 8 de março de 1936, Mário, escrevendo a Renato Almeida, refere-se a divergências estéticas no grupo: "No espetáculo inicial da Semana de Arte Moderna [...] Graça [Aranha] fazia seu discurso inaugural e todos nós os que iríamos tomar parte no espetáculo ou éramos apenas do grupo, nos sentávamos no palco um pouco detrás dele e também à vista do público. A um dado momento o Graça pregou 'liberdade absoluta' com estas mesmas palavras. Embora um bocado timidamente pelo inesperado da coisa, falei alto 'não apoiado', que ele ouviu, voltou-se para mim e sorriu.// Nunca preguei liberdade absoluta que é desde logo abuso de liberdade, sou contra isso e toda minha obra obedece a normas, a princípios, a intenções que cerceiam a liberdade, a corrigem e socializam o meu ser. De resto estou que foi uma maneira de dizer do Graça e que jamais ele estaria disposto a discutir ou sustentar o princípio de 'liberdade absoluta' [,] em todo caso havia de fundamental em nossas orientações uma divergência de concepção e de aplicação da liberdade humana, isso me parece incontestável" (Maria Guadalupe Pessoa Nogueira, *Edição Anotada da Correspondência Mário de Andrade e Renato de Almeida*, pp. 271-272).
79. Mário de Andrade, "O Movimento Modernista", *Aspectos da Literatura Brasileira*, p. 237.

aliança de "heróis convencidos"[80], e "um primeiro golpe na pureza do [...] aristocracismo espiritual" do tempo[81].

Buscando consolidar o imaginário coletivista do modernismo em seus primórdios, Mário de Andrade instaura a dúvida acerca de quem primeiro teria se lembrado de organizar uma Semana, com amostra de arte, concertos, discursos e leituras de obras: "por mim não sei quem foi, nunca sube, só posso garantir que não fui eu. [...] alguém lançou a ideia. [...] Foi o próprio Graça Aranha? Foi Di Cavalcanti?"[82] Atribui, contudo, a Paulo Prado, o papel decisório de apoiador ("fautor") do festival, no tocante à sua concretização, considerada "audaciosa, dispendiosíssima"[83]. Dentre os companheiros da Semana, Oswald de Andrade, de quem Mário se afastou definitivamente em 1929, será reputado como "a figura mais característica e dinâmica do movimento"[84]; a designação, aparentemente elogiosa, vincando uma representatividade, pode, entretanto, salvo melhor juízo, ser reinterpretada com o sinal trocado, à luz do posicionamento crítico que reconhecia a insuficiência da herança modernista.

Em julho de 1942, Mário de Andrade encaminha exemplar de *O Movimento Modernista*, tirado do prelo da Casa do Estudante do Brasil, para alguns de seus correspondentes. A Paulo Duarte, refere-se à conferência como um "'curioso' ensaio"[85]; ao crítico Álvaro Lins, como uma "coisa 'esquisita'"[86]. Esses (inusitados) qualificativos enfatizam que a recomposição histórica do modernismo a que ele se propusera, não visava exclusivamente a elaboração de uma crítica cultural ("não é uma crítica, no sentido mais verdadeiro do termo")[87], mas, principalmente, a mobilização da consciência política de jovens intelectuais, afinal, a conclusão do escrito pretendia "bol[ir] [...] com a própria mocidade"[88]. O escrito, garantia ele,

---

80. *Idem*, p. 238.
81. *Idem, ibidem*.
82. *Idem*, p. 234.
83. *Idem*, p. 235.
84. *Idem*, p. 237.
85. Carta de Mário de Andrade a Paulo Duarte, 7 jul. 1942, Paulo Duarte, *Mário de Andrade por Ele Mesmo*, p. 241.
86. Carta de Mário de Andrade a Álvaro Lins, 4 jul. 1942, em José César Borba e Marco Morel (orgs.), *Cartas de Mário de Andrade a Álvaro Lins*, Rio de Janeiro, José Olympio, 1983, p. 64.
87. *Idem, ibidem*.
88. Carta de Mário de Andrade a Paulo Duarte, 7 jul. 1942 (*idem, ibidem*).

encharcava-se de preocupações de um "tempo de combate"[89]. Contudo, para desgosto do escritor, o intento parecia não ter sido compreendido pelos destinatários almejados; ao enxergar no escrito unicamente o gesto autopunitivo do memorialista, cumpriam uma escapatória para "se libertarem de suas próprias preocupações morais"[90], para não se "pensar sobre"[91]. Além disso, também já contava com o ataque, oriundo da antiga capital, o Rio de Janeiro, embasado no "antipaulistismo tradicional e... natural dos brasileiros"[92]. Lastimava, na carta a Paulo Duarte: "mais uma vez fracassei nas minhas intenções"[93].

Pelo correio, nesse período, chegaram à rua Lopes Chaves, 546, de Mário de Andrade, considerações sobre a plaquete, subscritas por gente de sua geração e a dos moços. Sérgio Buarque de Holanda, sem adensar a discussão sobre a natureza controversa do texto, ajuíza que o amigo "disse mto. bem o que pretendeu dizer", tendo, assim, oferecido "uma contribuição muitas vezes oportuna e importante para a história do movimento"[94]. Drummond, em um bilhete, apenas acusa o recebimento do volumezinho, vibrando em sintonia com o poeta de *Remate de Males*: "obrigado, mas que melancolia!"[95] Ao empregar essa dorida exclamação, irmanava-se com o autor, mirando, certamente, o escasso legado sociopolítico da Semana de 22 e do modernismo. Drummond estava gestando a *Rosa do Povo*, do qual o poema "Anoitecer", difundido na *Revista do Brasil*, em setembro de 1942, também iria imprimir a imagem sombria dos tempos de guerra e do avanço da ideologia autoritária: "[...] a hora dos corvos, / bicando em mim, meu passado, / meu futuro, meu degredo"[96].

Por meio de cartas, dois jovens críticos literários, com residência no Rio de Janeiro, também se manifestaram. Otávio de Freitas Júnior, em 21 de junho,

89. Carta de Mário de Andrade a Álvaro Lins, 4 jul. 1942 (*idem, ibidem*).
90. *Idem, ibidem*.
91. Carta de Mário de Andrade a Paulo Duarte, 7 jul. 1942 (*idem, ibidem*).
92. *Idem, ibidem*.
93. *Idem, ibidem*.
94. Carta de Sérgio Buarque de Holanda a Mário de Andrade, 12 out. 1942, em Pedro Meira Monteiro (org.), *Mário de Andrade e Sérgio Buarque de Holanda: Correspondência*, p. 132.
95. Carta de Carlos Drummond de Andrade a Mário de Andrade, 23 jul. 1942, em Silviano Santiago (prefácio e notas), Lélia Coelho Frota (organização e pesquisa iconográfica), *Carlos & Mário: Correspondência Completa entre Carlos Drummond de Andrade (Inédita) e Mário de Andrade*, p. 478.
96. Carlos Drummond de Andrade, *Poesia 1930-62: De Alguma Poesia a Lição de Coisas*, edição crítica preparada por Júlio Castañon Guimarães, São Paulo, Cosac Naify, 2012, p. 312.

confidencia ter sofrido muito ("quase chorei") ao chegar ao final da conferência, seguro de que Mário de Andrade "estava errado", mostrando-se "tão bronco para se entender a si próprio" na trajetória intelectual. Sentia "grande pena" do amigo. Para o escritor, o remetente devia figurar como o modelo de compreensão equivocada de seus intuitos. Lia ainda na missiva: "estou tão revoltado com você que nem sei o que diga [...] você pensa mesmo que foi inútil? Vc. não crê mais na sua obra? Em você mesmo"?[97] Otávio, entretanto, no ano seguinte, apurando o instrumental reflexivo em seus *Ensaios do Nosso Tempo*, passaria a figurar, no prefácio de Mário ao livro, promissoramente como "um exemplo bem típico de insatisfação e inconformidade", de enfrentamento a "todas as guestapos francas ou disfarçadas"[98].

Guilherme Figueiredo, pela vez dele, em 7 de julho, aplaude a coragem de Mário de Andrade em "dissecar uma posição assumida" e em promover uma corajosa apreciação do modernismo. Para ele, "essa posição de honradez, de confiança no valor próprio a ponto de poder expô-lo publicamente, claramente, apontando o passado e o futuro", só o seu interlocutor tinha tido, em contraponto a Cassiano Ricardo, Oswald de Andrade, Menotti del Picchia e Plínio Salgado. Assegura não ter certeza de que "a maioria dos moços" teria "senti[do] tudo" o que a conferência sugeria. Ele, porém, podia garantir: "Eu creio que senti. E por isso me surpreendi como sendo uma das poucas pessoas a quem o exemplo aproveitava"[99]. O posicionamento crítico fecundante de Mário encontrava aí solo propício para germinar. O escritor, ao responder a Guilherme, comove-se por ter sido compreendido, mas não deixa de ponderar acerca da improdutiva comparação que ele fizera entre figuras do modernismo, destacando, em alguns de seus "companheiros antigos", "certos defeitos possíveis": "não será jamais o defeito de um que poderá efetivar uma qualidade de outro. Seria tão melhor se a qualidade fosse de todos"[100]. Essa heterogênea geração vanguardista, a despeito dos caminhos que cada um

---

97. Carta de Mário de Andrade a Otávio de Freitas Júnior, 21 jun. 194[2]. Seguramente por lapso, a mensagem recebe na data a indicação "1943", Fundo Mário de Andrade, Série Correspondência, IEB-USP.
98. Mário de Andrade, "Segundo Momento Pernambucano", *Aspectos da Literatura Brasileira*, p. 258.
99. Carta de Mário de Andrade a Guilherme Figueiredo, 7 jul. 1942, Fundo Mário de Andrade, Série Correspondência, IEB-USP.
100. Carta de Mário de Andrade a Guilherme Figueiredo, 28 abr. 1941, Guilherme Figueiredo (org.), *Mário de Andrade. A Lição do Guru: Cartas a Guilherme Figueiredo - 1937/1945*, p. 61.

tomou na arte e na sociedade, em todo caso – talvez pudesse Mário argumentar – lograra a atualização do pensamento estético no Brasil.

A Semana de Arte Moderna, na ampla moldura do modernismo, permaneceu longamente no ângulo de visão de Mário de Andrade. Suas cartas e publicações, todavia, não cravaram uma interpretação unívoca dos espetáculos de fevereiro de 22. O polígrafo lançou um extensivo olhar sobre o festival – hoje uma incontornável efeméride histórica brasileira – guardando distanciamento crítico. Considerou a potencialidade, a importância, mas também as limitações artísticas e de cunho social do evento, reavaliando-o ao longo dos anos. A Semana certamente ajudou a dar projeção a Mário, mas ele dizia ter consciência de que, em vista de sua firme resolução de atuar na modelagem da experiência cultural do país, "com ou sem ela" a sua vida intelectual teria sido o que foi[101].

REFERÊNCIAS BIBLIOGRÁFICAS

ANDRADE, Carlos Drummond de. *Poesia 1930-62: De Alguma Poesia a Lição de Coisas*. Edição crítica preparada por Júlio Castañon Guimarães. São Paulo, Cosac Naify, 2012.

ANDRADE, Mário de. *Aspectos da Literatura Brasileira*. 4. ed. São Paulo, Martins/Instituto Nacional do Livro – MEC, 1972.

_____. *O Empalhador de Passarinho*. 3. ed. São Paulo, Martins/Instituto Nacional do Livro – MEC, 1972.

_____. *Introdução à Estética Musical*. São Paulo, Hucitec, 1995.

ANTELO, Raúl (org. e notas). *Mário de Andrade. Cartas a Murilo Miranda, 1934-1945*. Rio de Janeiro, Nova Fronteira, 1981.

_____ (org., introd. e notas). *Correspondência Mário de Andrade & Newton Freitas*. São Paulo, Edusp/IEB/Editora UFSC, 2017.

ARAÚJO, Estephania Castro Gomes de. *João Gomes de Araújo: Sua Vida e Suas Obras*. São Paulo, Gráfica Sangirad, 1972.

BARREIRINHAS, Yoshie Sakiyama (introd., seleção e org.). *Menotti del Picchia: O Gedeão do Modernismo - 1920/22*. São Paulo, Civilização Brasileira/Secretaria de Estado da Cultura-SP, 1983.

BOAVENTURA, Maria Eugenia (org.). *22 por 22: A Semana de Arte Moderna Vista pelos seus Contemporâneos*. 2 ed. rev. e aum. São Paulo, Edusp, 2008.

BORBA, José Cesar & MOREL, Marco (orgs.). *Cartas de Mário de Andrade a Álvaro Lins*. Rio de Janeiro, José Olympio, 1983.

BRITO, Mário de Silva. *História do Modernismo Brasileiro: Antecedentes da Semana de Arte Moderna*. 3. ed. Rio de Janeiro, Civilização Brasileira/ MEC, 1971.

DEL PICCHIA, Menotti. *A "Semana" Revolucionária*. Organização, apresentação, resumo biográfico e notas Jácomo Mandatto. Campinas, Pontes, 1992.

DUARTE, Paulo. *Mário de Andrade por Ele Mesmo*. 2. ed. São Paulo, Hucitec/ Prefeitura do Município de São Paulo/ Secretaria Municipal de Cultura, 1985.

101. Mário de Andrade, "O Movimento Modernista", *Aspectos da Literatura Brasileira*, p. 232.

FERNANDES, Lygia (org.). *71 Cartas de Mário de Andrade*. Rio de Janeiro, Livraria São José, 1968.

FIGUEIREDO, Guilherme (org). *Mário de Andrade. A Lição do Guru: Cartas a Guilherme Figueiredo - 1937/1945*. Rio de Janeiro, Civilização Brasileira, 1989.

KOIFMAN, Georgina (org.). *Cartas de Mário de Andrade a Prudente de Moraes, neto, 1924-1936*. Rio de Janeiro, Nova Fronteira, 1985.

MONTEIRO, Pedro Meira (org.). *Mário de Andrade e Sérgio Buarque de Holanda: Correspondência*. São Paulo, Companhia das Letras/Edusp/IEB, 2012.

MORAES, Rubens Borba de. *Testemunha Ocular (Recordações)*. Org. e notas Antonio Agenor Briquet de Lemos. Brasília, Briquet de Lemos, 2011.

NOGUEIRA, Maria Guadalupe Pessoa. *Edição Anotada da Correspondência Mário de Andrade e Renato de Almeida*. Tese de Doutorado. São Paulo, Faculdade de Filosofia, Letras e Ciências Humanas, Universidade de São Paulo, 2004. Orientadora: Profa. Dra. Ivone Daré Rabelo.

SANTIAGO, Silviano (Prefácio e Notas) & FROTA, Lélia Coelho (Organização e pesquisa iconográfica). *Carlos & Mário: Correspondência Completa entre Carlos Drummond de Andrade (inédita) e Mário de Andrade*. Rio de Janeiro, Bem-Te-Vi, 2002.

SOUZA, Eneida Maria de (org., introd.). *Correspondência Mário de Andrade & Henriqueta Lisboa*. Notas de Eneida Maria de Souza e Pe. Lauro Palú. Estabelecimento de texto de Maria Sílvia Ianni Barsalini. São Paulo, Edusp/IEB/Peirópolis, 2010.

SOUZA, Gilda de Melo e (Introdução); GUARANHA, Denise (estabelecimento de texto e datas) & FIGUEIREDO, Tatiana Longo (revisão ortográfica). *Pio & Mário: Diálogo da Vida Inteira*. Rio de Janeiro, Ouro sobre Azul/Sesc, 2009.

3

SEMANA DE 1922 SEGUNDO RUBENS BORBA DE MORAES:
DESDOBRAMENTOS INTELECTUAIS E CULTURAIS

ARACY AMARAL

DE RUBENS BORBA DE MORAES (Araraquara, 1899 – Bragança Paulista, 1986), colhi depoimentos em São Paulo a 2 e a 20 de agosto de 1968. Segundo o excepcional intelectual modernista, de memória e lucidez impressionantes, a Semana de Arte Moderna de 1922 teve desdobramentos políticos e culturais, além daqueles nos campos literários e das artes visuais.

Sobre esse tema, coletei também outros testemunhos dele em 1970 e em inícios de 1980, seja em São Paulo, como na capital federal e em Bragança Paulista, onde ele passou a viver depois de se retirar de seu cargo de diretor da Biblioteca da Universidade de Brasília.

Disse-me Rubens Borba de Moraes que o assunto lhe ocorrera em seu último encontro com Sérgio Milliet:

A minha última conversa com Sérgio Milliet, no *Paribar*, onde ele almoçava, deu-se quando passei por lá e me chamou. Rememoramos antigos tempos. E eu lhe disse: "Curioso, Sérgio, hoje estão revendo todo aquele tempo da Semana e por um prisma tão diferente. Na verdade, acredito que a importância da Semana talvez tenha sido mais cultural que literária ou do campo das artes plásticas... Veja aí o Departamento de Cultura, a Biblioteca, a Escola de Sociologia..." Sérgio me interrompeu: "Mas eu também acho isso! Também acho! É preciso escrever sobre isso, é preciso escrever!"

Devemos deixar bem claro o contexto do parecer de Mário de Andrade em sua antológica conferência "O Movimento Modernista" de 1942, no Itamarati, Rio de Janeiro, e na Faculdade de Direito de São Paulo, que concretiza um balanço da geração vanguardista. Essa palestra foi realizada no calor da Segunda Guerra Mundial (1939-1945) e representa uma autocrítica dos modernistas. A autocrítica se fez sentir de maneira muito transparente nos dizeres de Mário, como também na conferência "O Caminho Percorrido", de Oswald de Andrade, em Belo Horizonte, em 1944.

Mário de Andrade se referia então à "festança" que dominou o espírito de 22, que nos "desvirilizou", ao passo que, em inícios de 1940, ele se dava conta de que se vivia já uma fase integralmente política da história da humanidade. Ele fala do "direito permanente à pesquisa estética", como uma das grandes conquistas do modernismo. Refere-se igualmente à descentralização da "inteligência", que surge com o "movimento nacional das editoras provincianas" – e menciona não apenas a editora de José Olympio, que vai de São Paulo para o Rio de Janeiro, como também a Globo, de Porto Alegre, a Nacional e a Martins, de São Paulo, e a Guaíra, do Paraná.

Gostaria de comunicar, nesta ocasião, o pensamento de Rubens Borba de Moraes sobre os modernistas, sobre a Semana de 22 e seus desdobramentos culturais, a partir de depoimento dado a mim em 20 de agosto de 1968, que guardei todos estes anos. Transcrevo o seu testemunho:

Nunca será demais frisar a importância dos movimentos culturais em São Paulo (em consequência com irradiação para o Brasil) como fruto da Semana de Arte Moderna. Culturais, digo, e poderiam ter sido de âmbito e importância nacional, também do ponto de vista político. Aliás, um momento houve, na década de 30, em que, se não estivéssemos já implicados em ação em campo cultural, teríamos partido para a política. Foi uma questão de disponibilidade, ou de falta dela, simplesmente. Mas também já estávamos muito envenenados, nauseados com a ditadura de Vargas, que desmoralizou completamente o movimento de renovação cultural do Brasil...

Daí por que digo sempre que, mais que literário ou artístico, o fruto da Semana foi de sentido muito mais amplo, e que alcançaria ação sobretudo depois da Revolução de 1924 – a conscientização.

Evidentemente que houve uma minoria como Oswald, individualista, que continuou pessoalmente, por seu próprio temperamento, a necessitar da atenção de todos voltada para sua pessoa, seu combate sempre inextinguido, em busca do "novo".

Mas o grupo a que eu pertencia, menos criativo, do ponto de vista literário, porém mais voltado para a realidade, partimos para o terreno das realizações: mais Couto de Barros, Tácito de Almeida, Sérgio Milliet[1].

[...] 1924 foi um marco de conscientização. E a fundação do Partido Democrático em 1926 era consequência dessa conscientização: chega de atmosfera festiva, chega de brincadeiras, não têm mais sentido as oligarquias que governam o Brasil seguindo-se ao patriarcado do Império. Se se observar a lista dos que assinaram o manifesto da fundação do Partido Democrático, poder-se-á ver que são todos nomes da Semana: além de mim, Tácito de Almeida, Couto de Barros. Plínio Salgado também seria fruto dessa conscienti-zação, porém partiu para outro caminho, do fascismo. Mas sempre oriundo dessa fonte.

Daí por que a Antropofagia, de Oswald de Andrade, já nos parecia uma exacerbação da brincadeira, um "brincar demais", quando nos preocupávamos com a "ação" verdadeira.

A ESCOLA DE SOCIOLOGIA E POLÍTICA
E O DEPARTAMENTO DE CULTURA

Posso mesmo dizer que o movimento foi artístico-literário até 1924. Daí o seu sentido mudou, para a maioria pelo menos. O jornalzinho de Oswald da década de 1930 – *O Homem do Povo* – já nos parecia mais uma das inconsequências de Oswald.

Aliás, três meses depois da Revolução de 1930, nosso Partido estava contra ela. Já se adivinhava a ditadura. Em 1932 apanhamos grosso. Daí por que desde então concentra-mos nossas energias na ação. Percebemos que através da literatura, simplesmente, não chegaríamos a nada no desejo de alteração do sistema de coisas no país. Concluímos que o problema do Brasil era eminentemente de educação. E para esse campo partimos. Data dos anos 1930, pelo nosso grupo – eu, mais Mário de Andrade, Paulo Duarte, Sérgio Milliet – a fundação da Escola de Sociologia e Política de São Paulo onde, pela primeira vez, ensinava-se História Econômica do Brasil. Tudo isso era irradiação da Semana. Assim como o foi também a criação do Departamento de Cultura da Municipalidade, a Biblioteca Municipal (abrir bibliotecas, sempre mais, era a ordem do dia).

---

1. "Daí por que quando hoje redescobrem o *Rei da Vela* e o levam à cena percebem nele uma atualidade gritante, mais de trinta anos depois, e vê-se que aquela contribuição-registro de um tempo é válida nos dias de hoje". Interrompo-o: "Mas não será válida porque a situação do Brasil tumultuado de hoje é igualmente muito semelhante à da atmosfera agitada política e econômica dos anos 20 e começos de 30?" Rubens Borba responde: "É exatamente isso. Os problemas do Brasil permanecem fundamental-mente os mesmos. Saímos de uma oligarquia com a Revolução de 30 e em 32 já caíamos em outra. Ou seja: houve uma substituição de homens, não alteração de sistema".

No Rio de Janeiro,

[...] no fim dessa década de 30, Mário de Andrade também colaborou numa forma nova de ensino da Teoria da Arte, no Instituto das Artes [da Universidade do Distrito Federal].

A BIBLIOTECA MUNICIPAL DE SÃO PAULO

Prosseguiu Rubens Borba de Moraes nesse depoimento sobre os desdobramentos culturais da Semana:

O Departamento de Cultura foi formado, se bem me recordo, em 1935. Imediatamente vi que seria necessário, em primeiro lugar, a abertura de uma Biblioteca. Havia uma, na Praça da Sé, mas que funcionava em local inadequado, com uma organização muito precária "à século XIX". Mas, num exame que fiz dessa Biblioteca, vi que havia muito material interessante: romances do século XIX, jornais antigos, publicações preciosas. Optei pelo aproveitamento do seu acervo.

Começamos a estudar o plano da atual Biblioteca: a compra de livros era independente da burocracia, de modo que pudemos atualizar rapidamente a Biblioteca, em poucos anos. Recorri para isso aos professores contratados pela Universidade de São Paulo, como o Roger Bastide (Bastidinho), por exemplo, e sua cadeira, ao qual solicitava toda a bibliografia necessária para sociologia. E assim consegui as relações sugeridas por todos os professores estrangeiros então em São Paulo e dotamos a Biblioteca dos volumes mais importantes[2].

Quando indagado por mim sobre a origem do projeto arquitetônico da Biblioteca Municipal de São Paulo, Rubens foi direto:

O ponto de partida foi um risco meu, inspirado na Biblioteca de Berna, segundo o qual a área dos depósitos poderia ser ampliada quando necessário. Dei esse risco ao arquiteto Jacques Pilon para a realização do projeto, tendo discutido com ele a ideia. Depois de aprovado o projeto fui para os Estados Unidos com uma bolsa de estudos.

Sucedeu, nesse meio tempo, que a firma que venceu a concorrência para a construção do edifício não julgou necessário – ou achou mais econômico – fazer os alicerces da torre

---

2. Rubens Borba acrescenta nesse depoimento que, nos anos 1960, um fenômeno novo surgia nesse campo: "Ultimamente sei que tem havido anos de míngua ou pior que isso: houve um ano, eu soube, que a Biblioteca adquiriu somente dois livros. Num outro ano, as possibilidades foram melhores: foram adquiridos seis livros", acrescentou. Pensando agora retrospectivamente, era o início de tempos que perduram até hoje.

com a profundidade projetada, mesmo porque, disseram-me ao regressar, a "biblioteca já é tão enorme, tem duzentos mil volumes, por que e quando será necessário algo maior?" – embora eu insistisse em que se chegaria rapidamente a um milhão de volumes... O resultado, enfim, foi que a realização final tirou um terço da capacidade do previsto para a torre.

Dessa forma, entre realista e simultaneamente desencantado com os acontecimentos no país, Borba de Moraes se distanciou aos poucos das polêmicas locais e seguiu para os Estados Unidos, onde seria diretor, por longos anos, da Biblioteca da ONU, em Nova York.

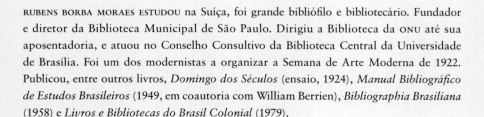

RUBENS BORBA MORAES ESTUDOU na Suíça, foi grande bibliófilo e bibliotecário. Fundador e diretor da Biblioteca Municipal de São Paulo. Dirigiu a Biblioteca da ONU até sua aposentadoria, e atuou no Conselho Consultivo da Biblioteca Central da Universidade de Brasília. Foi um dos modernistas a organizar a Semana de Arte Moderna de 1922. Publicou, entre outros livros, *Domingo dos Séculos* (ensaio, 1924), *Manual Bibliográfico de Estudos Brasileiros* (1949, em coautoria com William Berrien), *Bibliographia Brasiliana* (1958) e *Livros e Bibliotecas do Brasil Colonial* (1979).

4

MÁRIO DA SILVA BRITO:
O GRANDE HISTORIADOR
DO MODERNISMO BRASILEIRO

MARIA AUGUSTA FONSECA

A literatura ensinou-me a viver.
MÁRIO DA SILVA BRITO, Entrevista[1].

Não se trata [...] de continuidade pela continuidade, mas de constituição de um campo de problemas reais, particulares. Com inserção e duração histórica próprias, que recolha as forças em presença e solicite o passo adiante.
ROBERTO SCHWARZ, "Nacional por Subtração"[2].

POR MUITOS ANOS, principalmente no período que vai de 1940 a 1990, Mário da Silva Brito[3] teve papel de proa na vida intelectual do país, atuando como jornalista, editor, historiador, crítico de arte e de literatura. Nesse variado desempenho profissional, encontra-se a sua *História do Modernismo Brasileiro I. Antecedentes da Semana de Arte Moderna*, estudo pioneiro sobre o processo formador do nosso movimento modernista.

---

1.   Mário da Silva Brito, "Entrevista" concedida a Maria Augusta Fonseca e Telê Ancona Lopez no Rio de Janeiro, em 14 de setembro de 2002. Publicada em *D.O. Leitura*, São Paulo, Imprensa Oficial do Estado, n. 20, 11 nov. 2002, pp. 14-26.
2.   Roberto Schwarz, "Nacional por Subtração", *Que Horas São?*, São Paulo, Companhia das Letras, 1987, p. 31.
3.   Mário da Silva Brito nasceu em Dois Córregos (SP) em 1916, morou na cidade de São Paulo até os anos 1960, transferindo-se para o Rio de Janeiro. Morador do bairro de Copacabana, faleceu na capital fluminense em 2008. Entre as suas obras como poeta, ficcionista e memorialista, encontram-se: *Três Romances da Vida Urbana* (1946); *Desaforismos* (1963); *Poemário da Silva Brito* (1966); *Suíte em Dor Maior* (1978); *Jogral do Frágil e do Efêmero* (1979); *O Fantasma Sem Castelo* (1980).

Apesar dessas credenciais, hoje está fora dos holofotes da crítica, razão pela qual ainda é preciso apresentá-lo em linhas gerais para os não especialistas. É o que se pretende neste breve recorte: Mestre-aprendiz de espírito agudo e vivaz, de memória prodigiosa e possuidor de um vasto conhecimento da história do país, Mário da Silva Brito era um homem receptivo no trato, de humor afiado e sem meias palavras.

Formado pela Faculdade de Direito do Largo de São Francisco (USP) em 1943, não exerceu a profissão. Na carreira profissional teve o jornalismo como um de seus eixos. Na capital paulista, onde viveu por muitos anos, trabalhou no *Diário de S. Paulo*, *Jornal de São Paulo*, *Correio Paulistano*, *O Estado de S. Paulo* e também na Livraria Martins Editora, sendo um dos responsáveis pela edição das *Obras Completas* de Mário de Andrade. Além de jornalista e editor, atuou na crítica literária e no campo historiográfico. Foi ainda poeta e ficcionista de talento, como atestaram muitos de seus pares. Na década 1960, saiu de São Paulo para o Rio de Janeiro, onde trabalhou como diretor editorial da Civilização Brasileira. No início dos turbulentos anos 1970, Brito aceitou o convite desafiador de Ênio Silveira para editar as *Obras Completas* de Oswald de Andrade, então, relegadas ao esquecimento. Com essa iniciativa o público pode conhecer a diversificada produção do mais polêmico escritor do modernismo brasileiro, e dos mais importantes de nossa literatura. Amigo próximo[4] de Oswald, e estudioso de sua obra, Brito tomou para si a tarefa de elaborar todas as orelhas dos livros que integraram a referida coletânea[5]. Suas apresentações sumárias, de aguda percepção crítica, continuam de muita valia para estudiosos da obra de Oswald. Entre outras leituras de Brito, sobre a produção do escritor, encontram-se os prefácios de *Os Condenados* e de *O Perfeito Cozinheiro das Almas deste Mundo...*, textos críticos em *Ângulo e Horizonte – De Oswald de Andrade à Ficção Científica*; *Conversa Vai, Conversa Vem*; *Diário Intem-*

---

4. Os três amigos testamenteiros de Oswald de Andrade são: o historiador Mário da Silva Brito, o crítico Antonio Candido de Mello e Souza e o jornalista Claudio Abramo.

5. Ordem de publicação estabelecida pela Editora Civilização Brasileira para as *Obras Completas* de Oswald de Andrade: 1. *Os Condenados* (*Alma*; *A Estrela de Absinto*; *A Escada Vermelha*); 2. *Memórias Sentimentais de João Miramar e Serafim Ponte Grande*; 3. *Marco Zero I – A Revolução Melancólica*; 4. *Marco Zero II – Chão*; 5. *Ponta de Lança*; 6. *Do Pau-brasil à Antropofagia e às Utopias*; 7. *Poesias Reunidas O. de Andrade*; 8. *Teatro – O Rei da Vela*; *O Homem e o Cavalo*; *A Morta*; 9. *Um Homem Sem Profissão – Sob as Ordens de Mamãe*; 10. *Telefonema*; 11. *Esparsos* [não publicado].

poral. Sobre o movimento de 22, Brito publicou *A Revolução Modernista* (1959), a antologia *Poesia do Modernismo* (1968) e *Antecedentes da Semana de Arte Moderna*[6]. Esse último compõe o primeiro volume de sua *História do Modernismo Brasileiro* (1958). Essa obra ímpar de Brito registra a solidez da pesquisa documental que deu suporte às análises e interpretações sobre o processo formador de nosso movimento modernista.

O conhecimento acumulado ao longo dos anos fez de Mário da Silva Brito um verdadeiro "acervo" de nossa história literária, política e cultural, como atestam seus livros e testemunhos de artistas e intelectuais com quem conviveu, a exemplo de Pedro Nava, Carlos Drummond de Andrade, Antonio Houaiss, Francisco de Assis Barbosa, Alphonsus de Guimaraens Filho. Na orelha do livro *Jogral do Frágil e do Efêmero* (1979), Guimaraens Filho assim definiu o escritor: "Mário da Silva Brito é uma caixa de surpresas. [...] Criador versátil, de facetas múltiplas, nele tudo se desenrola com naturalidade e variedade. Por isso mesmo sua poesia se apresenta como é sua prosa: rica de fluência e invenção"[7].

Objeto principal do presente texto, a obra *História do Modernismo Brasileiro I – Antecedentes da Semana de Arte Moderna* está contida em dezesseis capítulos: *1*. "Os Depoimentos Veementes"; *2*. "As Coordenadas do Século Vinte"; *3*. "O Descobrimento do 'Futurismo'"; *4*. "O Estopim do Modernismo"; *5*. "O Encontro dos Andrades"; *6*. "A Cinza das Horas"; *7*. "A Virada Histórica"; *8*. "O Escultor Taciturno"; *9*. "Sinais do Tempo"; *10*. "Os 'Futuristas' de São Paulo"; *11*. "O Manifesto do Trianon"; *12*. "Afirmações Modernistas em 1921"; *13*. "A Divulgação da Nova Estética"; *14*. "Ser ou Não Ser 'futurista'"; *15*. "Mestres do Passado"; *16*. "Os Dragões do Centenário". Expondo numa linguagem fluida e bem armada, Brito enfeixa em cada um de seus capítulos aspectos dinâmicos da vida brasileira, numa abrangência temporal que avança de fins do século dezenove às duas primeiras décadas do século xx, centrando-se nos artistas e intelectuais responsáveis pela urdidura e pela realização da Semana de 22.

---

6. Mário da Silva Brito, *História do Modernismo Brasileiro I: Antecedentes da Semana de Arte Moderna*, São Paulo, Saraiva, 1958. Capa de Aldemir Martins; segunda edição revista. Rio de Janeiro, Civilização Brasileira, 1964. Capa de Eugênio Hirsch. A segunda parte desse estudo, *A Revolução Modernista* (1959), foi incluída em Afrânio Coutinho, *A Literatura no Brasil. Modernismo*, Rio de Janeiro, Editora Sul Americana, 1970, vol. V, pp. 1-37.
7. Alphonsus de Guimaraens Filho, "Magia de um Jogral" (orelha), em Mário da Silva Brito, *Jogral do Frágil e do Efêmero*, Rio de Janeiro, MEC/INL, Civilização Brasileira, 1979.

A pesquisa que ancorou seu trabalho expandiu-se nos anos 1940 e 1950. De acordo com seu depoimento[8], foram dez anos de trabalho árduo, colhendo depoimentos, pesquisando em arquivos pessoais, remexendo recortes de jornal, vasculhando bibliotecas públicas e privadas. Significativamente, a obra está dedicada "à memória de Mário de Andrade e de Oswald de Andrade". Esse estudo amiudado convoca na sua abertura três diretrizes temporais que situam a vida brasileira: fim da escravidão; queda do Império; começo da República. Por esse viés Brito nos apresenta um país dominado pela velha economia rural, mas que paralelamente ingressava na era moderna da cidade fabril. Para ilustrar os novos tempos, o crítico valeu-se de um artigo de Menotti del Picchia, que à época integrava o grupo modernista em formação.

Num trecho dessa análise conjuntural, publicada no *Correio Paulistano*, em 3 de março de 1920, lê-se:

> E a agitação da grande cidade, da grande feira, começou a ensanguentar as crônicas policiais com cenas esquilianas; a fome do ouro, monstruosa, tentou abalar a ética; a luta agrícola, comercial, industrial, nas novas bandeiras das conquistas novas, com maquinismos e bancos em vez de arcabuzes, calafriou os nervos dos nossos artistas, latejando agora nos seus livros, como pegadas tangíveis dessa angústia, dessa ambição, da tragédia urbana atual[9].

Embora traga à cena as mazelas e tensões presentes na vida citadina, como avanço crítico, curiosamente, o artista rebelde veiculou um texto com vícios da linguagem bacharelesca, alvo de combate do próprio grupo que Picchia integrava. Em *Antecedentes da Semana de Arte Moderna*, Brito incorporou textos integrais e excertos do farto material que examinou, e que o ajudaram a fundamentar sua compreensão do mais ousado e complexo movimento artístico brasileiro do século xx. O capítulo de abertura é um indicador de rumos. Nele o historiador apresentou um panorama bastante negativo da vida local, tendo por base trechos de um artigo de Aluísio Azevedo, datado de 1893, em que o escritor assim definiu o final daquele século: "a época é de ladroeiras comerciais e sobressaltos políticos"[10]. Um pouco adiante, seguindo

8. Mário da Silva Brito, "Entrevista", *D.O. Leitura*, pp. 14-26.
9. Menotti del Picchia, "Novas Correntes Estéticas", *apud* Mário da Silva Brito, *História do Modernismo Brasileiro I: Antecedentes da Semana de Arte Moderna*, p. 177.
10. Aluísio Azevedo, *apud* Mário da Silva Brito, "Entrevista", *D.O. Leitura*, p. 15.

as linhas do artigo, Brito extraiu do texto uma advertência do escritor: "o povo não pode distrair sua atenção das misérias em que vegeta ou dos perigos que o ameaçam"[11]. O juízo crítico do autor de O Cortiço foi ainda convocado numa citação de assombrosa permanência:

Depois da bancarrota, o público brasileiro divide-se em apenas duas ordens: a dos que tudo perderam e a dos que tudo ganharam. Os primeiros choram de fome e os segundos tremem de medo pela riqueza mal adquirida. Uns se escondem para ocultar a miséria; outros para fugir à justiça... Um belo carnaval! E ninguém lê livros[12].

No relato bem tramado dos antecedentes da Semana, Brito apresentou os novos tempos do país republicano como solo instável na esfera econômica, política e social, dando ênfase às marchas e contramarchas da vida brasileira. Nesse conjunto também inscreveu o meio artístico estagnado, contra o qual se sublevava o já referido grupo de escritores paulistas. Com isso em vista, Brito buscou explicar porque São Paulo se colocava como centro das agitações, argumentando que

[...] o modernismo, nessa etapa, é um movimento de cidade, decorre da idade urbana, e, mais do que brasileiro, é paulista. Não sem fundamento o seu primeiro livro expressivo – o volume de versos de Mário de Andrade – cantaria São Paulo, com seus italianos, seus milionários, burgueses e operários, suas fábricas e costureirinhas e seus imigrantes em ascensão social. Também o seu mais falado romance – Os Condenados, de Oswald de Andrade – refletiria o ambiente paulista, e especialmente, intuiria o espírito de tragédia da "cidade tentacular", como reclamava Menotti del Picchia[13].

O exame de muitas dessas coordenadas também o levaram a ponderar que a preparação do movimento modernista não teve floração espontânea, fruto do acaso. Para ele o movimento teve causação própria, gerado pelo desejo de mudanças, pela ânsia de combater o atraso no terreno das artes e da literatura, inserido num quadro maior, negativo, que abrangia o campo político, econômico e social do país. De meados da década de 1910 a 1921, insatisfação e indefinição corriam nas mesmas águas, daí o lema dos moços de 22, às vésperas da Semana: "Não sabemos o que queremos. Sabemos o

11. Idem, p. 16.
12. Idem, ibidem.
13. Mário da Silva Brito, História do Modernismo Brasileiro I, pp. 177-178.

que não queremos". Promovendo reuniões para debater e aprofundar seus questionamentos, compartilhando suas reivindicações em artigos de jornal e conferências para o público intelectualizado, o grupo centrou seu alvo em duas frentes: aprimorar leituras para conhecer o Brasil mais profundo e atualizar ideias com informações sobre os movimentos artísticos que agitavam os principais centros culturais da Europa. Para esse último intento, recorreram a publicações estrangeiras e a notícias trazidas por intelectuais e por artistas viajantes. Nesse particular Oswald de Andrade teve papel pioneiro como divulgador de novidades vanguardistas, apresadas durante sua permanência de quase oito meses na Europa, em 1912. A partir de 1915, Brito também ressalta que Oswald passou a divulgar novas ideias artísticas nas páginas de seu jornal, *O Pirralho*.

Entre os eventos que antecederam a Semana de 22, o crítico considerou a exposição de Anita Malfatti, realizada em São Paulo, em 1917, como seu ponto máximo. Foi um acontecimento ímpar no meio acanhado. Por alguns dias, no pequeno salão da rua Líbero Badaró, 111, na capital paulista, o público visitante teve acesso aos trabalhos de Anita, devedores de técnicas do expressionismo alemão e de outras aprendidas na Independence School of Arts, nos Estados Unidos, por onde a pintora passou depois do estágio na Alemanha, e que exibia na volta ao Brasil, conforme documentado por Brito.

Antes de trazer mais detalhes sobre essa importante exposição, importa mencionar um episódio anterior, que o crítico avaliou ser um componente de exceção, ou, melhor dizendo, um acaso (raro e feliz) que ocorreu no mesmo 1917: "O Encontro dos Andrades". O encontro ocorreu num evento do Conservatório Dramático e Musical de São Paulo, com disputa e pancadaria entre dois colegas jornalistas (um deles, Oswald de Andrade) interessados em divulgar na imprensa, com primazia, a palestra proferida pelo professor Mário de Andrade. A partir desse feito em que Oswald saiu vencedor, os dois escritores se ligaram num forte laço de amizade (que durou até 1929). Com Mário de Andrade, o pequeno grupo de artistas conquistou um integrante de alta qualidade intelectual.

Foi no mês de dezembro de 1917, que se deu o grande arranque do movimento, com timbre na segunda exposição da jovem pintora Anita Malfatti (a primeira, em 1914, passou despercebida). No entender certeiro de Mário da Silva Brito, o evento foi "o estopim do modernismo". As telas vibrantes de Anita traziam trabalhos não apenas de filiação expressionista. Incluíam o "primeiro nu cubista brasileiro", como declarou a artista em depoimento ao crítico. Naqueles dias, porém, Anita Malfatti viu sua arte arrojada ser desqualificada por um jornalista e escritor de muito talento, Monteiro Lobato. Seu artigo foi publicado na "Edição da noite" de *O Estado de S. Paulo*. Na oportunidade o escritor fez valer o juízo acadêmico conservador que presidia as artes plásticas na recatada Pauliceia, escancarando preconceitos e mostrando incompreensão em face da arte nova, não bastasse, representada por uma mulher. O artigo teve efeito bombástico no público e, pessoalmente, no futuro desenvolvimento da carreira da artista, que acabou por reprimir seu gesto mais ousado. Esse episódio foi bem ilustrado e examinado por Mário da Silva Brito, apurando mais um comportamento da elite provinciana, desta feita representada pela imprensa formadora de opinião, que exerceu poder de convencimento unilateral. Para a devida confirmação, Brito transcreveu na sua obra o texto integral de Monteiro Lobato. E, dele extraiu a expressão "paranoia ou mistificação?", erroneamente entendida pelo público como título do artigo. Em contrapartida ao ataque recebido, o crítico registrou a única defesa da artista e da arte moderna, que foi veiculada num artigo de Oswald de Andrade, no *Jornal do Commercio*, em 11 de janeiro de 1918. Esse texto foi reproduzido no capítulo "O Estopim do Modernismo". Nele Oswald joga luz sobre a modernidade, que em essência via representada nas obras da artista. No meio acanhado daquele tempo, não é demais lembrar, quase tudo provocava escândalo – das telas de cores vibrantes de Anita Malfatti à escultura *Cabeça de Cristo* de Victor Brecheret. Até mesmo as luvas amarelas de inverno usadas por Oswald causavam pânico nas ruas centrais da Pauliceia, como registrado na obra.

No campo literário, Mário da Silva Brito destacou "o descobrimento do futurismo por Oswald de Andrade". A designação "futurista", que carreava controvérsias e mal-entendidos, se alastrou no meio local como um xingamento. Mas, para aquele pequeno grupo de intelectuais e artistas de São Paulo (salvo as exceções), o termo guardava um sentido amplo de mudança e afrontava a mentalidade estreita que prevalecia no meio da elite, contraditoriamente, de onde também provinha o grupo. Num artigo, transcrito na mesma obra, Menotti del Picchia argumentava:

[...] futuristas foram todos os grandes gênios incompreendidos. Tudo o que é rebelião, o que é independência, o que é sinceridade, tudo o que guerreia a hipocrisia literária, os falsos ídolos, o obscurantismo, tudo o que é belo e novo, forte e audacioso, cabe na boa e larga concepção do futurismo"[14].

Essa era ainda a compreensão de Oswald de Andrade que, em 1921, empolgado com poemas de Mário de Andrade, valeu-se do termo num artigo elogioso, chamando o amigo de "O Meu Poeta Futurista". O entusiasmo com que saudou os poemas de um livro ainda inédito, *Pauliceia Desvairada*, causou um verdadeiro terremoto. Avesso ao termo pela aproximação com o conceito estético marinettiano, Mário de Andrade de imediato repeliu o rótulo. Mais do que isso, no "Prefácio Interessantíssimo", na abertura que escreveu para *Pauliceia Desvairada*, renovou o desagrado e justificou a contrariedade. Pouco tempo depois, em 1924, numa entrevista ao jornal *A Noite* (RJ), Mário de Andrade propôs o uso do termo "modernista" para designar o grupo. Sua proposta prevaleceu. Vinte anos mais tarde, em "Gênese da Semana de Arte Moderna", Oswald de Andrade voltou ao tema, explicando:

Das reivindicações modernistas sairia o termo polêmico que os italianos haviam empregado em manifestações sucessivas e ruidosas – futurista. Por que não utilizar na crise o bisturi? Essa palavra contundia os cegos gramáticos da conservação, os acadêmicos crescidos no emboloramento e os raros, mas faustosos heróis da decadência. Chamei Mário de Andrade "o meu poeta futurista" porque na desordem regional de seus versos vinha esse "algo nuevo" que já era velho na Europa, mas que aqui somente podia exprimir uma coeva independência[15].

Dez anos depois desse esclarecimento, Oswald voltou ao tema no artigo "O Modernismo", de 1954 (ano de sua morte), asseverando que naqueles anos o "'futurismo' se desitalianizara", "era palavra de época". A isso, ajuntou: "em Portugal, por exemplo, Fernando Pessoa lançava nesse momento o seu 'Ultimatum Futurista'"[16]. Se um termo era assim tão potente no meio atrasado, o que dizer de acontecimentos daqueles anos trepidantes, como atentados políticos, rebeliões, guerra, revolução em país distante, que de

14. Mário da Silva Brito, *História do Modernismo Brasileiro* I, p. 168.
15. Oswald de Andrade, "Gênese da Semana de Arte Moderna", *Hoje – O Mundo em Letra de Forma*, [São Paulo], abr. 1944, ano VII, n. 75, p. 13.
16. Oswald de Andrade, "O Modernismo", *Anhembi*, São Paulo, ano V, n. 49, dez. 1954, p. 28.

modo direto ou indireto aqui reverberavam? No cômputo das vertentes ideológicas que prosperavam, Brito identificou o liberalismo, o fascismo e o comunismo como as três "coordenadas do século vinte". No capítulo "A Virada Histórica", focalizando acontecimentos políticos, o crítico pôs na roda "o 'ensaio' revolucionário de 1905", iluminando um levante na Rússia czarista. A repercussão desse episódio no meio local foi ilustrada por uma crônica de Olavo Bilac.

Nas palavras do poeta, lê-se: "Houve durante o mês um acontecimento de interesse universal, que apaixonou e comoveu todas as almas. Foi a revolução do proletariado russo, revolução afogada em sangue, reprimida e jugulada a chicote e a bala"[17]. Em outra passagem do mesmo capítulo, já em tempos da "revolução decisiva", Brito apresentou fatos novos, que envolviam notícias e repercussões da Revolução Russa de 1917 no Brasil.

Observando ressonâncias no meio operário, o crítico considerou que seu "principal efeito" foi a greve de 1917, primeira greve geral do país. De acordo com sua informação, o movimento se ergueu em São Paulo com a participação de setenta mil operários. No seu entender, "a greve era um sinal da nova conjuntura social, política e econômica". E a isso acrescentou: "A situação literária seria mudada logo, também. E de modo também conflituoso"[18]. Nesse entender, Brito ponderou que no meio artístico, apesar do quadro de tensões latente, "a ideia que se faz do Brasil, em 1920, é lisonjeira". E, nessa esteira, foi incisivo: "O otimismo reinante chega a superar certos aspectos menos risonhos dos quadros nacionais. Na verdade, nem tudo é róseo e tranquilo no país"[19]. A propósito desses tempos conturbados, vale lembrar, o estudo de João Luiz Lafetá, *1930: A Crítica e o Modernismo*[20], pondo no centro das reflexões aspectos estéticos e ideológicos presentes na dinâmica geral do movimento modernista – da década de 1920 às duas décadas subsequentes –, explorando posturas estéticas conflitantes e acirramento de contradições ideológicas.

Outros tópicos de *Antecedentes da Semana de Arte Moderna*, voltados para as atividades do grupo e para as reivindicações em processo, inscrevem o capítulo "O Manifesto do Trianon" como um ponto nevrálgico. Nele Brito

17. Olavo Bilac, *apud* Mário da Silva Brito, *História do Modernismo Brasileiro I*, p. 96.
18. *Idem*, p. 103.
19. *Idem*, p. 144.
20. João Luiz Lafetá, *1930: A Crítica e o Modernismo*, São Paulo, Duas Cidades, 1974.

recolheu um discurso impetuoso proferido por Oswald de Andrade, orador escolhido para saudar o companheiro Menotti del Picchia, em 1921. Da íntegra registrada, recorta-se o seguinte trecho:

> Estamos no Trianon devastando a cidade panorâmica no recorte desassombrado das suas ruas de fábricas e dos seus conjuntos de palácios americanos. É a cidade que nas suas gargantas confusas, nos seus desdobramentos infindáveis de bairros nascentes, na ambição improvisada das suas feiras e na vitória dos seus mercados, ulula uma desconhecida harmonia de violências humanas, de ascensões e desastres, de lutas, ódios e amores, a propor, à receptividade de escol, o riquíssimo material das suas sugestões e a persuasão imperativa das suas cores e linhas[21].

Na apreciação do crítico, o discurso de Oswald foi bombástico e extrapolou o mérito da homenagem, alçando voos mais altos e antecipando orientações que presidiriam a Semana de 1922. Há mais. No rol dos capítulos da obra, ainda, uma explicação de Mário da Silva Brito, extraída de "Sinais do Tempo", ajuda a compor o conjunto dessas inquietações. Assim, nas suas palavras:

> Da exposição de Anita Malfatti à descoberta de Victor Brecheret haviam transcorrido apenas três anos, mas na verdade o tempo disparava, sem que disso se dessem conta os expoentes intelectuais do país, apegados ainda à herança cultural do século dezenove. [...] Assistiu-se então a vários fins, consoante assinala Tristão de Ataíde [...][22].

Em suas considerações, Brito projetou questões que fomentaram a realização da Semana de Arte Moderna. Semana que, no entender de Mário de Andrade, "ficou sendo o brado coletivo principal". Em relação ao público que lotou o Theatro Municipal de São Paulo, basta lembrar relatos da reação desenfreada do público, com vaias e pateadas. Mas, ao contrário do que desejaram os opositores, ao longo dos anos a Semana de 22 acabou prevalecendo como referência simbólica da grande rebentação na literatura e nas artes do país. Mas não apenas. Vinte anos depois desse acontecimento, na conferência "O Movimento Modernista", Mário de Andrade trouxe elementos novos, afinando suas reflexões com distanciamento crítico. A abertura de sua fala é

---

21. Discurso de Oswald de Andrade *apud* Mário da Silva Brito, *História do Modernismo Brasileiro I*, p. 182.
22. Mário da Silva Brito, *História do Modernismo Brasileiro I*, p. 135.

incisiva e impactante: "Manifestado especialmente pela arte, mas manchando também com violência os costumes sociais e políticos, o movimento modernista foi o prenunciador, o preparador e por muitas partes o criador de um estado de espírito nacional"[23].

Não é possível tratar dessa grande rebelião artística, sem penetrar o campo de sua linguagem expressiva. Num trecho de *Antecedentes da Semana de Arte Moderna,* designado "os modernistas e a gramática", temos a seguinte observação de Mário da Silva Brito:

> Um dos traços marcantes do modernismo é apartar das letras a influência portuguesa, é a ruptura com as formas tradicionais de expressão, fundadas no purismo, na gramática herdada dos descobridores. A deformação do idioma, a tentativa de sistematizar a fala brasileira numa língua própria, o desejo de tornar válida a dicção nacional, decorrem também de motivos políticos e sociais e não apenas de razões estéticas ou de mera doutrina literária[24].

As distinções entre o cá e o lá, presentes na expressividade cotidiana, nos ritmos da fala, na linguagem caldeada por termos e expressões de influência indígena e africana, no traço marcante de humor, foram enfeixadas na obra pioneira de Mário de Andrade, *Pauliceia Desvairada*. Num verso simbólico do poema "O Trovador", por exemplo, o sujeito poético se define, fundido na problemática formação do Brasil: "Sou um tupi tangendo um alaúde." De sua parte, Oswald de Andrade também convocou o "antilusitanismo", libertador de amarras, gravando no "Manifesto da Poesia Pau Brasil" (1924) o "desrecalque" local, pela seguinte declaração: "Como falamos. Como somos". Pouco depois, ao propor a "descida antropofágica", lavrou a contundente e questionadora expressão paródica, captando a particularidade local: "Tupi or not tupi that is the question". Forçoso notar que nos anos subsequentes os posicionamentos assumidos pelos participantes da Semana de 22 modificaram o relacionamento entre eles, não mais prevalecendo a aparente sintonia de conjunto, o que também Brito irá registrar em suas leituras. Porém, desentendimentos pontuais e separações de viés ideológico, acertos e equívocos, não impediram a produção das obras-primas (*Miramar, Serafim, Macunaíma*)

---

23. Mário de Andrade, "O Movimento Modernista", *Aspectos da Literatura Brasileira,* São Paulo, Martins/Instituto Nacional do Livro – MEC, 1974, p. 231.
24. Mário da Silva Brito, *História do Modernismo Brasileiro I*, p. 140.

que redefiniram rumos da arte e da literatura no país, e ajudaram a dar um "passo adiante".

Importa ainda dizer que o jovem crítico Mário da Silva Brito, na elaboração de *Antecedentes da Semana de Arte Moderna*, teve o privilégio de dialogar e construir vínculos de amizade com os maiores artistas brasileiros do século XX: Mário e Oswald de Andrade, Tarsila do Amaral, Anita Malfatti, Di Cavalcanti, Menotti del Picchia, Manuel Bandeira, Sérgio Milliet, Guilherme de Almeida, Cassiano Ricardo, Rubens Borba de Moraes, Pedro Nava, Carlos Drummond de Andrade. Sua notável capacidade de síntese e percepção crítica, aliada à expressão depurada e ao mesmo tempo acessível, sustentam a informação dada ao leitor. Sobre esse estudo de ponta, baseado na crítica empírica, Mário da Silva Brito indicou caminhos de seriedade no trabalho: "[...] passei dez anos diários, em cela da Biblioteca Pública Municipal (hoje, a Mário de Andrade), percorrendo o dia a dia de 1900 a 1930, em diversos jornais"[25]. Na sequência, explica: "Dessa longa e exaustiva pesquisa resultaram duas obras: *Antecedentes da Semana de Arte Moderna* e *A Revolução Modernista*, capítulo de *A Literatura no Brasil* –, obra dirigida por Afrânio Coutinho – capítulo que é resumo da história do modernismo que pretendia escrever"[26]. Revolvendo o cotidiano dos artistas, registrando encontros e desentendimentos entre pares, examinando papéis, atento ao curso da história, Brito mostrou faces de um país problemático, dominado por preconceitos (morais, artísticos, raciais), que foram confrontadas por um grupo de jovens que buscava superar contradições, compreender o Brasil, identificar dinâmicas dos conflitos, a reconhecer e discutir particularidades do meio em que viviam.

Em "Um Processo Autonômico: Das Literaturas Nacionais à Literatura Latino-americana", o crítico uruguaio Ángel Rama concebeu estudar a história do Novo Mundo, afastando-se do modelo tainiano (Hippolyte Taine – 1828-1893), por entender que o sincretismo da cultura americana não se ajusta ao determinismo positivista (raça, meio e lugar) defendido pelo crítico e historiador francês. Assim, Rama propôs como ponto de partida um estudo da produção artística baseado nas "peculiaridades aparentemente contraditórias do

25. Mário da Silva Brito, "Entrevista", *D.O. Leitura*, p. 22.
26. *Idem*, p. 22.

funcionamento cultural e, concretamente, de suas manifestações literárias"[27]. Tal reivindicação crítica se aproxima de reflexões de Antonio Candido, como exposto na conferência "Literatura e Cultura de 1900 a 1945 (Panorama para Estrangeiros)", de 1950, posteriormente publicada em *Literatura e Sociedade. Estudos de Teoria e História Literária*. Nessa formulação, em que enfeixa nosso "dilaceramento" cultural, Candido considerou que o Brasil tem sua vida espiritual regida "pela dialética do localismo e do cosmopolitismo, manifestada pelos modos mais diversos"[28]. Se couber aproximações, sem prejuízo das diferentes explorações de cada um deles, a perspectiva de crítica do historiador Mário da Silva Brito também converge para essa problematização dialética.

Em novembro de 2002, numa entrevista, indagou-se ao crítico:

Mário, você que é um mestre da pesquisa literária no Brasil, que é um pioneiro da sistematização da busca de fontes primárias, como entende a pesquisa como alicerce para a historiografia e a crítica literária?[29]

Lúcido e coerente em seus 86 anos, Mário da Silva Brito se autodenominou um aprendiz e não um mestre. Na sequência, questionado sobre o trabalho e o processo de pesquisa de sua *História do Modernismo Brasileiro*, fez questão de frisar que as hipóteses engendradas eram ponto de partida, seguido da aferição de fontes para aceitar ou refutar suas conjecturas. Entendendo esse procedimento crítico como essencial, advertiu:

Creio não haver boa historiografia que não está fundamentada em válida documentação comprovadora. Indispensável também honestidade no pesquisador. Há os que sempre buscam provar uma tese e, se encontram documentos que não a confirmam, buscam escamoteá-los. Há obras de nossa ensaística em que ocorre essa desfaçatez. A crítica literária entre nós, quase sempre vem marcada pelo otimismo ou pelo mau humor de quem a pratica. Em geral abomina pesquisa. Ou a ignora. Se dá bem – tão bem – no território da imaginação. Ou da autossuficiência[30].

E, adiante, falando ainda sobre procedimentos de trabalho, afirmou:

---

27. Ángel Rama, "Um Processo Autonômico: Das Literaturas Nacionais a Literatura Latino-Americana", *Argumento, Revista Mensal de Cultura*, São Paulo, Paz e Terra, ano 1, n. 3, 1974, p. 38.
28. Antonio Candido, "Literatura e Cultura – de 1900 a 1945", *Literatura e Sociedade,* São Paulo, Comp. Ed. Nacional, 1973, p. 109.
29. Mário da Silva Brito, "Entrevista", *D.O. Leitura*, p. 21.
30. *Idem*, p. 21.

Pesquisa impõe infinita paciência, além de atenção concentrada e vigilante. Exige também sabedoria seletiva. Não admite que o pesquisador se deixe seduzir por assuntos laterais que nada tenham a ver com o objetivo principal. Foi assim que tentei trabalhar[31].

A explanação, associada à leitura de sua obra, nos leva a Carlos Drummond de Andrade que, em 1980, voltou a ajuizar que ele era "um mestre da pesquisa literária no Brasil". E, declarou: "o que hoje se conhece da Semana de Arte Moderna repousa infalivelmente na informação e na crítica de Mário da Silva Brito"[32].

REFERÊNCIAS BIBLIOGRÁFICAS

ANDRADE, Carlos Drummond de. "Posfácio". *In:* BRITO, Mário da Silva. *Fantasma sem Castelo*. Rio de Janeiro, Civilização Brasileira, 1980.

ANDRADE, Mário de. "O Movimento Modernista". *Aspectos da Literatura Brasileira*. São Paulo, Martins/Instituto Nacional do Livro – MEC, 1974,

ANDRADE, Oswald de. "Gênese da Semana de Arte Moderna". *Hoje – O Mundo em Letra de Forma*. [São Paulo], ano VII, n. 75, abr. 1944.

_____. "O Modernismo". *Anhembi*. São Paulo, ano V, n. 49, dez. 1954.

BRITO, Mário da Silva. "Entrevista". Concedida a Maria Augusta Fonseca e Telê Ancona Lopez no Rio de Janeiro, em 14 de setembro de 2002. Reproduzida em: *D.O. Leitura*, n. 20, 11 nov. 2002, São Paulo, Imprensa Oficial do Estado.

_____. *História do Modernismo Brasileiro I: Antecedentes da Semana de Arte Moderna*. São Paulo, Saraiva, 1958. Capa de Aldemir Martins; segunda edição revista. Rio de Janeiro, Civilização Brasileira, 1964.

CANDIDO, Antonio. "Literatura e Cultura – de 1900 a 1945". *Literatura e Sociedade*. São Paulo, Companhia Editora Nacional, 1973.

COUTINHO, Afrânio. *A Literatura no Brasil. Modernismo*. Rio de Janeiro, Editora Sul Americana, 1970, vol. V.

DEL PICCHIA, Menotti. "Novas Correntes Estéticas". *Apud* BRITO, Mário da Silva. *História do Modernismo Brasileiro I: Antecedentes da Semana de Arte Moderna*. Rio de Janeiro, Civilização Brasileira, 1964.

GUIMARAENS FILHO, Alphonsus. "Magia de um Jogral" (orelha). *In:* BRITO, Mário da Silva. *Jogral do Frágil e do Efêmero*. Rio de Janeiro, MEC/ INL, Civilização Brasileira, 1979.

LAFETÁ, João Luiz. *1930: A Crítica e o Modernismo*. São Paulo, Duas Cidades, 1974.

RAMA, Ángel. "Um Processo Autonômico: Das Literaturas Nacionais à Literatura Latino-Americana". *Argumento. Revista Mensal de Cultura*, ano 1, n. 3, 1974. São Paulo, Paz e Terra.

SCHWARZ, Roberto. "Nacional por Subtração", *Que Horas São?* São Paulo, Companhia das Letras, 1987.

31. *Idem*, p. 22.
32. Carlos Drummond de Andrade, "Posfácio", em Mário da Silva Brito, *Fantasma sem Castelo*, Rio de Janeiro, Civilização Brasileira, 1980, p. 129.

5

SEMANA SEM FIM:
PERCURSO DE UMA PESQUISA

FREDERICO COELHO

ESTE ARTIGO NARRA o percurso da pesquisa desenvolvida na redação do livro *A Semana Sem Fim – Memória e Celebrações da Semana de Arte Moderna de 1922*. O trabalho foi fruto do convite de Eduardo Jardim, editor da Coleção Modernismo + 90, publicada pela editora carioca Casa da Palavra. Escrever sobre uma pesquisa pode se tornar tarefa enfadonha para o leitor caso o texto se transforme em uma espécie de relatório formal do passo a passo que envolve o levantamento de fontes e documentos sobre o tema, o contato intenso com sua fortuna crítica, os fichamentos e anotações de estudo até a redação do texto final. O que farei nas páginas a seguir, porém, será a tentativa de articular tal percurso com as principais questões que surgiram na época de sua feitura (2012) e que ainda ressoam neste momento em que o centenário se aproxima.

A ideia de pensar a memória da Semana de Arte Moderna ocorrida no Theatro Municipal de São Paulo em 13, 15 e 17 de fevereiro de 1922 surgiu como uma encomenda, até então, inusitada. Afinal, a proposta era escrever não sobre o modernismo, sua história intelectual ou suas obras, mas sim sobre as comemorações dedicadas à Semana ao longo dos seus noventa anos. Se de início o trabalho se apresentou a partir de seu âmbito historiográfico, ao longo da pesquisa ele se tornou, também, crítico.

No princípio, a pesquisa não visava a reconstituição de um processo histórico sobre o movimento, mas sim uma investigação sobre o percurso das suas comemorações – isto é, sobre como a Semana se tornou, ao longo das décadas, objeto daquilo que iniciamos no seminário do qual este livro é resultado, até chegarmos ao centenário de 2022. Em tal circunstância, com um arco histórico amplo e com um recorte praticamente residual sobre o tema, o início da pesquisa era basicamente entender como dar conta, para além da superfície noticiosa dos jornais, de oito décadas de celebrações.

Apesar de simplicidade numérica (oito efemérides com anos terminados em dois), uma pesquisa sobre as memórias construídas a partir da Semana de Arte Moderna deve entender que boa parte dessa história transcorreu em datas para além dos anos redondos das décadas comemorativas. São eventos que foram fundamentais para alimentarmos o mito do herói ao redor do modernismo (com seu nascimento, ascensão, queda, ressurreição e glória eterna) como, por exemplo, 1936, quando é lançado o número quatro da revista *Lanterna Verde* e seu balanço – pessimista – do modernismo (basta lembrarmos da "Mensagem Post--modernista" de Octavio de Faria); 1945, o ano da morte de Mário de Andrade e do I Congresso Brasileiro de Escritores; 1948, quando Graciliano Ramos relata a Homero Sena em sua *República das Letras* o desprezo pelas ações ocorridas em São Paulo; 1953, ano do ensaio decisivo de Antonio Candido, "Literatura e Cultura de 1900 a 1945" – em que o crítico equipara o modernismo ao romantismo como os dois momentos decisivos de nossa literatura; ou 1967, quando ocorre a revisão da obra de Oswald de Andrade dentre os poetas concretos, compositores tropicalistas e a sua chegada no âmbito da cultura de massas.

Foi necessário, portanto, ampliar o escopo da pesquisa, indo mais fundo que as efemérides. Comentar apenas o que se celebrou da Semana como festa pública seria ficar preso a uma espécie de história oficial breve e anódina. Era preciso investigar os intervalos de tempo em que o legado do evento – e do movimento modernista – foi rasurado, apagado, deslocado ou defendido. E nem sempre isso ocorreu no momento em que os dias de fevereiro ressurgiam como memória atualizada década após década.

Ainda falando do percurso prático da pesquisa, a pergunta que moveu o início de tudo foi: como encontrar um arquivo organizado e dedicado exclusivamente não ao modernismo – espaço borgiano e infinito – mas sim à Semana de 22 e suas comemorações? A solução surgiu na apresentação de *História do Modernismo Brasileiro – Antecedentes da Semana de Arte Moderna,* livro de Mário da Silva Brito publicado em 1958, edição revista em 1964. Lá, podemos encontrar seu agradecimento ao arquivo de Carlos Drummond de Andrade, inteiramente dedicado ao tema. A partir dessa informação, o pesquisador e professor Eduardo Coelho, que na época trabalhava na Fundação Casa Rui Barbosa, confirmou que era lá que o referido material de Drummond (ou boa parte dele) estava guardado – inclusive o dossiê sobre o modernismo brasileiro. São praticamente sessenta anos dessa história nos jornais de diversas cidades do país, tudo devidamente organizado por um dos seus maiores nomes. Seu trabalho de coleta das matérias sobre o tema se inicia em 1924. Drummond guardou, quase ano após ano, uma massa impressionante do que saiu na imprensa sobre a Semana de 1922 e sobre o modernismo. Esse encontro, entre o livro de Mário da Silva Brito, o auxílio de Eduardo Coelho e as pastas de Drummond, desatou o nó da pesquisa.

Tal arquivo proporcionou ao trabalho de investigação o dia a dia impresso ao redor de vasto tema. O arquivamento dessa história por parte do poeta dispara na pesquisa a compreensão de um mecanismo fundamental para a sua permanência, isto é, o engajamento dos próprios modernistas na constituição da memória do movimento – ou, ao menos, das ações decisivas de sua geração no campo da cultura nacional. Os muitos livros de cartas e biografias produzidas por eles confirmam esse engajamento memorialista. O acúmulo drummondiano de tal massa documental, por fim, dá espessura de informação a um evento que, apesar de sua consagração atual, cruzou os tempos a oscilar entre um papel ora frágil, ora potente dentre nossa tradição intelectual e artística.

Encontrado o acervo de fontes, mapeada na medida do possível a vasta fortuna crítica sobre o tema – provavelmente a maior dentre os estudos literários no país –, iniciou-se a fase das perguntas. Afinal, quando encontramos uma massa de documentos, sabemos que, se não tivermos as perguntas certas para encará-la, o perigo de naufragar no excesso de informação é grande. Foi proposta então a mais banal de todas: por que comemorar a Semana? Pelas suas consequências (o modernismo) ou pela sua própria marca singular de evento-ruptura? Ela foi realmente isso? Ou ela ainda dá margem a uma série de versões, equívocos e impasses biográficos?

Nesse momento, a pesquisa seguiu a pista do nome "Arte Moderna", a despeito das confusões posteriores que a dobra "moderna" e "modernismo" causaram no debate sobre o tema. Sabemos que se a Semana se chamasse "de

Arte de Vanguarda", provavelmente seus desdobramentos não seriam os mesmos. Com isso, percebeu-se que, talvez, uma boa trilha para averiguar o tema era pensar que foi a força do modernismo enquanto movimento estético na história do país que produziu, em consequência retroativa, a força de efeméride da Semana de 22 – e não o contrário. Comemorar a Semana só se tornara possível pela manutenção permanente do modernismo como movimento definitivo de ruptura com o passado e demarcação de futuros possíveis para a literatura e a arte no Brasil. A Semana seria, portanto, o momento originário de um movimento histórico. Comemorá-la era, décadas mais tarde, louvar a permanência de seus autores e de seus valores enquanto forças de uma modernidade necessária para o país, mesmo que seus legados tenham sido, por anos, represados como valor nacional das artes ditas brasileiras. Para usarmos uma imagem de Antonio Candido, a Semana foi o "elemento catalisador" de nomes e ideias, aquele que nos deu um mito de origem e, portanto, uma historicidade.

Dois "momentos do movimento" que apresentam esse tipo de demarcação da especificidade histórica do modernismo paulista como corte com o passado e início de algo singular no país foram gestados ainda em sua dita "fase heroica" dos anos 1920. O primeiro foi a recusa do termo "futurismo" para a definição do movimento paulista; e o segundo foi a tensão ao redor da presença de Graça Aranha na memória do evento.

Sobre a recusa do futurismo, há diferentes passagens de textos e declarações de Mário de Andrade em que atestamos isso – desde a recusa do epíteto "poeta futurista" na famosa crônica de Oswald a ele dedicada em 1921, até, e eis a principal, uma entrevista em 1925 que abre o conhecido "Mês Modernista", série de colunas promovidas pelo jornal carioca *A Noite*. É lá que Mário afirma que "não, não somos futuristas". Seguindo o artigo no jornal: "O futurismo, disse-nos o autor da *Escrava que Não É Isaura*, é uma tola escola italiana que já desapareceu. O que há no Brasil, o que ele e os seus companheiros fazem, é modernismo, puro modernismo, isto é, guerra ao passadismo"[1].

Recusar o epíteto futurista foi a saída estratégica que Mário de Andrade encontrou para que sua geração não fosse refém de uma leitura meramente colonizada de suas ações, como reprodutoras locais de matrizes internacio-

---

1.   Marta Rosseti Batista, Telê Ancona Lopez e Yvone Soares de Lima (orgs.), *Brasil: 1º Tempo Modernista – 1917/29: Documentação*, São Paulo, Instituto de Estudos Brasileiros/USP, 1972, p. 233.

nais. O crítico sabia exatamente a singularidade da movimentação paulistana naquele momento do estado da cultura no país. Esse gesto de recusa foi fundamental para a história futura do modernismo como gênese de um processo fundador da modernidade brasileira durante o século XX.

Já o papel de Graça Aranha (cujos estudos biográficos demonstram as circunstâncias políticas e privadas na sua relação com Paulo Prado e o momento da Semana de Arte Moderna) era algo que a imprensa carioca e alguns de seus intelectuais passaram a propagar com frequência em 1922 e depois. Muitos viam a presença do autor de *A Estética da Vida* como responsável pelo sucesso da Semana e pelo próprio ideário modernista no país. Mário e Oswald, sistematicamente, esvaziavam a presença de Graça e sua importância, tornando aquele que foi valorizado de forma publicitária antes da Semana (como se fosse uma atração principal conhecida ao lado de Guiomar Novaes), em alguém que não teria absoluta relação com o evento. Vale lembrar a homenagem que a revista modernista *Klaxon* (número 8/9, de dezembro de 1922) fez ao escritor, apesar de não ter nenhum estudo crítico de Mário ou Oswald dedicado à sua figura. Ironicamente, Graça Aranha rompe com a Academia Brasileira de Letras denunciando o apego da instituição ao passadismo, em um famoso episódio de sua polêmica saída em 1924. Episódio esse que, posteriormente, marcava uma "outra data" do modernismo: o dia em que ele chegou na Academia Brasileira de Letras. Ironicamente, Graça Aranha saiu, mas Guilherme de Almeida, Cassiano Ricardo, Manuel Bandeira e Menotti del Picchia entraram em anos posteriores.

Tanto a recusa do futurismo, quanto a recusa de Graça Aranha, mostram a estratégia de marcar a especificidade do que os jovens de São Paulo estavam fazendo, sem ligações simplistas aos movimentos internacionais, sem deferências passivas à história da arte e sem marcações do passado. O entendimento de tais eventos, apesar de aparentemente sem grandes lembranças nas comemorações da Semana, demonstram que, desde seus primeiros anos, as disputas ao redor de seus legados já estavam em curso.

Outro ponto fundamental na feitura da pesquisa para o livro foi perceber que a transformação da Semana em efeméride nacional não foi um processo sem conflitos. Nas duas primeiras décadas (1932/1942) vemos seus participantes dispersos estética e politicamente (Mário de Andrade afirmaria, anos depois, que o modernismo durou até 1930), sugerindo versões pessoais sobre os eventos. Em meio a isso, a ascensão de novos escritores dava corpo ao ritual de que os modernistas foram mestres: o deslocamento de uma geração estabilizada em prol de outra mais nova que chega. Durante o período em que o pensamento místico-católico ocupou alguns dos principais espaços de produção e crítica do país, a Semana de Arte Moderna não oferecia nenhum tipo de atração como efeméride ou origem de um novo tempo. Seguindo os apontamentos de João Luiz Lafetá em *1930: A Crítica e o Modernismo*[2] (1974), a alegria criativa como força subversiva do movimento paulista era posta como fraqueza estética frente o sublime da arte e da poesia. Além disso, os estudos dos novos problemas nacionais decorrentes de migrações internas e crises políticas que desembocariam no Estado Novo não se escoravam no evento de fama jocosa nem nas inovações formais de seus participantes.

Basta lermos os textos e jornais de 1942 para darmos conta do lugar frágil que a Semana ocupava na fortuna crítica e no imaginário das gerações que fizeram parte do modernismo e, principalmente, entre as novas gerações. É quando se torna possível que o jornal literário *Dom Casmurro* faça uma enquete conduzida por Osório Nunes com vinte escritores entrevistados, a partir da seguinte e singela pergunta: "O modernismo morreu"? Seu resultado apontava onze dos vinte entrevistados decretando a morte do movimento e da tendência, entre eles Augusto Frederico Schmidt, Tristão de Athayde, Cassiano Ricardo, Agripino Grieco e Graciliano Ramos. Sabemos também que a renovação de escritores desse período dava ênfase nos aspectos sociológicos das temáticas rurais, no romance psicológico ou na forma fixa dos sonetos, com procedimentos que não só destoavam dos experimentos modernistas da geração paulista da década de 1920, como desconsideravam a Semana e lhe atribuíam importância praticamente nula.

Nessa mesma época, porém, inicia-se uma nova dinâmica em que a Semana passa a ser vista por duas perspectivas: a histórico-biográfica, em que memórias pessoais e testemunhos são constantemente trazidos à baila para o debate, e a histórico-crítica, em que, aos poucos, o modernismo se torna assunto de pesquisas acadêmicas da nascente área de estudos literários nas universidades brasileiras.

Na primeira perspectiva, o espaço de debate é fundamentalmente o jornal e suas, na época, "críticas de rodapé". Após a palestra de Mário de Andrade na Casa do Estudante do Brasil em 1942, e de sua morte prematura em

---

2.   João Luiz Lafetá, *1930: A Crítica e o Modernismo*, São Paulo, Duas Cidades/Editora 34, 2000.

1945, comentários positivos sobre o modernismo e, consequentemente, sobre a Semana, ganham densidade dentre seus participantes. Aos poucos, ainda contando com a movimentação intensa de Oswald de Andrade e sua reivindicação permanente de uma ligação orgânica com os eventos de 1922, é que a presença do modernismo e sua força fatal – termo cunhado pelo próprio Mário na ocasião de sua famosa fala – começam a se espraiar.

Já a segunda perspectiva, histórico-crítica, situa o modernismo na linha evolutiva da literatura brasileira. Ela é deflagrada na mesma década de 1940 com o incremento das universidades – e da USP em particular – condensada no grupo formado ao redor da revista *Clima* de 1941 e, principalmente, na figura de Antonio Candido. Se não inicia seu longo percurso de crítico literário se dedicando ao acervo modernista oriundo de 1922, seus textos se tornaram decisivos no processo de adensamento crítico do pensamento literário brasileiro e possibilitaram a atualização do debate ao redor dos autores e obras do modernismo. No Rio de Janeiro, Afrânio Coutinho, assim como Candido, reivindica no âmbito da universidade e dos estudos contemporâneos de literatura, uma perspectiva mais científica, também abraçando o modernismo como objeto privilegiado de estudo nos anos posteriores. Eles eram a primeira geração que escrevia sobre o assunto sem terem vivido sua história.

Ambos, de formas distintas, transformam rapidamente as polêmicas biográficas e memorialistas sobre a Semana e seus desdobramentos, até então restritos a rodapés biográficos, em material de pesquisas acadêmicas ligadas à história da literatura brasileira. Esse é o momento decisivo para que o modernismo ganhe tônus crítico e, por consequência, para que a Semana seja vista como marco inicial de algo realmente fundador do moderno entre nós. Vale ainda lembrar que, entre a perspectiva histórico-biográfica e a perspectiva histórico-crítica, a figura de Mário de Andrade se instalava em uma dobra decisiva, como se viu na sua palestra de 1942 para a Casa do Estudante, no Itamarati, Rio de Janeiro. Ali, ele lança bases críticas definitivas sobre o tema, ao mesmo tempo que faz um vigoroso relato memorialista.

Ao contrário do que muitos podem pensar, durante as três primeiras décadas após a Semana, não ocorreram comemorações ou eventos que a transformassem em uma efeméride nacional. Pelo contrário. Foram tempos em que os modernistas – ao menos os que ainda se identificavam de alguma forma com o legado da Semana e do momento paulista dos anos de 1920 – tinham que vir a público defender tal história, intensamente atacada, esvaziada ou minorizada pelas novas gerações. Viviam aquilo que João Cezar de Castro Rocha apontou como "lógica adversativa" do modernismo entre seus críticos. A Semana havia sido importante, *porém*, pecou pela ruptura radical com o que veio antes, o modernismo foi fundador de uma nova leitura crítica do país, *mas* não soube dosar seus limites frente outras escolas etc. Só a partir da década de 1950 é que os esforços universitários começam a render seus frutos, dando densidade crítica ao que era visto (principalmente por escritores de outras regiões) como mera reunião de uma elite paulista sem conexão com o resto do país. Um dos exemplos dessa lógica adversativa é um texto de Sérgio Buarque de Holanda, intitulado "Depois da Semana" e publicado no *Diário Carioca* em 24 de fevereiro de 1952. Cito:

> A propósito do trigésimo aniversário da Semana de Arte Moderna que se celebra nestes dias de fevereiro, já me ocorreu assinalar, ao lado de seus aspectos realmente positivos, alguns teimosos equívocos de que ela se tornou em parte responsável e que ainda projetam sua sombra sobre a história do modernismo.

Se Sérgio Buarque já pode falar de celebrações do aniversário, seu texto aponta benefícios e malefícios das forças desencadeadas pela Semana. Isso, vindo de um dos intelectuais mais ativos no período, com laços pessoais dentre os escritores paulistas e que se dedicou diretamente ao ideário modernista. No mesmo ano de 1952, Manuel Bandeira declara em reportagens sobre os trinta anos da Semana que "está farto de falar e ouvir falar de modernismo" e que acha "perfeitamente dispensável comemorar esse trigésimo aniversário". E arremata, com uma profecia que agora se cumpre: "se em 2022 ainda lembrarem disso, aí sim". Em plena década de Brasília, dos poemas concretos, de *Grande Sertão: Veredas* e da Bossa Nova, essa era algumas das perspectivas sobre a Semana enquanto evento definitivo de nossa modernidade. Vale lembrar, porém, que foi em 1953 que Antonio Candido publica a primeira parte de "Literatura e Cultura de 1900 a 1945", ensaio definitivo sobre a importância do movimento modernista dentre as letras nacionais[3].

---

3.   O texto foi publicado em alemão e em duas partes, no *Staden-Jahrbuch*, n. 1 e 3, 1953 e 1955. Informação obtida em Antonio Candido, *Literatura e Sociedade – Estudos de Teoria e História Literária*, 11. ed., Rio de Janeiro, Ouro sobre Azul, 2010.

O primeiro ano em que a Semana se torna alvo de matérias exortatórias e que o modernismo se torna tema de uma parca revisão bibliográfica foi 1962. Nesse ano, ainda existiam muitos participantes da Semana vivos e jornais como O Estado de S. Paulo cobriram com dedicação e fôlego as memórias do evento. Vale lembrar que foi a primeira data histórica sem a presença tanto de Mário, morto na década de 1940, quanto de Oswald, morto na década seguinte. A ausência dos dois dínamos do movimento no âmbito da opinião pública e do debate intelectual fizeram a diferença naquele momento. O que fica, porém, de força da Semana de 1922 durante os anos de 1960 é a divulgação crescente da obra dos seus principais intelectuais, com destaque para dois eventos fundamentais: a chegada do arquivo de Mário de Andrade ao Instituto de Estudos Brasileiros – IEB da USP, em 1968; e a associação da Antropofagia de Oswald de Andrade no âmbito da cultura de massas tropicalista e do debate crítico ensejado pelos poetas ligados ao movimento concreto paulista. O modernismo, sua poesia, suas prosas, seus nomes e, por consequência, sua Semana fundadora, adentravam a década seguinte podendo ser lidos e consumidos como acervo público, valor cultural coletivo e produto de consumo, fazendo-o transbordar os muros das universidades e o memorialismo oral dos sobreviventes.

A consagração completa, portanto, vem em 1972, seu cinquentenário, em que pela primeira vez seus eventos comemorativos ganham caráter oficial, com incentivo do Estado. Em pleno regime civil-militar, a Semana se torna uma efeméride nacional. Os motivos para isso são diversos e extrapolam esse artigo, porém foi quando uma série de livros, revistas e exposições oficiais sobre o tema ocorreram no Brasil e em embaixadas como a da França. É no bojo da atividade internacional do cinquentenário que surge a publicação de uma obra fundamental para os estudos sobre a Semana e o modernismo como Brasil – 1º Tempo Modernista – 1917/29, volume editado pelo IEB com organização de Marta Rossetti Batista, Telê Porto Ancona Lopez e Yone Soares de Lima. A obra foi publicada com o patrocínio do Ministério das Relações Exteriores e da Secretaria de Cultura, Esportes e Turismo do Estado de São Paulo, e tinha como intuito "divulgar o modernismo brasileiro no exterior". É possível também ler, pela primeira vez desde 1922, uma ampla cobertura na imprensa, apresentando opiniões de especialistas, explorando os últimos depoimentos dos participantes remanescentes e a prática jornalística de valorizar os supostos esquecidos, como Luís Aranha. Também é quando se torna pública a existência de "inimigos da Semana" como Yan de Almeida Prado e Franklin de Oliveira. Os dois expedientes – esquecidos e inimigos – corroboram a cristalização de um cânone e a possibilidade de se apresentar seus "desvios" e silêncios. Em outro ponto extremo da oficialização da Semana como evento histórico a ser comemorado naquele ano, temos o lançamento de *Me Segura que Eu Vou Dar um Troço*, de Waly Salomão, com a chamada na orelha do livro anunciando "Alimento para as novas gerações por ocasião das retrospectivas da Semana de Arte Moderna de 22".

Nas décadas seguintes, a canonização da Semana torna-se definitiva e produz vasto material jornalístico, crítico e acadêmico, sem esconder a repetição muitas vezes insossa dos mesmos temas e personagens. Sua fortuna crítica no âmbito das pós-graduações cresce exponencialmente e a entrada de seus principais autores e obras no cânone literário do país torna-se definitiva. Era o funcionamento em pleno vapor da ideia de "semana sem fim", consagração perene cuja duração atravessa contextos e, independente de lógicas adversativas de cada tempo, ocupa de vez o espaço de mito de origem.

Por fim, gostaria de trazer um último ponto: em 2012, Nelson Ascher, em um artigo na revista *Veja*, usa a expressão "um cadáver no meio do caminho" para se referir às comemorações ao redor da efeméride. De alguma forma, é curioso notar que a própria ideia de chamar a Semana e o modernismo de "cadáver" já dá o tom de sua permanência, no mínimo, inquietante. Assim como em 1942 e décadas posteriores, parece ainda que se precisa esvaziar sua presença histórica para que algo novo ocupe seu espaço – supostamente excessivo e problemático. Fica aqui, como conclusão, a seguinte pergunta: quantas vezes mataremos aquilo que, de muitas formas, se mostrou ao longo de mais de noventa anos, uma memória do passado e um motor de futuros? Como cessar o retorno de uma força fatal que tudo engole e contamina? Aguardemos, portanto, novos funerais fracassados e novas releituras críticas potentes como, ainda bem, estamos aqui celebrando.

REFERÊNCIAS BIBLIOGRÁFICAS

Batista, Marta Rosseti; Lopez, Telê Porto Ancona & Lima, Yvone Soares de (orgs.). *Brasil: 1ª Tempo Modernista – 1917/29: Documentação*. São Paulo, Instituto de Estudos Brasileiros/USP, 1972.

Candido, Antonio. *Literatura e Sociedade – Estudos de Teoria e História Literária*. 11. ed. Rio de Janeiro, Ouro Sobre Azul, 2010.

Holanda, Sérgio Buarque de. "Depois da Semana". *Diário Carioca*. Rio de Janeiro, 24 fev. 1952.

Lafetá, João Luiz. *1930: A Crítica e o Modernismo*. São Paulo, Duas Cidades/Editora 34, 2000.

6

1922: Novos Olhares?
ou: como modernizar a
semana de arte moderna?[1]

JOÃO CEZAR DE CASTRO ROCHA

O DESAFIO MAIOR para o estudo do modernismo exige que se drible o paradoxo definidor das vanguardas históricas do século XX. Isto é, se todo grupo de vanguarda tornou a iconoclastia uma forma de ação, uma autêntica respiração artificial, ao mesmo tempo, porém, os artistas de vanguarda sempre se mostraram especialmente aguerridos na preservação de sua memória... Vale dizer, céleres em alvejar mestres do passado em nome de um presente vivido com intensidade total, esses mesmos iconoclastas cuidaram muito bem do registro de sua história no futuro próximo.

Nesse sentido, não deixa de ser uma experiência particularmente irônica trabalhar em arquivos de autores tão diversos como Mário de Andrade e Filippo Tommaso Marinetti, pois, embora antípodas em muitas instâncias, os dois se irmanam no cuidado com que preservaram documentos, cartas, manuscritos, livros, revistas, obras de arte, fotografias, programas, partituras, catálogos, e a lista poderia prosseguir nas esquinas do sono.

Não é tudo: essa miríade de itens foi mantida em estado razoavelmente bem organizado, como se Mário e Marinetti vislumbrassem sem hesitação o papel que desempenhariam no futuro, ou seja, no passado do que teria sido o presente modernista.

---

1. Na redação deste texto, lancei mão de argumentos parcialmente desenvolvidos no livro de minha autoria, *Crítica Literária: Em Busca do Tempo Perdido?*, Chapecó, Argos, 2011.

A contradição salta aos olhos!

Contradição, aliás, tornada matriz de instituições que definem o cenário da cultura no século XX. Claro, refiro-me aos paradoxais Museus de Arte Moderna e especialmente aos Museus de Arte Contemporânea.

Por isso mesmo, as análises sobre os grupos de vanguarda, e que, em boa medida, foram o alicerce dos estudos literários na universidade, costumam incorrer com alguma frequência na armadilha semeada com apuro pelos próprios grupos de vanguarda, pois terminam por reiterar a visão triunfante que os artistas tinham de si próprios. No caso brasileiro, por exemplo, o modernismo transforma-se, tautologicamente, na justificativa do movimento modernista, numa circularidade nem sempre fácil de iludir. Para tudo dizê-lo: demolidor de cânones, o modernismo pretende, ao fim e ao cabo, converter-se no cânone moderno – e, mais uma vez, a tautologia se impõe.

Ora, mas o que a reflexão nem sempre alcança, talvez a cronologia obrigue: a Semana de Arte Moderna está em vias de completar um século. Hora, portanto, de aprofundar o gesto de modernizar nosso entendimento da Semana de 22.

Dois pequenos passos para testar a hipótese: a complexidade de um ano--encruzilhada e uma recepção inicial francamente desfavorável do movimento.

UM ANO-ENCRUZILHADA

Um ponto de partida possível: recorde-se a observação de Wilson Martins: "Quem lesse apenas a *Revista do Brasil* até 1923 correria o risco de jamais saber que havia ocorrido em São Paulo a Semana de Arte Moderna"[2]. Entende-se o reparo, pois o grande acontecimento cultural do ano não foi a Semana de Arte Moderna, mas sim a Exposição do Centenário da Independência. Naturalmente aberta no dia 7 de setembro, devido ao grande êxito popular, somente foi encerrada no ano seguinte, no dia 23 de março.

E, de fato, a exposição foi um fenômeno até então não visto no Brasil. Delegações estrangeiras mandaram representantes, num total de quatorze países, oriundos de três continentes. Um único exemplo: José Vasconcelos

---

2. Wilson Martins, *A Ideia Modernista*, Rio de Janeiro, Topbooks/Academia Brasileira de Letras, 2002, p. 69.

liderou a delegação mexicana, produzindo um grande impacto. Todos os Estados da federação participaram, acarretando um número até então inimaginável de expositores. Cálculos generosos mencionam três milhões de visitantes durante os sete meses de duração do evento.

E não é tudo.

De fato, 1922 pode ser considerado o autêntico ano-encruzilhada da história brasileira e sua complexidade poderia dar origem a todo um livro. Mas vejamos seus lances mais importantes, desenvolvidos numa estrutura propriamente contrapontística.

O então presidente da República, Epitácio Pessoa, criou o Museu Histórico Nacional, cujas atividades tiveram início em outubro de 1922. Desse modo, reuniu-se simbolicamente o Império e a República. O gesto era muito significativo, pois, num primeiro momento, os governos republicanos procuraram criar uma ruptura, em alguns casos dramática, com o passado monarquista. Basta recordar a justificativa empregada na Campanha de Canudos para legitimar o massacre dos adeptos de Antônio Conselheiro: seriam defensores do retorno à Monarquia, autorizando, portanto, a ação repressiva do exército republicano. O gesto de conciliação anunciava uma importante mudança na forma de lidar com o passado próximo.

Nesse mesmo ano, aliás, a letra do *Hino Nacional*, escrita por Joaquim Osório Duque-Estrada, em 1909, foi tornada oficial pelo Decreto n. 4599, de 21 de agosto de 1922. A música, como se sabe, foi composta por Francisco Manuel da Silva, músico cuja carreira coincidiu com os reinados de D. Pedro I e D. Pedro II, num esboço improvável de um acordo entre épocas e políticas. O músico foi aluno do padre José Maurício Nunes Garcia, por sua vez, atuante tanto no tempo do Rei, isto é, D. João VI, quanto no período de D. Pedro I. E como se essa autêntica metáfora da conciliação de regimes adversários já não estivesse suficientemente tecida, a letra de Duque-Estrada incorporou versos da "Canção do Exílio", de Gonçalves Dias[3]. O *Hino Nacional*, no contexto das comemorações do Centenário da Independência, revelou-se uma inesperada metonímia da reunião de contrários.

---

3. Não custa recordar quais são os versos de Gonçalves Dias incorporados na letra de Duque-Estrada: "Do que a terra mais garrida / Teus risonhos, lindos campos têm mais flores; / 'Nossos bosques têm mais vida', 'Nossa vida' no teu seio 'mais amores'".

Portanto, no plano cultural, e bem ao contrário dos ideais da Semana de 22, valorizava-se a comunhão em lugar da divergência.

Na esfera política, já não se pode dizer o mesmo, pois, em 5 de julho, ocorreu a Revolta dos 18 do Forte de Copacabana, no Rio de Janeiro. O levante deu origem ao movimento tenentista, fundamental na política brasileira das próximas décadas. A Revolução de 30 levaria uma corrente tenentista ao poder, culminando com o longo período de Getúlio Vargas à frente do Estado.

Alguns meses antes, contudo, em 25 de março, o Partido Comunista Brasileiro havia sido fundado[4]. Sua proposta de transformação era muito mais radical e terminou por caracterizar uma via, não apenas adversária, mas mesmo oposta aos desdobramentos políticos do tenentismo. Por exemplo, seu principal líder, Luís Carlos Prestes, recusou o comando militar da Revolução de 30 precisamente porque se tornara comunista no exílio, o que o levou a considerar as bandeiras do movimento tenentista superficiais, incapazes de convulsionar as estruturas dominantes.

O movimento modernista, de igual modo, e muito rapidamente, também se dividiu em função de diferenças políticas, num amplo espectro da esquerda à direita.

Há mais.

Ainda em 1922 um deputado chamado Americano do Brasil – pois, é! – apresentou um projeto de lei com o objetivo de incluir nas comemorações do Centenário da Independência a colocação, no Planalto Central, do marco da futura capital do país. Como se sabe, essa era uma exigência da primeira constituição republicana, de 1891. Através de decreto de 18 de janeiro de 1922, o presidente Epitácio Pessoa constituiu uma expedição que, adequadamente no dia 7 de setembro assentou a Pedra Fundamental no Morro do Centenário, na Serra da Independência. Uma autêntica floresta de símbolos[5], para recordar o verso de Baudelaire. Em apenas quatro décadas o projeto ganhou corpo na edificação de Brasília.

---

4.   Na verdade, adotando o modelo da época, o PCB foi fundado com o nome de Partido Comunista – Seção Brasileira da Internacional Comunista (PC-SBIC).

5.   No tocante à carga simbólica que marcou o projeto e a construção de Brasília, ver, de João Almino, "Brasília, O Mito: Anotações Para Um Ideário Estético-Literário", *Escrita em Contraponto. Ensaios Literários,* Rio de Janeiro, Tempo Brasileiro, 2008, pp. 9-19.

Definitivamente, 1922 foi um ano-encruzilhada, e a Semana de Arte Moderna foi eclipsada em meio a tantos acontecimentos. Não é difícil compreender como as histórias culturais ganhariam em interesse e complexidade se incorporassem a pluralidade dos acontecimentos desse ano-encruzilhada em suas narrativas e reflexões.

Foi preciso esperar algumas décadas antes de confirmar a previsão confiante de Paulo Prado em *O Estado de S. Paulo*, em 11 de janeiro de 1924: "Dentro de pouco tempo – talvez bem pouco – o que se chamou em fevereiro de 1922, em São Paulo, a Semana de Arte Moderna, marcará uma data memorável no desenvolvimento literário e artístico do Brasil"[6].

AVALIAÇÕES DA SEMANA DE ARTE MODERNA

Não chega pois a ser uma surpresa o que ocorreu em 1944 quando Edgard Cavalheiro promoveu um "inquérito" destinado a recolher a opinião de intelectuais sobre a seguinte questão:

"[...] o que virá depois da guerra?" Ora, pergunta idêntica terá sido feita pela geração que nos precedeu, a geração que depois de 1918 ditou modas literárias ou artísticas, sociais, ou políticas, a geração que fez a Semana de Arte Moderna, com todas as suas *ramificações e desvios*[7].

A reserva com os possíveis excessos dos vanguardistas é a nota dominante no estudo de suas obras. É como se não se pudesse sequer mencionar o advento da arte moderna sem recorrer a reveladoras conjunções. O esquema é simples: a Semana foi fundamental, porém pecou pela ruptura sem trégua com o que veio antes; o modernismo representou o auge da inteligência crítica nos anos de 1920, mas não soube compreender seus próprios limites.

Mário da Silva Brito e Wilson Martins coincidem com Edgard Cavalheiro na caracterização da Semana de Arte Moderna como o evento catalisador de uma atmosfera de contestação que se adensou no pós-guerra. Silva Brito

---

6. Paulo Prado, "Victor Brecheret e a Semana de Arte Moderna", em Carlos Augusto Calil (org.), Paulo Prado, *Paulística etc.*, São Paulo, Companhia das Letras, 2004, p. 301. O artigo foi escrito em dezembro de 1923.
7. Edgard Cavalheiro, *Testamento de uma Geração*, Porto Alegre, Globo, 1944, p. 7, grifos meus.

chegou a esboçar um paralelo entre convulsão social e ruptura estética: "Estávamos na era industrial e em função dela os problemas se proporiam. A greve era um sinal da nova conjuntura política e econômica. A situação literária seria mudada logo, também. E de modo também conflituoso"[8].

Em tese, a primeira greve geral da história brasileira, a dos trabalhadores paulistas, em 1917, teria preparado o terreno para outra "greve", agora de escritores dispostos a tomar o poder na República das Letras, ou ao menos alterar suas regras de funcionamento. Na análise de Martins: "Vemos que o tecido dos acontecimentos, literários e extraliterários, concorre, em 1945, para encerrar o processo modernista, assim como havia contribuído, em 1916, para desencadeá-lo"[9]. Num impulso parecido, e na véspera do término de outro conflito mundial, os artífices da Semana de 22 foram transformados em vidraça e a geração de 45 não poupou os telhados das então velhas casas modernistas.

Por sua vez, Silviano Santiago propôs uma data ainda mais recuada para o acerto de contas com o modernismo. Silviano identificou "três ciclos das interpretações do modernismo"[10]. O primeiro, em 1936, teria como marco a publicação do quarto número da revista *Lanterna Verde*, cujos colaboradores afirmavam "que o modernismo é uma fase ultrapassada e que eles se encontravam agora em novo período literário, com características próprias"[11]. O segundo ciclo teria ocorrido no início da década de 1960 e promoveu o "retorno de Oswald de Andrade – o retorno do recalcado"[12]. Por fim, o ensaio de João Alexandre Barbosa, "A Modernidade no Romance", representaria o terceiro e último ciclo, cujo fechamento deveria proporcionar um acerto final com o projeto estético do modernismo, permitindo aos mais jovens a adoção de novos rumos[13].

A reação em 1945, contudo, foi mais sistemática e teve uma repercussão mais duradoura. Daí, ressalva idêntica à levantada pelo organizador do *Tes-*

---

8. Mário da Silva Brito, *História do Modernismo Brasileiro I: Antecedentes da Semana de Arte Moderna*, Rio de Janeiro, Editora Civilização Brasileira, 1964, p. 103.
9. Wilson Martins, *A Ideia Modernista*, p. 25.
10. Silviano Santiago, "Fechado para Balanço (Sessenta Anos de Modernismo)", *Nas Malhas das Letras*, São Paulo, Companhia das Letras, 1989, p. 76.
11. *Idem*, p. 77.
12. *Idem*, p. 86.
13. João Alexandre Barbosa, "A Modernidade no Romance", em Domício Proença Filho (org.), *O Livro do Seminário: Ensaios*, São Paulo, LR Editores, 1982.

tamento de uma Geração encontra-se no depoimento de alguns intelectuais. Manoelito d'Ornelas, por exemplo, após louvar o movimento modernista – "foi a vibração mais alta de uma consciência nacional"[14] –, não deixou de observar: "Houve *exageros* nessas exteriorizações. *Exageros* de cores e de detalhes"[15]. Desvios, exageros: importa menos o vocabulário empregado do que a desconfiança sistemática em relação às conquistas proporcionadas pelo modernismo. É como se o impulso iconoclasta, em tese indispensável a todo movimento de vanguarda, rompesse com o tradicional código da conciliação a todo custo, definidor das elites brasileiras. A obra dos modernistas carregaria esse estigma nas décadas seguintes à Semana de 22. Em alguma medida, a reserva somente deixaria de ser a nota dominante nas Faculdades de Letras, cujo trabalho mais importante foi justamente a afirmação da centralidade do modernismo na cultura brasileira no século XX.

Por isso mesmo, na década de 1940, a fim de defender o valor da contribuição de Mário de Andrade, João Alphonsus assumiu um tom menos objetivo: "Aliás, quando Graça Aranha prefaciava em 1926 os manifestos futuristas, já desde 1925 se publicara em São Paulo um livro muito mais importante para todos nós: *A Escrava que Não É Isaura*"[16]. Alphonsus aludia ao livro *Futurismo / Manifestos de Marinetti e seus Companheiros*, prefaciado por Graça Aranha[17]. O prefácio reproduziu a saudação feita por Graça Aranha a Filippo Tommaso Marinetti em sua primeira conferência realizada no Brasil, em 15 de maio de 1926, no Teatro Lírico, no Rio de Janeiro. O livro possui um dado que não deixa de ser perturbador: três gravuras representando, respectivamente, o futurista italiano, Benito Mussolini e o próprio Graça Aranha.

A publicação desse livro ocorreu no âmbito de um conflito cuja complexidade esclarece as tensões internas do movimento modernista. Em 1926, o criador do Futurismo, preocupado tanto com a posteridade de seu movimento, quanto com sua precária situação financeira, realizou uma

---

14. Edgard Cavalheiro, *Testamento de uma Geração*, p. 176.
15. *Idem*, p. 177, grifos meus.
16. Edgard Cavalheiro, *Testamento de uma Geração*, p. 142.
17. *Futurismo / Manifestos de Marinetti e seus Companheiros*, Rio de Janeiro, Pimenta de Mello e Cia., 1926. O prefácio foi escrito por Graça Aranha e republicado como "Marinetti e o Futurismo", em Afrânio Coutinho (org.), *Graça Aranha, Obra Completa*, Rio de Janeiro, Instituto Nacional do Livro, 1969, pp. 863-866.

turnê de conferências na América do Sul. Tratava-se de ambiciosa viagem comercial que, no curso de dois meses, levou o futurista a visitar o Rio de Janeiro, São Paulo e Santos, sem contar o ciclo de conferências que realizou em Buenos Aires e Montevidéu[18]. No discurso inaugural da primeira conferência do italiano, Aranha teceu seus argumentos com cuidado: "Marinetti iniciou e organizou a ação libertadora. [...] Diante desta grandeza, como é pueril discutir se o futurismo de Marinetti já é passadismo"[19]. Em seguida, analisou a cena brasileira, sugerindo um padrão idêntico para a avaliação de seu papel na Semana de Arte Moderna: uma vez precursor e líder, sempre líder e precursor. Em outras palavras, ao apoiar o líder do futurismo, Aranha pretendia reafirmar sua liderança como chefe do movimento modernista.

Mário de Andrade respondeu de imediato à malícia da formulação do aliado da véspera, aceitando a primeira parte do raciocínio, mas invertendo suas consequências. Escreve a Manuel Bandeira, no final de maio de 1926, referindo-se à apresentação de Marinetti em São Paulo[20]. Graça Aranha bem podia ser o Marinetti brasileiro; afinal, ambos eram mais idosos do que os demais participantes da Semana de 22. Logo, dado o princípio de "tal pai, qual filho", se Marinetti necessitava legitimar sua posição no presente através de atos realizados num passado já distante, então, Aranha era inevitavelmente um "passadista", desatualizado em relação às novas experiências de Mário, Oswald e outros modernistas. Com essa resposta astuta, Mário reforçava sua liderança, desautorizando o grupo situado no Rio de Janeiro, reunido em torno de Graça Aranha, e que pretendia recuperar a hegemonia do movimento.

Portanto, antes mesmo da geração de 1945 questionar o legado do modernismo, seus próprios atores envolveram-se em rivalidades irreconciliáveis, numa disputa autofágica pelo controle da "memória" da vanguarda brasileira. A proximidade da década de 1930 apenas acirrou as diferenças estéticas, agora somadas a divergências políticas e ideológicas.

18. Pretendo desenvolver o tema num futuro livro.
19. Graça Aranha, "Marinetti e o Futurismo", em Afrânio Coutinho (org.), *Graça Aranha, Obra Completa*, p. 863.
20. Carta de Mário de Andrade a Manuel Bandeira, [post. 14 maio 1926], Marcos Antonio de Moraes (organização, introdução e notas), *Correspondência Mário de Andrade & Manuel Bandeira*, São Paulo, Edusp/IEB, 2001, pp. 295-297.

Por décadas esse tipo de engajamento definiu a avaliação dos modernistas. E, nesse caso, pouco importa se o crítico está afinado com a radicalidade da Semana de Arte Moderna, ou se discorda de sua veemência, pois o resultado consiste num juízo *a priori* comprometido. Difícil encontrar exemplo mais eloquente do que o de Josué Montello. Ao prefaciar uma antologia da história do movimento modernista, lamentou, com uma opinião curiosa, o ostracismo a que a figura de Coelho Neto foi relegada: "[...] sem a Semana de Arte Moderna, em 1922, e sem a conferência de Graça Aranha na Academia Brasileira, o modernismo teria chegado aqui [...] por irradiação natural. *E sem litígios nem sacrifícios*"[21]. Teríamos, assim, uma vanguarda sem manifestos e um modernismo sem ruptura – no eterno retorno das improváveis alianças, bem ao gosto da política brasileira, mas ao menos com uma originalidade absoluta na imagem de uma vanguarda acadêmica e de uma discórdia reconciliadora. Isto para não mencionar a "novidade" de uma vanguarda que emerge "por irradiação natural".

CODA

Em suma, a avaliação do legado da Semana de 22 enfrentou uma hostilidade inicial que se prolongou por algumas décadas. Essa constatação simples, e nada exaustiva, sugere a pertinência da reavaliação que proponho, pois, como mencionei, em boa medida, a maior novidade da crítica universitária residiu na aceitação, em princípio incondicional, das conquistas do modernismo. De fato, a plena aceitação do movimento a partir dos anos de 1960 foi um dos frutos mais fecundos da crítica universitária, responsável direta pela canonização do modernismo, que, para um público mais amplo, ocorrerá de maneira definitiva em 1972, nas comemorações do aniversário de cinquenta anos da Semana de Arte Moderna.

Tornar a história cultural do modernismo sempre mais complexa não será a melhor forma de modernizar o movimento mesmo depois de um século de sua ocorrência?

---

21. Josué Montello (org.), *O Modernismo na Academia – Testemunhos e Documentos,* Rio de Janeiro, Academia Brasileira de Letras, 1994, p. 11, grifos meus.

REFERÊNCIAS BIBLIOGRÁFICAS

ALMINO, João. "Brasília, O Mito: Anotações Para Um Ideário Estético-Literário". *Escrita em Contraponto. Ensaios Literário*. Rio de Janeiro, Tempo Brasileiro, 2008.

ARANHA, Graça. *Futurismo / Manifestos de Marinetti e seus Companheiros*. Rio de Janeiro, Pimenta de Mello e Cia., 1926.

_____. "Marinetti e o Futurismo" (Prefácio). *In*: COUTINHO, Afrânio (org.). *Graça Aranha, Obra Completa*. Rio de Janeiro, Instituto Nacional do Livro, 1969.

BARBOSA, João Alexandre. "A Modernidade no Romance". *In*: PROENÇA FILHO, Domício (org.). *O Livro do Seminário: Ensaios*. São Paulo, LR Editores, 1982.

BRITO, Mário da Silva. *História do Modernismo Brasileiro I: Antecedentes da Semana de Arte Moderna*. Rio de Janeiro, Editora Civilização Brasileira, 1964.

CAVALHEIRO, Edgard. *Testamento de uma Geração*. Porto Alegre, Globo, 1944.

MARTINS, Wilson. *A Ideia Modernista*. Rio de Janeiro, Topbooks/Academia Brasileira de Letras, 2002.

MONTELLO, Josué (org.). *O Modernismo na Academia – Testemunhos e Documentos*. Rio de Janeiro, Academia Brasileira de Letras, 1994.

MORAES, Marcos Antonio de (organização, introdução e notas). *Correspondência Mário de Andrade & Manuel Bandeira*. São Paulo, Edusp/IEB, 2001.

PRADO, Paulo. "Victor Brecheret e a Semana de Arte Moderna". *In*: CALIL, Carlos Augusto (org.). *Paulística etc*. São Paulo, Companhia das Letras, 2004.

SANTIAGO, Silviano. "Fechado para Balanço (Sessenta Anos de Modernismo)". *Nas Malhas das Letras*. São Paulo, Companhia das Letras, 1989.

II

ESPAÇO, PERSONAGENS

II

Dramatis Personagens

7

THEATRO MUNICIPAL DE SÃO PAULO:
UM DIFÍCIL LUGAR DE MEMÓRIA DA SEMANA DE 22

PAULO CÉSAR GARCEZ MARINS

A APROXIMAÇÃO DO CENTENÁRIO da Semana de Arte Moderna de 1922 instiga a refletir sobre como esse evento cultural, de pequena monta e repercussão quando de seu acontecimento, tornou-se paulatinamente um dos maiores marcadores das narrativas da cultura brasileira ao longo do último século. Embora tenham sido publicados alguns estudos que discutam o pioneirismo da Semana na introdução de vanguardas no cenário nacional e historicizem essa construção memorial[1], é ela ainda recorrentemente lembrada como um marco inaugural na construção de novas linguagens, que se desdobraria apenas nos anos seguintes, como bem pontuou Aracy Amaral, na busca de expressões de uma identidade singularmente brasileira[2].

A consagração da Semana dependeu de alguns fatores para sua efetiva monumentalização, sendo o sucesso posterior de seus integrantes um fator decisivo para tanto. Di Cavalcanti, Brecheret, Anita Malfatti, Oswald de Andrade, Sérgio Milliet, Menotti del Picchia e Villa-Lobos são alguns dos nomes que se mantiveram em imensa evidência muitas décadas depois da Semana. No entanto, a figura de Mário de Andrade é certamente o elo

---

1. Paulo Herkenhoff, *Arte Brasileira na Coleção Fadel: Da Inquietação do Moderno à Autonomia da Linguagem*, Rio de Janeiro, 2002; Frederico Coelho, *A Semana Sem Fim*, Rio de Janeiro, Casa da Palavra, 2012; Ana Paula Cavalcanti Simioni, "Le Modernisme Brésilien, Entre Consécration et Contestation", *Perspective – Revue de l'INHA*, Paris, vol. 2, pp. 325-342, 2013.
2. Aracy Amaral, *Artes Plásticas na Semana de 22*, São Paulo, Perspectiva, 1970.

decisivo para a eficácia das narrativas que tomam a Semana como um divisor de águas. Esse ativo participante do evento foi uma personagem central nas políticas culturais da cidade e da própria federação, em função não apenas de suas obras literárias, sempre incontornáveis na historiografia e na crítica do modernismo, mas pela sucessão de cargos públicos que ocupou. Foi ele o criador do Departamento de Cultura da cidade de São Paulo (1935), o autor do anteprojeto (1936) que antecedeu a criação do Serviço do Patrimônio Histórico e Artístico Nacional, instituição federal na qual era servidor quando de seu falecimento, em 1945. Seu nome perpetuou-se ainda na denominação da segunda maior biblioteca do país (batizada com seu nome em 1960), bem como foi consagrado como tendo sido responsável pela própria memória do modernismo, visto que sua coleção privada de obras de arte, de livros e seu arquivo pessoal – composto de itens de autoria de quase todos os protagonistas literários e artísticos do movimento – foi tombada federalmente em 1996[3], estando já estatizada desde 1968, quando de sua aquisição pela Universidade de São Paulo.

A memória de Mário de Andrade como referência central do modernismo prolonga-se ainda no uso de sua biografia também nas narrativas patrimoniais. Sua "modernidade" será incessantemente relembrada a partir de fins da década de 1970, quando Aloisio Magalhães toma a frente do SPHAN/Pró-Memória. O sentido dilatado de patrimônio nacional presente no anteprojeto de 1936, encomendado a Mário de Andrade por Rodrigo Mello Franco de Andrade e por este recusado, foi tomado como a semente da qual germinaria, imaginariamente, a atenção ao saber-fazer, às artes do povo, à recusa da arquitetura como único emblema privilegiado do caráter nacional. Nesse sentido, pode-se dizer que a ênfase à "modernidade" de Mário de Andrade, rediviva a partir dos anos 1980, alimentava a memória da Semana de Arte Moderna e dela se nutria, por meio da celebração da iconoclastia de um de seus principais protagonistas.

Mas se as figuras do modernismo citadas são parte indissociável da contínua celebração da Semana de Arte Moderna, o mesmo não se pode dizer

---

3. Coleção Mário de Andrade do IEB/USP, produto de quatro subcoleções distintas: Subcoleção de Artes Visuais; Sub-coleção de Arte Religiosa e Popular; Subcoleção da Revolução de 1932; Subcoleção Bibliográfica (Processo iphan T-1217, aberto em 1987 e concluído em 1996).

do lugar em que ela ocorreu em 1922. O Theatro Municipal de São Paulo, edifício cujas características arquitetônico-estilísticas são em tudo opostas às vanguardas que abrigara durante a Semana, foi considerado um patrimônio nacional pelo Conselho do IPHAN apenas em 1997, tendo sido inscrito nos livros de tombo das Belas-Artes e de História somente em 2014, após uma longuíssima tramitação interna relativa à extensão do tombamento aprovado pelos conselheiros.

Procura-se, neste texto, examinar o tardio processo de reconhecimento do Theatro Municipal como patrimônio de interesse federal, no qual resta evidente que a memória da Semana foi pouco mencionada como justificativa para sua preservação. O tombamento do Theatro foi argumentado por razões plásticas e também por suas relações com a intensa renovação urbana da capital durante a era da cafeicultura paulista. Foi compreendido como parte de uma outra modernidade, diferente daquela propalada nas vanguardas de 1922. A memória da Semana e de seus protagonistas, como Mário de Andrade, tão celebrado pela narrativa oficial do IPHAN como gérmen de sua modernidade patrimonial, foi, paradoxalmente, ali quase escamoteada.

OS TEATROS DA PRIMEIRA REPÚBLICA NO PATRIMÔNIO NACIONAL

O tombamento do Theatro Municipal de São Paulo não pode ser considerado como um procedimento tardio senão em perspectiva relacional a seus congêneres. A proteção que o órgão federal de preservação patrimonial dispendeu aos grandes teatros brasileiros foi iniciada cerca de dez anos após a criação do SPHAN em 1937, com a inscrição do Teatro Santa Izabel do Recife, de plástica neoclássica, no Livro do Tombo Histórico, em 1949, mesmo ano da abertura de seu processo de tombamento[4]. O Santa Izabel foi, entretanto, uma escolha não apenas pioneira, mas isolada, permanecendo os outros principais teatros do país fora do rol de tombamentos por mais de uma década. Por meio do lento crescimento de sua presença nos tombamentos federais, é possível perceber mais uma faceta da renitente recusa dos quadros técnicos e dos Conselhos do IPHAN em compreender os grandes edifícios públicos oito-

4. Dados sobre a abertura de processos e tombamento e inscrição nos livros de tombo foram coletados no site do IPHAN (HTTP://PORTAL.IPHAN.GOV.BR/).

centistas e novecentistas, erguidos fora da plástica luso-brasileira do período colonial, como de mérito suficiente para a inscrição no livro das Belas-Artes, o mais prestigioso do órgão. E embora o Santa Izabel tenha sido projetado com características neoclássicas eruditas por um engenheiro diplomado em Paris, Louis-Léger Vauthier, tal qualidade não foi o suficiente para elevá-lo à condição de patrimônio artístico, tendo sido registrado apenas como um patrimônio de interesse histórico.

Os dois suntuosos teatros de ópera da Amazônia – o Teatro da Paz, de Belém, e o Teatro Amazonas, de Manaus – tiveram enquadramento seme-lhante ao de seu predecessor pernambucano, pois ambos foram tombados apenas com inscrição no Livro Histórico. O processo do teatro paraense foi aberto em 1962 e concluído em 1963, ano esse em que é aberto o processo da ópera amazonense, tombada em 1966. Embora os dois fossem projetos igualmente notáveis no âmbito da plástica neoclássica – com acabamentos internos de altíssimo luxo realizados durante o auge da exportação da borracha, além de pinturas de grande complexidade como as do italiano Domenico de Angelis –, nada foi suficiente para que alçassem a inscrição no Livro das Belas-Artes. O Cineteatro Central de Juiz de Fora, cujo processo de tomba-mento se iniciou em 1993, foi também inscrito, em 1994, somente no Livro Histórico, fato ocorrido durante o mandato presidencial de Itamar Franco, líder político dessa cidade.

O Teatro José de Alencar, localizado em Fortaleza, inaugurou as inscrições de teatros no Livro das Belas-Artes, tendo sido seu processo aberto em 1962 e concluído em 1964. Certamente a inusitada solução arquitetônica composta por um pavilhão de acesso em tijolos, de gosto decorativo nitidamente pouco erudito, e pela casa de espetáculo propriamente dita, realizada com estrutu-ras metálicas escocesas ornamentadas com padrões vegetalizantes próximas à *art nouveau*, foi a razão de sua compreensão como monumento de valor artístico. O Teatro Sete de Abril, de Pelotas, cuja volumetria e ornamentação também se filiavam claramente à *art nouveau*, foi igualmente tombado no Livro das Belas-Artes, assim como no Histórico, em 1972, após o transcurso de um longo processo iniciado em 1961.

Os teatros de ópera brasileiros que mais marcantemente dialogavam com a Ópera de Paris (o Palais Garnier), referência central para inúmeros congêneres construídos no mundo a partir do último quartel do século XIX, estão entre dos últimos a serem preservados federalmente no país. O Theatro Municipal do Rio de Janeiro, inaugurado em 1909, foi tombado pelo IPHAN como parte do conjunto remanescente da antiga Avenida Central (hoje Rio Branco), do qual também fazem parte a Biblioteca Nacional, o Museu Nacional de Belas-Artes e a Caixa de Amortização. Esse processo, muito polêmico pela recusa de Lúcio Costa em acolher a possibilidade de tombamentos de prédios privados desse conjunto (como as sedes do Jockey Club e do Derby Club), ficou famoso pela expressão que ele utilizou para se referir ao Ecletismo – um "hiato" na história da arquitetura nacional. Tal intolerância plástica não impediu que o Conselho do IPHAN tombasse os quatro imóveis no Livro de Belas-Artes em 1973, um ano após a abertura do processo, opção que Costa confirmara. Mas o Theatro Municipal foi compreendido como parte do conjunto, não como um bem sobre o qual tivesse recaído uma atenção específica, como ocorrera com os teatros de Recife, Belém, Manaus, Fortaleza e Pelotas.

Mais de vinte anos após o tombamento de seu homônimo do Rio de Janeiro, iniciou-se finalmente o processo de tombamento federal do Theatro Municipal de São Paulo, aberto em 1995. O edifício passara há alguns anos por uma imensa obra de restauração e modernização, concluída em 1988, durante a segunda gestão municipal de Jânio Quadros (1986-1988). Tais intervenções já estavam sob supervisão do Conselho de Defesa do Patrimônio Histórico, Arqueológico, Artístico e Turístico do Estado de São Paulo (CONDEPHAAT), que tombara o imóvel em 1982, em processo aberto no ano anterior. Na publicação dessa proteção estadual, o Theatro foi tombado "como bem cultural de interesse histórico-arquitetônico", menção essa qualificada, no mesmo ato, pelo fato de que o edifício "por sua importância, desde sua inauguração em 1911, participou tradicionalmente da leitura da paisagem do núcleo central urbano, comportando manifestações das mais significativas do campo musical e das artes cênicas em nossa capital"[5]. Mais do que um monumento de méritos arquitetônicos individuais, o valor do edifício fixado pelo órgão emanava de ser ele parte de uma paisagem, pois que, de fato, é um

---

5. Resolução sec n. 49, de 23 de dezembro de 1981. DOE, 24 dez 1981. Uma menção à Semana de Arte Moderna ocorre, entretanto, no verbete sobre o Theatro no atual banco de bens tombados pelo órgão, ver: http://condephaat.sp.gov.br/benstombados/teatro-municipal-de-sao-paulo/., acesso em 18 ago 2019.

marco do conjunto visual do Vale do Anhangabaú. Quanto à Semana de Arte Moderna, um evento cultural de múltiplos agentes e expressões artísticas, foi eclipsada pelo acolhimento da música e das artes do palco que eram, afinal, a destinação precípua da edificação. Será essa prevalência de seu papel urbano e também sua caracterização como inovador prédio eclético que constituirão os vetores utilizados para o tombamento federal pelo IPHAN.

UM TEATRO QUE INTERROGA

O processo de tombamento federal do Theatro Municipal paulistano foi iniciado em decorrência de um pedido da então coordenadora do IPHAN em São Paulo, a arquiteta Cecília Helena Godoy Rodrigues dos Santos, manifestado em ofício de 18 de novembro de 1994 dirigido ao Diretor do Departamento de Proteção do IPHAN, o arquiteto Sabino Barroso[6]. Tal solicitação, realizada no mesmo ano em que a arquiteta tomara posse como Superintendente Regional do IPHAN em São Paulo, estendia-se também à abertura de um processo correlato para o edifício do Museu Paulista, incluindo-se o Parque da Independência e o Monumento comemorativo às margens do Riacho do Ipiranga. No mesmo ofício, a arquiteta solicitava também que o processo da Estação da Luz fosse reencaminhado para exame do Conselho Consultivo do órgão federal.

A articulação desses três edifícios como de interesse nacional era sustentada pela arquiteta em função de um "trabalho de recuperação do valor histórico e arquitetônico de uma época fundamental no desenvolvimento da cidade, compreendida entre o final do século XIX e as primeiras décadas do século". Após mencionar a importância da presença de imigrantes, especialmente italianos, nesse período, a coordenadora lembrava ainda que as "transformações do perfil da população e das estruturas econômicas acabam gerando mudanças radicais na cidade, que tenta assim forjar uma imagem de civilização mais condizente com seu novo estatuto, importando e retrabalhando os principais modelos da arquitetura e do urbanismo europeus". Lembrou ainda que tal processo "colocava exigências novas e sofisticadas, como um museu cívico ou um teatro

---

6.   Arquivo IPHAN, Processo 1.349-T-95, 3 volumes. Agradeço a Maryclea Carmona Maues Neves (Superintendência de São Paulo, IPHAN) por viabilizar meu acesso a versão digitalizada deste processo.

de ópera, ou a própria necessidade de 'monumentos'". A importância documental do Theatro para a história da cidade não era, entretanto, a única escala de sentido, que se projetava também para a esfera federal: "O tombamento dos edifícios em questão pelo IPHAN, além de reconhecê-los como importantes elos da história da arquitetura no Brasil, recupera-os como pontos de referência urbana para São Paulo e, mais importante, como pontos de referência cultural e histórica em todo o país"[7].

Sua primeira sustentação não fazia menção à Semana de Arte Moderna, nem mesmo à importância dos cantores e companhias de ópera e *ballet* que pisaram em seu palco. O uso de um edifício não era, recorrentemente, um argumento para a proteção pelo tombamento, que por tradição institucional atinha-se sobretudo às características formais, especialmente estilísticas. O pedido de Cecília Rodrigues dos Santos, entretanto, lançava atenção para a inserção urbana do mesmo, bem como associava seu período à presença dos imigrantes na cidade, ao mesmo tempo em que eclipsava o poder dos cafeicultores ou mesmo do escritório que foi responsável pela sua edificação, que pertencia ao célebre Francisco de Paula Ramos de Azevedo.

Tais argumentos eram em tudo coerentes com as renovações conceituais pelas quais o IPHAN passara na década de 1980, em que novos agentes sociais, como os imigrantes, passaram a integrar os argumentos justificadores de proteção, do que são exemplos o tombamento do Casarão do Chá em São Paulo (em 1985), erguido por japoneses, e as edificações ítalo-gaúchas em Antônio Prado, preservadas entre 1985 e 1990. Além disso, aquela década foi a que impulsionou em definitivo a valorização da arquitetura eclética, tão criticada por Lúcio Costa e também por Mário de Andrade, que acabou sendo preservada por vários tombamentos federais inscritos no Livro das Belas-Artes. Na cidade do Rio de Janeiro, por exemplo, foram tombados o Palácio de Manguinhos (1981), o Colégio Pedro II (1983), o Palácio das Laranjeiras (1983), o Hotel Copacabana Palace (1986) e o Prédio da Light (1988). Em Porto Alegre, a monumental sede dos Correios e Telégrafos, projetada por Theodor Wiederspahn, foi tombada em 1981, enquanto na região amazônica, os palacetes do período áureo da borracha foram protegidos pelo IPHAN nos conjuntos arquitetônicos tombados das avenidas Malcher e Nazaré

---

7. Ofício 349-94, 9ª CR, por Cecília Rodrigues dos Santos, 18 nov. 1994. Processo 1.349-T-95, vol. 1, fl. 02-03.

(ambos em 1985), enquanto, em Manaus, o órgão elegeu o Mercado Municipal e conjunto arquitetônico e paisagístico do Porto de Manaus (ambos em 1987).

A solicitação de Cecília Rodrigues dos Santos, pautada por uma visão mais alargada e processual da arquitetura erguida sob a égide do ecletismo, pode ser também compreendida como afim aos debates internacionais que haviam reposicionado a produção historicista e *beaux-arts* na historiografia internacional. A arquiteta obtivera em 1983 seu Diplôme d'Études Approfondies (DEA) na Université de Paris X, Nanterre, com dissertação sobre Grandjean de Montigny realizada sob orientação de Bruno Foucart[8], um dos nomes centrais da renovação dos estudos voltados à produção artística do século XIX e primeiras décadas do século XX, algo que certamente contribui para seu olhar generoso para a produção eclética paulistana na década de 1990. Ao tempo de sua formação em Nanterre, estavam já distantes os anos da destruição dos Halles de Paris, iniciada em 1971, ou de ícones nova-iorquinos como a Pennsylvania Station (1964) e o Singer Building (1968). A França passava então por uma intensa revisão da crítica negativa ao ecletismo e ao historicismo arquitetônico, do qual a evidência mais reluzente foi a preservação e refuncionalização da Gare d'Orsay, antes ameaçada de demolição para que fosse substituída por edifício prismático em vidro. Convertido em museu entre 1977 e 1986, a Gare acolheria as artes produzidas entre 1848 e 1914, de maneira a valorizar não apenas as pinturas impressionistas e de correntes pós-impressionistas, mas também as criações baseadas na tradição acadêmica, as artes decorativas (incluindo a *Art Nouveau*) e a arquitetura historicista e eclética. Novas perspectivas historiográficas lideradas na França por Foucart, Claude Mignot e François Loyer, e que também se expandiam nos Estados Unidos a partir da exposição do MOMA capitaneada por Arthur Drexler (*The Architecture of the École des Beaux-Arts*, 1975), reposicionavam a necessidade de olhar a vasta e até então desprezada produção arquitetônica do século XIX e da *Belle Époque*, tanto no epicentro parisiense, quanto nas repercussões além-mar, que se apropriavam e reelaboravam os ensinamentos *beaux-arts* e os edifícios referenciais em novas criações[9].

8. Cf.: http://buscatextual.cnpq.br/buscatextual/visualizacv.do?id=K4781065A2. Acesso em 01 set. 2019.
9. Para uma síntese desse quadro de revisão crítica em curso na Europa e Estados Unidos, ver Heliana Angotti-Salgueiro, "Repensar Histórias – o Exercício Auto Reflexivo Hoje (Apresentação à edição brasileira)", *A Casaca do Arlequim – Belo Horizonte, uma Capital Eclética do Século XIX*, São Paulo/Belo Horizonte, Edusp/Editora da UFMG, 2019.

Pode-se, portanto, compreender o pedido simultâneo de Cecília Rodrigues dos Santos para que fossem iniciados os processos de tombamento do Theatro Municipal e do Museu Paulista, além de acelerar o da Estação da Luz, como associado e esse quadro internacional de revalorização da produção arquitetônica eclética, tanto no que se refere às questões de criação plástica, quanto à inescapável compreensão do papel urbano que tais edifícios monumentais cumpriam. Tal visada encontrava ressonância também no meio intelectual paulistano voltado à crítica de arquitetura, visto que, desde a década de 1970, professores da Faculdade de Arquitetura e Urbanismo da USP como Carlos Lemos, Benedito Lima de Toledo e Nestor Goulart Reis Filho já vinham construindo perspectivas de valorização do ecletismo e de vertentes historicistas presentes em São Paulo. Toledo e Lemos foram, inclusive, pioneiros na formulação de uma primeira seleção de bens arquitetônicos do ecletismo que vieram a ser preservados pela municipalidade, por meio de sua inclusão no instrumento de zoneamento urbano chamado z8-200[10]. O Theatro Municipal integrava essa listagem sob número z8-200-062, normalizada em 1975[11], fato que precedeu o já mencionado tombamento estadual de 1982 pelo CONDEPHAAT.

Um ano antes desse tombamento estadual, foi publicado em português o volume *Arquitetura Italiana em São Paulo*, de Anita Salmoni e Emma Debenedetti, primeiro trabalho acadêmico a valorizar explicitamente a produção eclética da cidade, especialmente a produzida por imigrantes italianos. Citado por Cecília Rodrigues dos Santos na bibliografia constante em seu pedido inicial, esse livro abordava a trajetória e produção de Domiziano Rossi e Claudio Rossi, responsáveis pelo projeto arquitetônico executado pelo Escritório Técnico Ramos de Azevedo[12].

Mas a valorização do ecletismo também ganhara impulso em São Paulo pelos trabalhos de Carlos Lemos e de seus orientandos na FAU-USP, que já haviam sido publicados ou defendidos até o ano de 1992, em que o pedido inicial de tombamento fora formulado. O livro de Lemos denominado *Alvenaria Burguesa: Breve História da Arquitetura Residencial de Tijolos em São*

---

10. Ver Paula Rodrigues de Andrade, *O Patrimônio da Cidade: Arquitetura e Ambiente Urbano nos Inventários de São Paulo da Década de 1970*, 2012, FAU-USP, 2012 (Dissertação de Mestrado).
11. Lei nº 8328, de 2 de dezembro de 1975, quadro 8-B.
12. Anita Salmoni e Emma Debenedetti, *Arquitetura Italiana em São Paulo*, São Paulo, Perspectiva, 1981. A edição original é de 1953. Ver Processo 1.349-T-95, vol. 1, fl. 15.

Paulo a Partir do Ciclo Econômico Liderado pelo Café, cuja primeira edição é de 1985[13], foi um marco na abordagem do ecletismo na cidade, até então jamais objeto de um trabalho acadêmico específico e de olhar positivo. Em 1993, Lemos publicou a monografia *Ramos de Azevedo e seu Escritório*, em que documenta a complexa rede de profissionais estrangeiros que compunha o corpo técnico responsável pelo projeto das edificações monumentais[14]. Os trabalhos acadêmicos, por ele orientados, de Maria Cecília Naclério Homem, Silvia Ferreira Santos Wolff, Maria Ângela Pereira de Castro e Silva Bortolucci e de Geraldo Gomes da Silva[15] foram desencadeadores de muitas outras pesquisas sobre palacetes, arquitetura escolar e arquitetura do ferro, abrindo perspectivas de estudos tipológicos para o interior paulista e para outros Estados do país. Lemos também foi um dos autores do livro *Ecletismo na Arquitetura Brasileira*, organizado por Annateresa Fabris[16], primeira coletânea voltada ao estudo do ecletismo em diversas regiões do país, que reforçava sua positivação a partir de abordagens voltadas à arquitetura do Pará, Ceará, Pernambuco, Minas Gerais, Rio de Janeiro, São Paulo e Rio Grande do Sul.

13. Carlos A. C. Lemos, *Alvenaria Burguesa: Breve História da Arquitetura Residencial de Tijolos em São Paulo a Partir do Ciclo Econômico Liderado pelo Café*, São Paulo, Nobel, 1995. O livro é o resultado da tese de Livre-docência defendida em 1983.
14. Carlos A. C. Lemos, *Ramos de Azevedo e seu Escritório*, São Paulo, Pini, 1993.
15. Maria Cecilia Naclério Homem, *O Palacete Paulistano: O Processo Civilizador e a Moradia da Elite do Café (1867-1914-18)*, Tese (Doutorado em Arquitetura e Urbanismo) – FAU-USP, São Paulo, 1992; Silvia Ferreira Santos Wolff, *Espaço e Educação: Os Primeiros Passos da Arquitetura das Escolas Públicas Paulistas*. Dissertação (Mestrado em Arquitetura e Urbanismo) – FAU-USP, São Paulo, 1992; Maria Ângela Pereira de Castro e Silva Bortolucci, *Moradias Urbanas Construídas em São Carlos no Período Cafeeiro*. Tese (Doutorado em Arquitetura e Urbanismo) – FAU-USP, São Paulo, 1991; Geraldo Gomes da Silva, *Arquitetura do Ferro no Brasil*. Dissertação (Mestrado em Arquitetura e Urbanismo) – FAU-USP, São Paulo, 1985. Muitos outros trabalhos sobre o ecletismo orientados por Lemos foram defendidos após a abertura do processo de tombamento do Theatro, entre os quais destaco: Maria Cristina Wolff de Carvalho, *A Arquitetura de Ramos de Azevedo*. Tese (Doutorado em Arquitetura e Urbanismo) – FAU-USP, São Paulo, 1996; Eudes de Melo Campos Junior, *Arquitetura Paulistana Sob o Império. Aspectos da Formação da Cultura Burguesa em São Paulo*. Tese (Doutorado em Arquitetura e Urbanismo) – FAU-USP, São Paulo, 1997; Silvia Ferreira Santos Wolff, *Jardim América – O Primeiro Bairro-jardim de São Paulo e sua Arquitetura*. Tese (Doutorado em Arquitetura e Urbanismo) – FAU-USP, São Paulo, 1998; Clara Correia D'Alambert, *Manifestações da Arquitetura Residencial Paulistana entre as Grandes Guerras*. Tese (Doutorado em Arquitetura e Urbanismo) – FAU-USP, São Paulo, 2003. A própria Cecilia Rodrigues dos Santos viria a ser orientada em seu doutorado por Lemos (Cecília Helena Godoy Rodrigues dos Santos, *Mapeando os Lugares do Esquecimento: Ideias e Práticas na Origem da Preservação do Patrimônio no Brasil*. Tese (Doutorado em Arquitetura e Urbanismo) – FAU-USP, São Paulo, 2007.
16. Annateresa Fabris (org.), *Ecletismo na Arquitetura Brasileira*, São Paulo, Nobel, 1987.

A proposta de abertura do processo de tombamento federal do Theatro Municipal inseria-se, portanto, em tempos propensos à sua apreciação, visto o ambiente internacional, nacional e local favoráveis à valorização da arquitetura eclética. A abertura concretizou-se em 1994, apesar de uma ressalva do Departamento de Proteção, que lembrava haver uma lista de processos já em andamento ou que haviam sido ranqueados por prioridade em função de demandas preexistentes[17].

Já no começo da instrução do processo, fica claro que as características arquitetônicas e de implantação urbana do Theatro Municipal seriam privilegiadas, bem como seu papel de mediador de novas sociabilidades, em detrimento de uma memória mais minuciosa das artes cênicas e da própria Semana de 22. Tais dimensões da vida cultural do Theatro serão praticamente opacas ao longo do processo, salvo em raras passagens como esta, constante do parecer inicial de Cecília Rodrigues dos Santos:

> Desde 12 de setembro de 1911, data de inauguração, o palco do Municipal passa a abrigar as mais prestigiosas manifestações artísticas da cidade, tanto nacionais como internacionais. Assim como eventos fundamentais para a cultura do país, como a Semana de Arte Moderna[18].

As questões ligadas à revisão do ecletismo têm um destaque evidente na argumentação desse parecer. As relações do Theatro Municipal com a Ópera parisiense foram nele lembradas, mas já se ressaltando tratar-se de uma criação, de uma síntese marcada pela originalidade, sensibilidade para o ecletismo bem marcada pela renovação interpretativa que começava a se disseminar no país desde a década de 1980:

---

17. "Aproveito a oportunidade para assinalar que as prioridades relativas aos processos de tombamento de bens culturais localizados na jurisdição daquela CR já foram estabelecidas a partir da correspondência trocada entre este Departamento e aquela Coordenação Regional. [...] São os processos abaixo discriminados, cuja ordem mantemos: 1º – Proc. 1.217-T-87 – Acervo do IEB (Instituto de Estudos Brasileiros)/ 2º – Proc. 1.176-T-85 – Pinturas do Padre Jesuíno do Monte Carmelo (São Paulo e Itu), 3º - Proc. 1.251-T-87 – Igreja da Ordem 1ª de Nossa Senhora do Carmo (Santos). [...] É importante lembrar também que, ainda segundo aquele Ofício da 9ª CR, foram sugeridos ainda quatro outros processos de tombamento que deverão ser priorizados tão logo terminemos aqueles constantes na primeira lista. São eles: 1) Proc. 1164-T-85. Serra do Mar (que deverá ser encaminhado pelo setor de Patrimônio Natural e Arqueológico deste Departamento); 2) Proc. 1250-T-87 – Bairros do Jardim América, Europa e Paulistano; 3) Proc. 1104-T-83 – Acervo da Estrada de Ferro Perus-Pirapora; 4) Proc. 1252-T-87 – Vila Ferroviária de Paranapiacaba". Resposta de Marcus Tadeu Daniel Ribeiro, 18 nov. 1994. Cf. Processo 1.349-T-95, vol. 1, fl. 16-17).
18. Parecer, por Cecília Rodrigues dos Santos, nov. 1994. Processo 1.349-T-95, vol. 1, fl. 20-21.

[...] trata-se de uma obra que toma como modelo a Ópera de Paris, projetada e construída de 1860 a 1875 por Charles Garnier, principal inspiração da maior parte dos teatros de Ópera que se constrói nesse final de século no mundo todo. A síntese perfeita e original desses elementos em um teatro vai forjar a imagem desejada (ou a imagem possível...) por uma elite paulista enriquecida com o café, que começa a reciclar o capital na industrialização, e que precisa criar um monumento-espelho de seu poder[19].

A noção de cópia servil ou espúria de estilos do passado, que tanto depreciava a produção historicista e eclética, era ali afastada em prol de uma compreensão que ressaltava as possibilidades criativas que não escapavam ao sistema acadêmico e às liberdades do ecletismo arquitetônico:

As semelhanças, ou as diferenças, entre o Theatro Municipal de São Paulo e a Ópera de Paris não significam fatores de enfraquecimento do projeto paulista, muito pelo contrário. Por um lado, porque não havia a hipótese de uma cidade "civilizada" do início do século, aceitar um modelo de Ópera diferente do parisiense, fato que estabelece um limite claro à inventividade do projeto. Por outro lado, os pequenos "desajustes" e diferenças observados, uma certa "criatividade controlada" pelas limitações locais, vão constituir o maior interesse de uma obra que ganha assim autonomia e personalidade própria, híbrida de muitos aportes, como é próprio à cultura paulista, em particular, e à brasileira em geral. A unidade geral do Theatro Municipal de São Paulo, composto pela junção de corpos funcionais "à francesa", é dada pelo burilar "à italiana" da sua construção e pela apropriação "à brasileira" de seus espaços, que irão, ao contrário da Ópera de Paris e do Teatro Municipal do Rio de Janeiro, antecipar os passeios nos novos bulevares que apenas começavam a ser construídos na cidade[20].

Cecília Rodrigues dos Santos acentuava o caráter criativo do Theatro também em relação à sua implantação, que diferia totalmente daquele que caracterizava o Palais Garnier, que presidia o eixo focal de uma das mais importantes *percées* abertas no tecido urbano parisiense durante a gestão do barão Haussmann:

Se aqui não se rasgou uma avenida frontal, a exemplo da Ópera de Paris, para colocar o teatro no ponto de fuga de uma cuidadosa composição urbana que acentuasse seu caráter monumental, ofereceu-se-lhe em contrapartida uma privilegiada situação para a lateral direita. A partir do crescimento da cidade e da construção, no entorno, de edifícios que

19. Parecer, por Cecília Rodrigues dos Santos, nov. 1994. Processo 1.349-T-95, vol. 1, fl. 20.
20. *Idem*, vol. 1, fl. 23-24.

dificultam sua visibilidade, essa lateral ganha destaque e passa a ser a imagem oficial do teatro, numa imprevista operação de inversão da hierarquia das fachadas[21].

Com efeito, trata-se de uma inversão total de hierarquia, pois a fachada lateral direita, por sua implantação, torna-se mais importante do que o frontispício. Coroando um conjunto de áreas verdes composto pelo jardim inferior ao Theatro, em que se situava o imenso conjunto de esculturas alusivas a Carlos Gomes e suas óperas, inaugurado em 1922, e pelo antigo Parque Anhangabaú, desenhado pelo paisagista francês Antoine-Joseph Bouvard, esse enquadramento imediatamente se cristalizou nos cartões--postais da cidade, repetido por dezenas de edições. Opunha-se, assim, a todos os demais grandes teatros do país que tinham praças generosas diante de seu frontispício, o que lhes permitia presidir tais espaços e serem enquadrados fotograficamente desta maneira.

O parecer inicial ainda se deteve no papel desempenhado pelo Municipal na disseminação de sociabilidades de padrão burguês, em que teatros são tão relevantes como espaços para as artes cênicas quanto para promover os encontros sociais, que se desprendiam cada vez mais da hegemonia dos palácios e da vida cortesã nas principais cidades da Europa oitocentista. Numa cidade ainda privada, ao tempo de inauguração do Theatro Municipal, de grandes avenidas comerciais de inspiração parisiense, esses espaços de encontro social intramuros eram realmente impactantes e, mais uma vez, inovadores em relação a suas referências francesas:

> Os espaços amplos, policrômicos e brilhantes, luxuosamente decorados, com os quais contempla a ala nobre, fazem com que seus frequentadores rompam com a já antiga tradição que os confinava aos camarotes e poltronas, e passem a desfilar pelo *foyer*, corredores, *halls* e escadarias, reproduzindo movimentos e rituais de uma calçada de bulevar. Ao mesmo tempo, são usados artifícios de cenografia para compor os espaços coletivos, fato que acaba por fundir público e espetáculo, tornando mais tênue o limite entre os mundos do palco e da plateia[22].

A revisão conceitual do ecletismo e da importância dos testemunhos paulistanos das grandes reformas urbanas que disseminaram no Brasil nas duas

---

21. Parecer, por Cecília Rodrigues dos Santos, nov. 1994. Processo 1.349-T-95, vol. 1, fl. 21.
22. *Idem, ibidem.*

primeiras décadas do século XX foram nexos de força para que o Theatro fosse vencendo as etapas processuais rumo ao reconhecimento e proteção federal. Não escaparam à Coordenadora a própria desatenção com que tais manifestações arquitetônicas haviam sido até ali tratadas pelo IPHAN, que ali demorava a reconhecer a importância dos "monumentos" da *Belle Époque* muito mais que seus congêneres no Rio de Janeiro, Belém, Manaus ou Porto Alegre:

> Essas solicitações retomam o trabalho de recuperação do valor histórico e arquitetônico de uma época fundamental no desenvolvimento urbano de São Paulo, que tem início nas últimas décadas do século XIX. Praticamente nenhum relato de viajante que tenha passado pela cidade no começo do século deixa de destacar o Museu Paulista, a Estação da Luz e o Theatro Municipal, como os monumentos de maior destaque no programa de uma cidade em obras, que não só resolvia seus problemas funcionais como colocava exigências culturais tão novas e sofisticadas como um museu cívico ou um teatro de ópera, ou a própria necessidade de ter "monumentos". Portanto, ao tombar os edifícios em questão o IPHAN, além de reconhecê-los, com um certo atraso, como importantes elos da história da arquitetura no Brasil, estaria recuperando-os como pontos de referência cultural e histórica para todo o país[23].

Alegando um consenso ratificado pelos pesquisadores universitários e pelos instrumentos de proteção paulistas e paulistanos, Cecília Rodrigues dos Santos clamava, afinal, pela recuperação de uma modernidade de pensamento que pulsara no IPHAN em seus anos iniciais, mas que, sabe-se, fenecera na medida em que os cânones de consagração do período colonial e do modernismo carioca se enrijeceram, retardando novas sensibilidades em relação ao complexo patrimônio cultural brasileiro:

> Não se trataria de provar ao Conselho a legitimidade artística das obras, consenso absoluto, mas de argumentar a favor da urgente revisão da concepção ainda predominante na Instituição, que exita [*sic*] em relevar a produção artística dos séculos XIX e XX, paulista em particular. No nosso entender, a defesa dos três processos deveria se dar em bloco, centrada mais na atualização desse debate do que na comprovação do valor artístico de cada monumento isoladamente, por mais que esse valor seja um fato. Talvez por isso consideremos que, mais importante do que compor volumosos e demorados processos seria agilizar os procedimentos, conferindo aos três edifícios a chancela do

---

23.   Ofício 180-95 9ª CR, por Cecília Rodrigues dos Santos, 04 mai 1995. Processo 1.349-T-95, vol. 1, fl. 38. Grifos nossos.

IPHAN, e recuperando ao mesmo tempo para o IPHAN suas qualidades históricas de abertura e "modernidade"[24].

Tal expectativa alicerçava-se, por certo, no alargamento conceitual no IPHAN durante a década de 1980 que permitira, como se viu, a intensificação do tombamento de bens vinculados ao ecletismo como patrimônio nacional. Enfrentar tal possibilidade em São Paulo era, contudo, bem mais complexo, visto que essa cidade, em que foi erguido o maior conjunto de edifícios monumentais na Primeira República (superando mesmo o Rio de Janeiro) fora até então completamente preterido nesse reconhecimento. O pleito de Cecília Rodrigues dos Santos era, portanto, certamente pautado por uma visão ousada e inovadora, tanto frente às escolhas e estímulos dos escritórios centrais do IPHAN, quanto da própria representação paulista do IPHAN, que tradicionalmente priorizara os bens do período colonial e a proteção de coleções museológicas. Nesse sentido, a "modernidade" que Cecília Rodrigues dos Santos evocava dava novos sentidos à atuação do órgão federal em São Paulo e sobre São Paulo. Tal termo, tão presente nas discussões patrimoniais na década de 1980, ecoava a retomada do radicalismo de Mário de Andrade, presente tanto no vanguardismo iconoclasta da Semana e de seus anos de escritor, quanto na sua atuação no Departamento de Cultura e na espantosa elasticidade de seu conceito de patrimônio, presente no anteprojeto de 1936, generosidade tão lembrada na gestão de Aloisio Magalhães no SPHAN/Pró-Memória[25].

A museóloga Gláucia Côrtes Abreu, em seu parecer como servidora do Departamento de Proteção do IPHAN, reforçou os argumentos revisionistas vindos do escritório paulista, que enfrentavam o menoscabo do Theatro Municipal paulistano frente a seus congêneres:

> Com exceção do Theatro Municipal de São Paulo e do Teatro Municipal de Belo Horizonte, esse último demolido, todos os demais construídos no período e citados, anteriormente, neste Parecer, como o Teatro Amazonas, o Teatro da Paz, o Teatro José de Alencar e o Teatro Municipal do Rio de Janeiro, foram reconhecidos pelo IPHAN como merecedores de proteção, tendo sido acautelados através do instrumento jurídico do tombamento[26].

---

24. *Idem*, vol. 1, fl. 39.
25. Ver a respeito dessa retomada da memória de Mário de Andrade: Silvana Rubino, *As Fachadas da História: Os Antecedentes, a Criação e os Trabalhos do Serviço do Patrimônio Histórico e Artístico Nacional, 1937-1968*, IFCH/UNICAMP, Campinas, 1992 (Dissertação de Mestrado).
26. Parecer / DEPROT / IPHAN nº 004/95, por Gláucia Côrtes Abreu, s.d. Processo nº 1359-T-95, vol. 1, fls. 111- 112.

A superação do menosprezo ao ecletismo como um "hiato" acabava por ressoar as ponderações da Coordenadora do IPHAN em São Paulo, visto que Gláucia Côrtes Abreu reforçava a necessidade de revisão dos preconceitos estéticos advindos do cânon axiológico construído ao longo das gestões paralelas de Rodrigo Mello Franco de Andrade e de Lúcio Costa no IPHAN:

> Com o advento do modernismo arquitetônico, terminou o capítulo do ecletismo na história da arquitetura brasileira, vindo seus exemplares a serem considerados fora da linha legítima da evolução arquitetônica, como uma pseudo-arquitetura.
>
> Essa visão considera tão-somente valores formais e não no [sic] entendimento de que o mote da história da arte deve considerar as manifestações estéticas como reflexo de um momento histórico vivido por um determinado grupo social. Dessa forma, o ecletismo não deve ser visto apenas como um fato artístico, mas como o resultado de um estágio de desenvolvimento social e cultural de uma sociedade, cuja preservação, portanto, não pode ser ignorada na construção permanente da memória nacional. As razões de sua manifestação deverão ser buscadas pelos estudiosos, como forma de entendimento das causas de seu surgimento e desenvolvimento. [...] Podemos dizer que o referido Theatro sintetiza as aspirações do momento em que foi idealizado e construído, refletindo os anseios de forma, ostentação e afirmação da sociedade, de maneira a que pode [sic] ser considerado um símbolo do ecletismo erudito desenvolvido entre nós[27].

Materializava-se de forma inequívoca uma transformação dos padrões de valoração artístico, então mais sensível às particularidades das criações ocorridas no país em face de seus modelos centrais. A própria noção de história deslocava-se da repisada dimensão política em vigor até os anos 1970 para dimensões da história urbana e da cultura, pelo que se valorizavam as questões de embelezamento e melhoramentos das cidades durante a Primeira República, não sem reconhecer o papel desses âmbitos na configuração simbólica e de sociabilidades desse período. Mas é de se espantar que, ainda uma vez, a Semana de Arte Moderna fosse uma rápida menção na construção de mérito nacional no Theatro Municipal de São Paulo, dimensão opaca num debate em que justamente as questões plásticas foram sempre centrais:

---

27. *Idem*, vol.1, fl. 113-114.

Ao longo da sua história, à parte das atividades próprias daquele local, o Theatro Municipal abrigou muitos eventos, além daqueles a que se destinava seu projeto de uso: formaturas, jantares, reuniões políticas, bailes de carnaval e conferências. Dentre esses destaca-se a realização da Semana de Arte Moderna, de 1922, evento de importância relevante para a cultura nacional por constituir-se em marco na arte contemporânea do Brasil[28].

Na última manifestação interna do IPHAN quanto ao tombamento do Theatro, Claudia Girão Barroso, então Chefe da Divisão de Proteção Legal do órgão federal, mais uma vez enfatiza a importância da monumentalidade e de sua implantação, realçando os vínculos com a ornamentação de gosto italiano que é, afinal, uma das características que evidencia seus vínculos com a massiva presença de imigrantes itálicos na cidade, tanto nos bairros operários, nos palacetes da Avenida Paulista, quanto no âmbito dos profissionais diplomados:

Se comparado a outros grandes teatros já tombados, o Municipal de São Paulo não é o mais belo, nem o mais engenhoso. Talvez sua maior força resida no imenso poder simbólico de que se reveste como exemplar de arquitetura oficial no período. Nesse contexto em particular, manifesta sua monumentalidade na novidade do maquinário e nas proporções grandiosas, profusas em trabalhos escultóricos e outros tipos de ornamentação, com um gosto "italianizante" geral, interno e também externo, incluindo uma pitoresca *piazza romana com Fontana* disposta à sua lateral[29].

O Theatro foi finalmente tombado pelo Conselho Consultivo do IPHAN em 1997[30], embora sua inscrição nos livros de tombo Histórico e de Belas-Artes tenha ocorrido apenas em outubro de 2014[31], após um longo trâmite em que se procurava definir a extensão dessa decisão no que tange a obras de arte integradas e ao acervo do Theatro. A presença da Semana de Arte Moderna foi, como se viu, fator justificativo acessório nesse processo de tombamento,

---

28. *Idem*, vol. 1, fls. 113-114.
29. Parecer / DEPROT/ IPHAN nº 051/97, por Claudia Girão Barroso, 23 set. 1997. Processo nº 1359-T-95, vol. 2, fl. 206.
30. "Certifico que o Conselho Consultivo do Patrimônio Cultural – IPHAN –, na sua 12ª reunião realizada em 2 de dezembro de 1997, decidiu por unanimidade, em conformidade com a sua competência determinada por legislação federal, recomendar o tombamento do Theatro Municipal de São Paulo, SP, a que se refere o Processo nº 1.349-T-95. Rio de Janeiro, 12 de dezembro de 1997, Glauco Campello, Presidente do Instituto do Patrimônio Histórico e Artístico Nacional" (cf. Processo nº 1359-T-95, fl. 225).
31. Inscrito como "Theatro Municipal de São Paulo, incluindo o edifício, com seus bens integrados, e seu jardim lateral" nos livros Histórico e de Belas-Artes em 14 de outubro de 2014 (cf. Processo nº 1359-T-95, fls. 426, 429).

empalidecida em função das discussões estilísticas e urbanísticas que refor-
çavam sua dimensão tangível, suas qualidades projetuais e o papel simbólico
que o revestiu em função de sua implantação na cidade.

POR UM OLHAR "MODERNO"

É inescapável frisar que a retomada da memória de Mário de Andrade
a partir de fins da década de 1970 foi um fator determinante para a legitimação de nova sensibilidade institucional do IPHAN em relação ao que hoje
chamamos de patrimônio imaterial. A "modernidade" de Andrade, presente
em seu radical anteprojeto de 1936, materializava-se muitas décadas depois
no apreço da gestão de Aloisio Magalhães ao saber-fazer, às artes do povo,
às memórias bem distantes dos eixos geográficos consagrados pelas práticas
de proteção ao patrimônio edificado inauguradas em 1938. O mesmo Mário
de Andrade, contudo, fora também capaz de ser pouco generoso para com a
diversidade brasileira, tendo sido um intransigente opositor ao ecletismo, que
combateu ferozmente em suas crônicas, visto que, a seus olhos, sua adoção
tornava a paisagem de nossas maiores capitais arquitetonicamente servis e su-
balternas à Europa[32]. Arquitetura de "exposições internacionais" era, como
lembra Annateresa Fabris, o mínimo que Mário de Andrade desferia contra
os novos monumentos públicos, igrejas e palacetes das cidades brasileiras em
nossa longa *Belle Époque*.

O tombamento do Theatro Municipal de São Paulo pelo IPHAN em 1997
pode ser compreendido como parte de uma rotação do olhar com o qual o
órgão entendia o papel dessa cidade na trajetória nacional. Embora a Semana
de Arte Moderna tenha sido um fator tênue nesse ato de valoração federal, o
seu radicalismo – e o de um de seus maiores protagonistas, Mário de Andrade
– metamorfoseou-se paradoxalmente numa perspectiva renovada daquela década de 1990, em que o Theatro foi valorizado por meio de uma outra recusa:
ao antigo, à tradição, ao cânon, ao gosto estabelecido, padrões rígidos esses

---

32. Ver Annateresa Fabris, "O Ecletismo à Luz do Modernismo", *Ecletismo na Arquitetura Brasileira*, São
Paulo, Nobel, 1987; Paulo César Garcez Marins, "A Avenida Paulista da *Belle Époque*: Elites em Dis-
puta", em Adrián Gorelik & Fernanda Peixoto (org.), *Cidades Sul-americanas como Arenas Culturais*,
São Paulo, Sesc, 2019, vol. 1, pp. 51-66.

oriundos das práticas de preservação cristalizadas pelo IPHAN aos tempos de Mello Franco, de Costa e, também, de Andrade. O Theatro passou a ser positivamente compreendido como expressão de uma "criatividade controlada", como apropriação "à brasileira", como um "símbolo do ecletismo erudito desenvolvido entre nós".

Jamais alvo de uma monografia aprofundada, o Theatro aguarda pesquisas que consigam explorar ainda mais seu caráter inovador em face de seus modelos. Pouco se sabe sobre suas vinculações e rupturas com a cultura arquitetônica dos lugares de formação de Domiziano Rossi e de Claudio Rossi, que o projetaram para o Escritório Ramos de Azevedo. O mesmo pode ser dito sobre como compreendê-lo em um circuito inesperado de semelhanças e distinções em relação a seus congêneres – é ele, por exemplo, tão próximo, e ao mesmo tempo distante, da Ópera de Cracóvia (o Teatro Juliusz Słowacki), projetado pelo arquiteto Jan Zawiejski e erguido entre 1891 e 1893[33]. Ambos os teatros compartilham o gosto italianizante em suas fachadas pontuadas de arcos, frontões em volutas, grupos escultóricos coroando os corpos laterais do frontispício, óculos abaulados, mascarões grotescos e teatrais. Ambos se remetem à Ópera de Paris, mas se aproximam entre si mais do que com o modelo parisiense [Figuras 1 a 4].

Manter a modernidade que, no passado, animou os modernistas e o caráter inovador da Semana de 22 é um desafio para todos que desejam cumprir os preceitos constitucionais de 1988 relativos à missão patrimonial. Escapar das armadilhas do cânon e passar-se a olhar atentamente para a presença criativa de brasileiros permanece uma fronteira a conquistar, caminho que o IPHAN começou a trilhar em São Paulo ao, afinal, tombar o Theatro Municipal, o Museu Paulista e a Estação da Luz, todos ainda no século XX.

---

33. Teresa Sobieska, Krystyna Sobieska e Geneviève Blondiau, *Sur Les Traces de la Jeune Pologne – La Sécession à Cracovie et Environs*, Bruxelas, CIVA; Cracóvia, DR, 2002, p. 69.

Figura 1. Vista do frontispício da Ópera de Cracóvia (Teatro Juliusz Słowacki), projeto de Jan Zawiejski, 1893. Fotografia de Rj1979, 2007, CC0 1.0. Fonte: Wikimedia.

Figura 2. Vista do frontispício do Theatro Municipal de São Paulo, projeto de Domiziano Rossi e Claudio Rossi / Escritório Técnico Ramos de Azevedo, 1911. Fotografia de Wilfredor, 2014. CC0 1.0. Fonte: Wikimedia.

Figura 3. Vista lateral da Ópera de Cracóvia (Teatro Juliusz Słowacki), projetado Jan Zawiejski, 1893. Fotografia de CC BY-SA 4.0. Fonte: Wikimedia.

Figura 4. Vista lateral do Theatro Municipal de São Paulo, projeto de Domiziano Rossi e Claudio Rossi / Escritório Técnico Ramos de Azevedo, 1911. Fotografia de Enio R de F.S. Martinho, 2015. CC BY-SA 4.0. Fonte: Wikimedia.

REFERÊNCIAS BIBLIOGRÁFICAS

AMARAL, Aracy. *Artes Plásticas na Semana de 22*. São Paulo, Perspectiva, 1970.

ANDRADE, Paula Rodrigues de. *O Patrimônio da Cidade: Arquitetura e Ambiente Urbano nos Inventários de São Paulo da Década de 1970*. Dissertação de Mestrado em Arquitetura e Urbanismo, São Paulo, Universidade de São Paulo, 2012.

ANGOTTI-SALGUEIRO, Heliana. "Repensar Histórias – o Exercício Auto-Reflexivo Hoje (Apresentação à edição brasileira)". *A Casaca do Arlequim – Belo Horizonte, uma Capital Eclética do Século XIX*. São Paulo/Belo Horizonte, Edusp/Editora da UFMG, 2019.

COELHO, Frederico. *A Semana Sem Fim*. Rio de Janeiro, Casa da Palavra, 2012.

FABRIS, Annateresa (org.). *Ecletismo na Arquitetura Brasileira*. São Paulo, Nobel, 1987.

HERKENHOFF, Paulo. *Arte Brasileira na Coleção Fadel: Da Inquietação do Moderno à Autonomia da Linguagem*. Rio de Janeiro, Andrea Jakobsoon Estúdio, 2002.

LEMOS, Carlos Alberto Cerqueira. *Alvenaria Burguesa: Breve História da Arquitetura Residencial de Tijolos em São Paulo a Partir do Ciclo Econômico Liderado pelo Café*. São Paulo, Nobel, 1995.

_____. *Ramos de Azevedo e seu Escritório*. São Paulo, Pini, 1993.

MARINS, Paulo César Garcez. "A Avenida Paulista da *Belle Époque*: Elites em Disputa". *In*: GORELIK, Adrián & PEIXOTO, Fernanda (org.). *Cidades Sul-americanas como Arenas Culturais*. São Paulo, Sesc São Paulo, 2019, vol. 1.

RUBINO, Silvana. *As Fachadas da História: Os Antecedentes, a Criação e os Trabalhos do Serviço do Patrimônio Histórico e Artístico Nacional, 1937-1968*. Dissertação de Mestrado. Campinas, Unicamp, 1992.

SALMONI, Anita & DEBENEDETTI, Emma. *Arquitetura Italiana em São Paulo*. São Paulo, Perspectiva, 1981.

SANTOS, Cecília Helena Godoy Rodrigues dos. *Mapeando os Lugares do Esquecimento: Ideias e Práticas na Origem da Preservação do Patrimônio no Brasil*. Tese de Doutorado. São Paulo, USP, 2007.

SIMIONI, Ana Paula Cavalcanti. "Le Modernisme Brésilien, Entre Consécration et Contestation". *Perspective – Revue de l'INHA*, Paris, 2013, vol. 2.

SOBIESKA, Teresa; SOBIESKA, Krystyna & BLONDIAU, Geneviève. *Sur Les Traces de la Jeune Pologne – La Sécession à Cracovie et Environs*. Bruxelas, CIVA; Cracóvia, DR, 2002.

8

PAULO PRADO NO CENTRO [DA FOTOGRAFIA QUE NÃO É] DA SEMANA DE ARTE MODERNA

CARLOS AUGUSTO CALIL

UMA FOTOGRAFIA FICOU ASSOCIADA à Semana de Arte Moderna, o festival de arte que teve lugar no Theatro Municipal de São Paulo, em fevereiro de 1922. O apelo da fotografia não havia chegado ainda aos modernistas e nem aos jornais paulistanos. Mário de Andrade seria o único dentre eles a se interessar pela fotografia como linguagem e a praticá-la com insuspeito talento nas viagens que empreendeu ao Norte e Nordeste, a partir de 1927.

A imagem que o leitor tem diante dos olhos é a foto oficial da Semana de 22 [Figura 1]. Publicada em 1970, em *Artes Plásticas na Semana de 22*, de Aracy Amaral, com a legenda "Ao finalizar a Semana, no almoço realizado no antigo Hotel Terminus"[1], passou à história do modernismo. Nestes termos, é divulgada até hoje.

Ao observador atento incomodavam as ausências de alguns dos mais destacados participantes da Semana: Di Cavalcanti, Guilherme de Almeida, Menotti del Picchia, Ronald de Carvalho e a presença improvável de Rubens Borba de Moraes, que embora tivesse contribuído na preparação da Semana a ela não comparecera, pois ficara retido na fazenda da família, recuperando-se de uma infecção de tifo[2]. Além disso, o luxuoso Hotel Terminus fora

---

1. Aracy Amaral, *Artes Plásticas na Semana de 22*, São Paulo, Perspectiva, 1970, pp. 268-69. Nas edições posteriores, a legenda foi ligeiramente alterada: "Almoço comemorativo do término da Semana" (Aracy Amaral, *Artes Plásticas na Semana de 22*, 5. ed. rev. e ampl., São Paulo, Editora 34, 1998, p. 238).
2. Rubens Borba de Moraes, *Testemunha Ocular (Recordações)*, organização e notas de Antonio Agenor Briquet de Lemos, Brasília, Briquet de Lemos, 2011, pp. 140-41.

Figura 1. Fotografia da homenagem a Paulo Prado, 1924.

inaugurado em 1º de setembro de 1922, às vésperas do Centenário da Independência, seis meses depois da realização da Semana.

Na fotografia não comparecem mulheres, mas na Semana haviam se destacado Anita Malfatti e Guiomar Novais. Outros participantes ficaram de fora, ao mesmo tempo em que gente estranha à Semana aí encontrou lugar. Durante anos apontou-se entre os convivas o poeta e editor Augusto Frederico Schmidt, hipótese cujo anacronismo – ele é da segunda geração modernista – não escapou ao poeta e crítico Nogueira Moutinho (1933-1991).

Numa foto supostamente tirada "ao finalizar a Semana" intrigava a presença rara e esquerda de Manuel Bandeira em São Paulo, justamente ele que não estivera na Semana. No Municipal, o seu poema "Os Sapos" fora lido por Ronald de Carvalho. Na correspondência trocada com Mário de Andrade, pode-se acompanhar a longa sedução de Mário para atrair o amigo à Pauliceia.

Em carta enviada de Petrópolis, em março de 1923, Bandeira cogita de ir a São Paulo:

O [Ribeiro] Couto insiste para que eu vá passar uns tempos em Campos [do Jordão]. A viagem apavora-me um pouco. Se for até lá, é bem provável que aproveite o ensejo para dar um pulo a São Paulo, onde não vou desde 1904. Era ainda o São Paulo do Largo de... – não é que me esqueceu o nome? – ainda triangular, com a velha igreja do Rosário, a Sé Velha com, ao lado, umas casinhas coloniais que nunca mais esqueci, a rua de S. João e o mercado...[3]

Manuel Bandeira nem sequer conhecia o Theatro Municipal, cuja construção se dera por iniciativa do prefeito Antônio Prado, pai de Paulo Prado. Mário responde, em 22 de abril:

São Paulo corre cheia de trabalhos. E à tua espera. É indispensável que venhas a São Paulo, que desconheces[4].

Em 31 de maio, Bandeira avisa:

De vida material: renunciei a ir a Campos do Jordão e a São Paulo nesta quadra fria[5].

Mário retruca, desapontado, em 7 de junho:

Mas não posso me conformar com a tua desistência. Precisas conhecer São Paulo. Não é linda. É curiosa[6].

Em 17 de abril de 1924, escrevia Bandeira a Mário de Andrade:

Resta o caso do Paulo Prado. Nesse ponto falo sério. Fui à casa dele para ouvir a leitura do livro de Oswaldo [*Pau Brasil*]. Lá o René [Thiollier] convidou-me a aderir ao almoço, aliás era também de homenagem ao Oswaldo a princípio, e isso em grupo onde estava a amiga do Paulo [Marinette, mulher dele]. Eu não podia recusar. Se o convite tivesse sido feito com mais discrição, é provável que não teria aquiescido[7].

Em sua carta, Bandeira deixa transparecer certa reserva a Paulo Prado, que ele mal conhecia e cuja ambiguidade de intelectual e homem de negócios jamais compreendeu. E nem Gilberto Freyre, que o comparava à personagem

---

3. Carta de Manuel Bandeira a Mário de Andrade, 7 mar. 1923, Marcos Antonio de Moraes (org.), *Correspondência Mário de Andrade & Manuel Bandeira*, São Paulo, Edusp/IEB, 2000, p. 86.
4. Carta de Mário de Andrade a Manuel Bandeira, 22 abr. 1923, *idem*, p. 87.
5. Carta de Manuel Bandeira a Mário de Andrade, 31 maio 1923, *idem*, p. 94.
6. Carta de Mário de Andrade a Manuel Bandeira, 7 jun. 1923, *idem*, p. 96.
7. Carta de Manuel Bandeira a Mário de Andrade, 17 abr. 1924, *idem*, p. 118.

dupla de Robert Louis Stevenson, Dr. Jekyll e Mr. Hyde. Bandeira tivera a edição de um livro recusado pela editora de Monteiro Lobato, e se insurgira contra ele e seu sócio na *Revista do Brasil*, Paulo Prado.

> Há na empresa do Lobato capitais de Paulo Prado. Eles devem sair! Ou então o Paulo Prado saia do meio de nós! Ou então sairei eu do meio de vocês e volto ao meu perau de cururu[8].

No artigo "Poesia Pau Brasil", publicado na *Gazeta de Notícias* do Rio de Janeiro em 30 de março de 1924, Bandeira mencionava "almoço dos klaxistas" a Paulo Prado:

> Paulo Prado faz a Semana de Arte Moderna, aceita almoço dos klaxistas e, rico, deixa morrer a *Klaxon*, e sócio da casa editora de Vasco Porcalho & Cia, permite que eu e Mário de Andrade sejamos escorraçados pela firma em favor de parnasianos e caboclistas[9].

Como apontou Bandeira, o almoço no Hotel Terminus era homenagem do grupo da revista *Klaxon*, o que explica o time que se apresenta bem atrás de Oswald de Andrade, composto de Couto de Barros, Mário de Andrade, Cândido Mota Filho, Rubens Borba de Moraes, Luís Aranha, Tácito de Almeida. O irmão, Guilherme de Almeida, não podia mesmo estar presente, pois havia se casado em 1923 e mudado para o Rio de Janeiro.

Um texto raro de Mário de Andrade, uma de suas "Crônicas de Malazarte", confirma a natureza do evento, a que ele acrescenta pormenores saborosos:

> Pois não: Paulo Prado, como toda pessoa inteligente, é curioso. E fácil. Modernizou-se rápido. Aliás já lhe devíamos o ter sido o mais seguro apoio na organização da Semana da Arte Moderna. E não está sozinho. Muita gente aceita já sem arrepios nem medo de pecar os corpos de Brecheret e as melodias de Villa-Lobos [...]
>
> Belazarte? Pega o chapéu. É hora do almoço a Paulo Prado. E fomos. Reunidos pela fidalga energia de René Thiollier já muitos do grupo se dispersavam pelos salões do Terminus. Malazarte fazia pândegas de morrer de rir. Foi ele que pronunciou a "Bateria de petardos festivos para comemorar a entrada de Paulo Prado na guerra".
>
> [...]

---

8. *Idem, ibidem.* René Thiollier, José Carlos de Macedo Soares e Paulo Prado eram sócios de Monteiro Lobato na Companhia Gráfico-Editora, que faliu em 1925 (cf. Valter Cesar Pinheiro, *René Thiollier. Obra e Vida do Grão-senhor da Vila Fortunata e da Academia Paulista de Letras,* São Paulo, Ateliê Editorial, 2017, p. 45).
9. Manuel Bandeira, "Poesia Pau Brasil", *Gazeta de Notícias*, Rio de Janeiro, 30 mar. 1924, republicada em *Andorinha, Andorinha*, Rio de Janeiro, José Olympio, 1966. Indicação de Marcos Antonio de Moraes.

Senhores: Isto é um jeito gracioso e dadaísta de dizer que a Oswaldo de Andrade devemos a definitiva camaradagem de Paulo Prado; por cuja glória comemos juntos nesta quarta-feira. Juntos integralmente, palavra! pois que as figuras de Graça Aranha e de Manuel embandeiram esta comida com o desejado apoio de Mem de Sá.

[...]

Paulo Prado é um brasileiro que traz o mundo na mão.

[...]

Paulo Prado respondeu. Contou como lhe foi difícil conquistar a mocidade que hoje tem. E deu a receita dessa conquista: – Consiste ela, disse, na sábia e moderada dosagem dos componentes seguintes: cultura física, banho frio, futurismo, Carnaval do Rio, alegria, e convivência com o entusiasmo de Graça Aranha. E a este ergueu o brinde de honra. Merecidíssimo[10].

Definitivamente, a fotografia não foi tirada "ao finalizar a Semana, no almoço realizado no antigo Hotel Terminus", como afirma Aracy Amaral. O almoço que ensejou a fotografia realizou-se em janeiro de 1924, como homenagem a Paulo Prado, que acabara de chegar de Paris, onde testemunhara o triunfo de Brecheret no Salon d'Automne, em que fora exposta sua *Mater Dolorosa*. Em estado de graça, Paulo Prado fizera publicar em duas sólidas colunas de *O Estado de S. Paulo* de 11 de janeiro seu artigo "Brecheret", balanço das conquistas da Semana de Arte Moderna.

Diante do prêmio conquistado pela obra de Brecheret, Paulo Prado não hesita em exortar o governo paulista a adquiri-la e trazê-la para a Pinacoteca ou nossa Catedral. Dona Olívia Guedes Penteado ouvirá o apelo do amigo e a comprará para ornar o túmulo do marido no Cemitério da Consolação. Paulo Prado aposta firme:

Dentro de pouco tempo – talvez bem pouco – o que se chamou em fevereiro de 1922, em São Paulo, a Semana de Arte Moderna, marcará uma data memorável no desenvolvimento literário e artístico do Brasil. Esse ensaio, ingênuo e ousado, de reação contra o Mau Gosto, a Chapa, o Já Visto, a Velharia, a Caduquice, o Mercantilismo, obteve um resultado imprevisto e retumbante. [...] E pela primeira vez, São Paulo se interessou, com paixão, por um problema de arte...[11].

---

10. Mário de Andrade, "Crônicas de Malazarte VI", *América Brasileira*, Rio de Janeiro, mar. 1924. O acesso ao texto me foi facultado pela professora Telê Ancona Lopez.
11. Texto publicado em *O Estado de S. Paulo*, 11 jan. 1924, e na *Revista do Brasil*, n. 98, fev. 1924. Reproduzido em Paulo Prado, Carlos Augusto Calil (org), *Paulística etc.*, São Paulo, Companhia das Letras, 2004, pp. 301-306.

De historiador do passado paulista, Paulo Prado com descortino passara a historiador do futuro. Seria esse um gesto meramente narcisista? Mário de Andrade, no renomado balanço "O Movimento Modernista", de 1942, reconhece que

[...] o fautor verdadeiro da Semana de Arte Moderna foi Paulo Prado. E só mesmo uma figura como ele e uma cidade grande, mas provinciana como São Paulo, poderiam fazer o movimento modernista e objetivá-lo na Semana[12].

Por uma gralha na impressão do discurso, fautor saiu "fator" e ninguém pôde na época compreender exatamente o que Mário atribuía a Prado. Fautor é protetor, padrinho.

O almoço em homenagem a Paulo Prado nos salões do Hotel Terminus, que ficava à rua Brigadeiro Tobias, esquina com Washington Luís, ocorreu numa quarta-feira, em 16 de janeiro de 1924. O jornal *A Gazeta* do dia seguinte deu a notícia "Homenagem a Paulo Prado".

Um grupo de intelectuais e amigos do dr. Paulo Prado ofereceu-lhe ontem um almoço no salão de festas do Hotel Terminus.

O poeta Mário de Andrade saudou o homenageado que respondeu erguendo o brinde de honra a Graça Aranha, presente entre os convivas.

Sentando-se à mesa os senhores deputado Manuel Villaboim, Gofredo da Silva Telles, Flamínio Ferreira, René Thiollier, Oswald de Andrade, Rubens de Moraes, Couto de Barros, Haddock Lobo Filho, Francisco Pettinati, Luís Aranha, Manuel Bandeira, Yan [grafado Jan] de Almeida Prado, Graça Aranha, Menotti del Picchia, Tácito de Almeida e Mário de Andrade.

Aderiram à homenagem, por telegrama, a pintora paulista d. Tarsila do Amaral e os drs. Martim Francisco e Pereira dos Santos[13].

Graças a esta notícia, estão hoje identificados os participantes do almoço realizado no Hotel Terminus, da esquerda para a direita, de cima para baixo: o jornalista italiano Francesco Pettinati, Flamínio Ferreira, René Thiollier, (abaixo) Manuel Bandeira, tuberculoso, segura um charuto, Haddock Lobo

---

12. Mário de Andrade, "O Movimento Modernista", *Aspectos da Literatura Brasileira*, São Paulo, Martins/Instituto Nacional do Livro – MEC, 1972, p. 235.

13. *A Gazeta*, quinta-feira, 17 de janeiro de 1924, exemplar n. 5409. A mesma foto do grupo foi publicada na revista *A Vida Moderna*, ano XX, n. 469, fev. 1924, p. 13, com a legenda: "Grupo de intelectuais que ofereceu, há dias, um almoço ao sr. dr. Paulo Prado, diretor da *Revista do Brasil*, em regozijo pelo seu regresso da Europa". Biblioteca Nacional, Hemeroteca Digital. A indicação da revista veio da pesquisadora Greissy Rezende de Araujo.

Filho, Paulo Prado, Graça Aranha, o deputado federal Manuel Villaboim, (abaixo) Couto de Barros, Mário de Andrade, Cândido Mota Filho, Gofredo da Silva Teles, genro de d. Olívia Penteado, (sentados) Rubens Borba de Moraes, Luís Aranha, Tácito de Almeida e, à frente, Oswald de Andrade, que acabara de completar 34 anos[14].

Do centro, no alto, domina a figura imponente de Paulo Prado. Agachado, no primeiro plano, como mascote, avulta Oswald de Andrade, que fuma um charuto. Diz ele, num balanço do modernismo publicado em 1954, ano de sua morte:

Nunca será demais exaltar uma figura central do movimento modernista. Foi Paulo Prado. A sua modéstia de fidalgo, a sua dupla personalidade de escritor e comerciante, o fato de ter aparecido tarde em nossas letras e mais possíveis complexos fizeram com que Paulo Prado nunca quisesse o primeiro plano[15].

A foto revela naturalmente um eixo, de Prado no centro a Oswald, que ocupa o primeiro plano. Há uma afinidade entre ambos que extrapola a adesão ao tabagismo e a elegância apurada. Mário já não dissera que "a Oswald de Andrade devemos a definitiva camaradagem de Paulo Prado"?

O ANO DE 1924

O ano de 1924 foi particularmente fecundo para Oswald de Andrade. Em fevereiro, e durante seis meses, ele recebeu Blaise Cendrars, com quem estabeleceu franca camaradagem em parcerias literárias e artísticas. Viajou com ele e o grupo misto de artistas e gente de sociedade para o Carnaval do Rio, em seguida às cidades históricas de Minas Gerais, durante a Semana Santa, naquela excursão que significou a sua "descoberta do Brasil". Em 1924, a relação afetiva e artística com Tarsila se desenvolveu com vantagens para ambos.

14. O original da fotografia do grupo no Hotel Terminus, com boa definição visual e tintura em sépia, foi colada num álbum de recortes e fotos que pertenceu a Tarsila do Amaral, em que a pintora colecionava alegremente traços de seu crescente envolvimento sentimental com Oswald de Andrade, iniciado em 1922, com quem namorou, noivou e finalmente casou em 1926. Ela não participou do almoço em homenagem a Paulo Prado, mas mandou telegrama. No decênio de 2000, o álbum esteve na posse de sua sobrinha Thais Amaral Perroy.

15. Oswald de Andrade, "O Modernismo", *Anhembi*, n. 49, São Paulo, 1954. Reproduzido em Maria Eugenia Boaventura (org.), *Estética e Política*, São Paulo, Globo, 1992, p. 123.

Em 18 de março, Oswald publicava no *Correio da Manhã* do Rio, com grande repercussão nos meios literários, o "Manifesto da Poesia Pau Brasil". Em outubro, na *Revista do Brasil*, Paulo Prado antecipava o prefácio que escrevera para o livro de poemas *Pau Brasil*, no prelo da editora Au Sans Pareil.

Segundo Mário da Silva Brito, os modernistas aspiravam "exportar uma imagem do Brasil atualizado, ciente e praticante de todas as conquistas intelectuais, culturais, científicas e artísticas já alcançadas em outros quadrantes do globo"[16] .

Prado, o maior exportador de café, reconhecia o programa do Manifesto da Poesia Pau Brasil, de exportação cultural e de trocas simbólicas. A primeira delas se deu com o próprio Blaise Cendrars, testemunha da emergência do movimento. Paulo Prado deu a Oswald um certificado de origem, associando-o ao grupo de Nabuco, que como ele havia descoberto a própria terra em Paris, "o umbigo do mundo". A Prado não passava despercebida a glosa de Oswald das leituras históricas que ele estimulava no grupo dos almoços de domingo em sua casa. Estava imbuído de apoiar as edições dos textos raros que Capistrano de Abreu garimpava e o instava a comprar ou mandar copiar para publicação, em memória do tio Eduardo Prado.

Num editorial da *Revista do Brasil*, de abril de 1924, Paulo Prado se detém sobre o nosso maior anacronismo: o mal literário. Ataca a dependência cultural de um Portugal do século XVIII e de uma França do XIX. Denuncia nossa letargia dominada pela literatura retórica do Padre Vieira e de Rui Barbosa. Enquanto isso, um país autêntico se engendrava, pela contribuição "milionária" de imigrantes, tecnologias a absorver, população miscigenada, paisagens de mau gosto, "toda a vida desordenada da terra nova e rica, em plena puberdade ardente, oferecendo-se à fecundação do primeiro desejo".

A metáfora é de gosto arriscado; alude ao princípio da colonização, por meio de uma erotização da história. Antecipa o partido adotado no *Retrato do Brasil*, que tanta polêmica suscitaria em 1928. Mas o apelo à realidade é candente – e urgente:"Ignoramos e desprezamos o espetáculo vivo da nossa terra e da nossa raça: pouquíssimos vão procurar fatos, temas e inspirações nos aspectos do Brasil de hoje, adolescente e inquieto"[17].

---

16. Mário da Silva Brito, "O Alegre Combate de *Klaxon*", *Klaxon*, edição fac-similar, São Paulo, Martins/ Conselho Estadual de Cultura, 1972.
17. Paulo Prado, *Paulística, etc.*, pp. 308-309.

Ao cabo do breve texto de combate, Paulo Prado anuncia não sem ambiguidade o antídoto – e a sequência – do "mal literário", a poesia pau brasil, de um dos "ases do ultra modernismo nacional". Esse reconhecimento precoce sucede imediatamente à publicação do Manifesto da Poesia Pau Brasil.

Em 1924, Oswald lançou *Memórias Sentimentais de João Miramar*, obra que consolidou seu prestígio de autor modernista, superando o penumbrismo de *Alma*, romance de estreia de 1922. *Miramar* é dedicado a Paulo Prado, selando a aliança da velha com a nova geração, que a fotografia do Hotel Terminus anunciava.

CRÔNICA DA SEMANA DE ARTE MODERNA

Mário de Andrade em "O Movimento Modernista", a conferência síntese de 1942, dedica uma lembrança aos salões culturais do modernismo:

> Havia o salão da avenida Higienópolis que era o mais selecionado. Tinha por pretexto o almoço dominical, maravilha de cozinha luso-brasileira. Ainda aí a conversa era estritamente intelectual, mas variava mais e se alargava. Paulo Prado com o seu pessimismo fecundo e o seu realismo, convertia sempre o assunto das livres elucubrações artísticas aos problemas da realidade brasileira.

Para Mário, "a nobreza regional nos dava mão forte e... nos dissolvia nos favores da vida"[18].

Frequentavam esses almoços jovens modernistas (Mário, Oswald, Alcântara Machado, Di Cavalcanti, Yan de Almeida Prado), intelectuais passadistas (René Thiollier), e gente do círculo familiar dos Prado, Leopoldo de Freitas (Cônsul da "Guatémala"), Juventino Malheiros, além de hóspedes ocasionais: Blaise Cendrars, Capistrano de Abreu, Graça Aranha.

Aranha, renomado escritor e diplomata, das relações próximas de Paulo Prado[19], retornara ao Brasil em 1921, disposto a sacudir o marasmo da Academia Brasileira de Letras. Tendo tomado conhecimento por intermédio de Ronald de

---

18. Mário de Andrade, "O Movimento Modernista", pp. 238-39.
19. Graça Aranha manteve uma longa relação afetiva extraconjugal com Nazaré Prado, irmã de Paulo Prado. Tinha ele o hábito de visitá-la em São Paulo. Por esse motivo, podia ela declarar que a Semana de Arte Moderna se deu por sua involuntária contribuição.

Carvalho da agitação que lavrava em São Paulo veio conferir *in loco*. Na exposição que Di Cavalcanti apresentava na livraria O Livro, encontrou o artista às voltas com a organização do lançamento da nova geração no mesmo local, a se realizar no Centenário da Independência. Seria um evento modesto, num local modesto.

Graça Aranha levou Di Cavalcanti ao encontro de Paulo Prado, que assumiu a organização de um grande festival de arte[20]. Financiou pessoalmente o artista, que vivia de vender ilustrações à imprensa, e liberou-o para agir em tempo integral. Convocou René Thiollier e incumbiu-o da produção do evento, a ser realizado no Theatro Municipal. Abriu uma subscrição para financiamento da Semana entre seus pares, os endinheirados fazendeiros do café. Levou a organização do evento ao Automóvel Club, num andar do edifício Prates, à beira do vale do Anhangabaú, do lado oposto ao Municipal[21]. A articulação com o Rio era responsabilidade de Ronald de Carvalho, que falava em nome do autor de *Canaã*.

No testemunho de Di Cavalcanti, Graça Aranha

[...] deu um tom festivo ao movimento de 1922, irreconciliável com o sentido de transformação social que para mim deveria estar no fundo de nossa revolução artística e literária. Graça Aranha tirou um pouco de nossa pureza. A culpa não foi dele. É do destino, em tudo que se passa no Brasil, a confusão de valores[22].

O "tom festivo" e escandaloso era necessário para confrontar o conservadorismo da elite cultural paulistana e foi buscado conscienciosamente por Oswald, Mário e Menotti del Picchia. Oswald, que tinha acesso à classe política e aos principais jornais, para esquentar a temperatura às vésperas da Semana, manobrou para que *A Gazeta* abrisse uma polêmica "A Semana Futurista", título pelo qual era então conhecida a plataforma modernista. Convocou Mário de Andrade, o mais equipado intelectualmente para

20. O formato de Semana foi sugerido por Marinette Prado, mulher de Paulo, que se inspirou nas semanas de arte de Deauville.
21. "As poucas poltronas que ainda restam para a Semana de Arte Moderna poderão ser procuradas no Automóvel Club", dizia uma nota publicada no *Correio Paulistano*, em 12 de fevereiro de 1922. Maria Eugenia Boaventura (org.), *22 por 22, A Semana de Arte Moderna Vista pelos seus Contemporâneos*, São Paulo, Edusp, 2000, p. 407.
22. Emiliano Di Cavalcanti, *Viagem da Minha Vida*, Rio de Janeiro, Civilização Brasileira, 1955, em Aracy Amaral, *Artes Plásticas na Semana de 22*, p. 118.

SÃO PAULO (BRAZIL)

SEMANA DE ARTE MODERNA

Noite de 11 de fevereiro:-

A PINTURA E A ESCULTURA

"A Emoção Esthetica na Arte Moderna"-conferencia de Graça Aranha.
(Musica e poesia por Ernani Braga, Guilherme de Almeida e Ronald de Carvalho).
Analyse da Exposição de pintura e esculptura-Ronaldo de Carvalho.
Concerto -Villa-Lobos.

Tarde de 15 de fevereiro:-

A LITTERATURA E A POESIA

Romance moderno-paginas de Menotti del Picchia e Oswaldo de Andrade.
Poesia moderna- Alvaro Moreira, Mario de Andrade, Ribeiro Couto, Manoel Bandeira, Serge Milliet, Luiz Aranha, Affonso Schmidt.
Critica moderna- Candido Motta Junior.
Musica moderna- Guiomar Novaes.

Noite de 17 de fevereiro:-

A Philosophia Moderna no Brasil- Renato Almeida
A Musica de Villa-Lobos--Ronald de Carvalho
Concerto- Villa-Lobos.

Figura 2. Programa datiloscrito da Semana em papel timbrado do Automóvel Club.

defender as posições do grupo, para confrontar com brio as posições de seu oponente, que se escondia atrás do pseudônimo Cândido[23].

O envolvimento de Paulo Prado na Semana foi intenso para um homem maduro, já entrado nos cinquenta anos. Sua postura foi criticada na imprensa conformista que o interpelou:

De resto que dirá disto o sr. Presidente do Estado, que também, iludido, se fez representar nessa pagodeira? Que dirão os Secretários de Estado, que lá estiveram em pessoa ou por seus oficiais de gabinete? E o sr. Paulo Prado, que, com a sua reputação e o seu prestígio, tão bem soube apelidar fieis ao templo?[24]

Apesar do caráter oficial da Semana, que abriu com discurso do acadêmico Graça Aranha, na presença de Washington Luís e de Carlos de Campos, presidente e prefeito de São Paulo, amigos pessoais de Oswald de Andrade, o clima foi de confusão e confronto.

Mas como tive coragem pra dizer versos diante duma vaia tão bulhenta que eu não escutava no palco o que Paulo Prado me gritava da primeira fila das poltronas...? [recordava Mário de Andrade, em 1942][25].

Por oportunismo, o aval de Graça Aranha aos jovens modernistas foi aceito de bom grado por Oswald, Mário e Menotti, a ponta de lança da Semana. Para Menotti "[...] era a aliança da mocidade avanguardista com o que havia de mais representativo e de valor na mentalidade consagrada do Brasil"[26].

Oswald invoca o prestígio do escritor consagrado para comprometê-lo com a plataforma dos jovens modernistas:

É, pois, o academismo, a imitação servil, a cópia sem coragem e sem talento que forma os nossos destinos, faz as nossas reputações, cria as nossas glórias de praça pública. E

---

23. Segundo Maria Eugenia Boaventura, Cândido era o próprio diretor de redação de *A Gazeta*, Galeão Coutinho, que se tornaria conhecido por suas crônicas populares, lidas ou posteriormente ouvidas no rádio (*22 por 22*, p. 24). Aracy Amaral trata da mesma polêmica em seu livro *Artes Plásticas na Semana de 22*, mas atribui o ataque ao modernismo a Cândido Mota Filho, o que é pouco provável, sendo ele mesmo um modernista alinhado ao grupo (*idem*, pp. 130, 137, 212).
24. *Idem*, p. 21.
25. Mário de Andrade, *Aspectos da Literatura Brasileira*, pp. 231-32.
26. Menotti del Picchia, "Crônica Social", *Correio Paulistano*, 12 fev. 1922, em *22 por 22*, p. 81.

contra isso, levantou-se o chamado futurismo paulista, a que o prestígio de Graça Aranha acaba de dar mão forte[27].

Cândido Mota Filho, em artigo de 1962, relembra um diálogo entreouvido de Mário e Oswald.

Mário: – Eu não acredito no modernismo de Graça Aranha.
Oswald: – Mas quem é que acredita?[28]

Após a Semana, Graça Aranha assumiu o papel de líder dos modernistas e acompanhou discretamente os movimentos do grupo que se organizara na revista *Klaxon*, iniciada em maio de 1922. No final do ano, numa visita à sede da redação, que se abrigava no escritório de advocacia de Couto de Barros e Tácito de Almeida, perguntou sobre o conteúdo do número seguinte. Ele então "com uma sem-cerimônia espantosa decretou, ali na nossa frente que o próximo número de *Klaxon* seria consagrado a ele!" Diante da perplexidade de todos, começou a distribuir as tarefas entre os colaboradores.

Rubens Borba de Moraes, autor desse testemunho[29], ficou incumbido de cobrir a crítica europeia sobre a obra de Graça Aranha, que lhe forneceu uma caixa de sapatos repleta de recortes da imprensa. Mário de Andrade considerou a proposta uma "safadeza", pois Graça Aranha assim passaria à posteridade como mestre dos modernistas. O grupo optou por não confrontar e conceder liberdade aos autores dos artigos para analisar a obra do medalhão ou dedicar-lhe um texto. Os discípulos cariocas de Graça Aranha escreveram sobre ele, que mandou a partitura do primeiro movimento do *Sexteto Místico*, oferecida por Villa-Lobos. Os paulistas lhe dedicaram poemas e conto. Na última página, uma nota breve, recheada de ironia, provavelmente redigida por Mário de Andrade, informava o leitor a quem aquele número duplo de *Klaxon* era dedicado.

---

27. Oswald de Andrade, *Jornal do Commercio*, São Paulo, 11 fev. 1922, em *22 por 22*, p. 74.
28. Cândido Mota Filho, "Novos Depoimentos sobre a Semana de 22", *O Estado de S. Paulo*, Suplemento Literário, 14 abr. 1962, em Aracy Amaral, *Artes Plásticas na Semana de 22*, p. 211.
29. Rubens Borba de Moraes, "Memórias de um Sobrevivente de *Klaxon*", *Anhembi*, maio de 1962, n. 138. *In: Klaxon*, ed. cit.

Carta de apoio de *Klaxon* a Paulo Prado.

Graça Aranha é um companheiro delicioso, que já viajou muito pela vida e nos sabe contar as peripécias mais nossas de suas viagens. Um companheiro sempre alegre, sempre feliz, mais moço do que qualquer um de nós, alma sensível, espírito universal, cérebro de artista e de filósofo, químico do sonho brasileiro, Rouget de L'Isle da literatura brasileira[30].

O autor maranhense absorveu o golpe e não passou recibo. *Klaxon*, cuja impressão era onerosa e já não divertia mais os seus fundadores, não lançou outro número após janeiro de 1923. Mas quando Graça Aranha preparou cuidadosamente a conferência "O Espírito Moderno", rompendo com a Academia Brasileira de Letras em junho de 1924, deu o troco. Omitiu e desprezou uns e outros, reconhecendo a lealdade de seus discípulos. Atacou a poesia de Oswald, que reagiu imediatamente no texto "Modernismo Atrasado":

Graça Aranha é dos mais perigosos fenômenos de cultura que uma nação analfabeta pode desejar. [...] O seu temperamento agitado levou-o aos graciosos excessos da Semana de Arte Moderna. Hoje [...] ei-lo querendo impor, como modernistas, alguns dos espíritos mais tardos do país[31].

Graça Aranha escolhera o alvo, o poeta e agitador que lhe disputava a hegemonia. Oswald ao destituí-lo de sua suposta liderança, preservava a figura de Paulo Prado, numa clara jogada política. Rompia-se o pacto que viabilizara a Semana, explicitado no diálogo:

Ronald de Carvalho: – Mas esta reunião modernista está cheia de passadistas!
Paulo Prado: – Isto não tem importância... O que é importante é a reunião![32]

Prado, também ele um homem do século XIX, já havia sido conquistado pela causa modernista, que lhe servia de antídoto ao provincianismo de seu meio. Enquanto construía sua obra de historiador de São Paulo, em artigos sobre paisagens e temas coloniais, que resultaria na publicação de *Paulística*, em 1925, militava pela arte moderna ("da coisa bela") e pela renovação política.

Cândido Mota Filho considerou *Paulística* "um livro amargo, incompatível com o otimismo do movimento modernista", ao que Paulo Prado replicou:

---

30. *Klaxon*, n. 8/9, dezembro de 1922/janeiro de 1923, p. 32. *In: Klaxon*, ed. cit.
31. Oswald de Andrade, "Modernismo Atrasado", 25 jun. 1924, em *22 por 22*, p. 23.
32. Cândido Mota Filho, "Novos Depoimentos Sobre a Semana de 22", p. 158.

Não é amargo. E é moderno quando procura mostrar que o passado paulista é muito mais moderno que o presente paulista, formado e deformado pela pasmaceira intelectual e pelo servilismo político[33].

Na *Revista do Brasil*, cuja sociedade dividia com Monteiro Lobato, Paulo Prado publicou a partir de 1923, editoriais políticos não assinados, sob a rubrica "O Momento". No da revista de n. 88, denuncia o atraso cultural da São Paulo, onde "a Arte vive no mais amargo exílio", e lamenta a nossa "profunda anemia intelectual e artística". O grupo reunido em *Klaxon* felicita o autor pelo artigo "risonho e klaxista" em maio de 1923[34].

CONQUISTA DO MODERNISMO

Em 1926, Paulo Prado fundou com Couto de Barros, Alcântara Machado, Sérgio Milliet, o quinzenário *terra roxa e outras terras*, o título grafado em caixa baixa. Nele promove uma subscrição pública para a compra de uma carta autógrafa de Anchieta, datada de novembro de 1579, encontrada num antiquário de Londres. Seu custo era 200 libras, o valor de 30 sacas de café. "É o documento de família que dá à cidade moderna o atestado de longa ascendência que não possuem os novos-ricos". Repetindo o movimento com que angariou os recursos para a realização da Semana, exortou os fazendeiros a contribuírem com sacas de café. Assim foi a carta doada ao Museu Paulista[35].

O movimento entre o culto do passado e a militância modernista desconcertava muita gente. Rosário Fusco, o desabusado jovem diretor da revista *Verde*, de Cataguases, sem a menor cerimônia interpelava os modernistas em busca de colaboração. E com isso obteve matéria imprevista de Mário, Drummond, Cendrars, Murilo Mendes, Oswald, Paulo Prado e de muitos outros. De Alcântara Machado recebeu ele a chave do entendimento da mistura modernista:

Paulo Prado moderno? Paulo Prado é uma das primeiras forças da inteligência brasileira de hoje. Mas nunca foi moderno ou antes vanguardista. É um historiador de visão

---

33. Paulo Prado, *Retrato do Brasil*, Carlos Augusto Calil (org.), 10. ed., São Paulo, Companhia das Letras, 2012, p. 273.
34. Paulo Prado, *Paulística etc.*, pp. 297-300.
35. *Idem*, pp. 262-269.

moderna sem dúvida. É um dos brasileiros mais modernos no gosto e no juízo. Em literatura é um simpatizante. Não quer ser e não é outra coisa. Tem um lugar apartado no movimento. Não deve ser posto do lado de Mário e Oswald por exemplo no torvelinho da luta. Cassiano Ricardo moderno? Ai-ai-ai! Ai-ai! Cuidado, gentes. Cautela, pessoal. Distinga, meninada. Graça Aranha moderno? Nossa Senhora da minha devoção: elucide a rapaziada[36].

Em 1928, Paulo Prado lançava o *Retrato do Brasil – Ensaio sobre a Tristeza Brasileira*, com sucesso inesperado. Numa época em que o autor pagava do próprio bolso a impressão, o livro tirou três edições consecutivas e suscitou enorme debate. No ataque ao livro, despontavam os partidários do "meufanismo"[37], grupo disperso que primava pelo conformismo e bradava que "o Brasil não é triste!".

Os modernistas de primeira hora reagiram com respeito, mas independência:

– Qual tristeza, qual nada! Outra coisa que nos surpreendeu foi Paulo Prado falar do velho chavão da formação do homem brasileiro por três raças: portuguesa, índia e africana. Escrevia isso em pleno São Paulo italiano e cosmopolita, onde grande parte da população não tinha uma gota desse sangue! [...] O que apreciávamos nos livros de Paulo Prado era o protesto contra o que era o Brasil. Era o que havia de revolucionário e inconformista[38].

Retrato do Brasil é livro irmão de *Macunaíma*; foram compostos ao mesmo tempo, os autores se beneficiando de bibliografia comum. Mas o impacto imediato de um não carregou o do outro. A principal afinidade das obras é a crítica ao individualismo do brasileiro. *Macunaíma* é dedicado a Paulo Prado. Oswald dizia que *Retrato do Brasil* é "glossário histórico de *Macunaíma*".

O livro é do historiador diletante, já o *post-scriptum* é do homem de negócios com tarimba internacional, senhor do seu ofício:

Na desordem da incompetência, do peculato, da tirania, da cobiça, perderam-se as normas mais comezinhas na direção dos negócios públicos. A higiene vive em grande parte das esmolas americanas; a polícia, viciada pelo estado de sítio, protege criminosos e persegue inocentes; as estradas de ferro oficiais, com os mais elevados fretes do mercado, descarrilam diariamente ou deixam apodrecer os gêneros que não transportam; a lavoura não tem braços porque não há

36. Carta de Alcântara Machado a Rosário Fusco, 5 dez. 1927, em Paulo Emílio Sales Gomes, "Para um Estudo sobre os 'Azes de Cataguases'", *Língua e Literatura*, n. 4, p. 466, FFLCH/USP, 1975.
37. De *Porque me Ufano de meu País*, obra do conde Afonso Celso, publicada em 1900.
38. Rubens Borba de Moraes, *Testemunha Ocular (Recordações)*, pp. 129-130.

mais imigrantes; desaparece a navegação dos rios; a cabotagem suprime o comércio litorâneo, o dinheiro baixa por decreto, e o ouro que o deve garantir não nos pertence[39].

No retrato implacável, Paulo Prado só vê uma solução: a Revolução. Impressionado com o regime dos bolcheviques, acredita na tábua rasa:

A Revolução é a outra solução. Não uma simples revolta de soldados, ou uma investida disfarçada para a conquista do poder [...]. A Revolução virá de mais longe e de mais fundo. Será a afirmação inexorável de que, quando tudo está errado, o melhor corretivo é o apagamento de tudo que foi malfeito[40].

Retrato do Brasil recebeu extensa fortuna crítica: para Oswald, sua principal fraqueza era desconhecer Freud ao abraçar o pensamento missionário dos jesuítas; Lívio Xavier afirmou que era obra de moralista. Surpreendentemente o livro voltou à baila em 1950, lido e debatido como se fora contemporâneo da nova geração. O *Retrato do Brasil* era uma fotografia com desejo de revelar o país, "tal qual sua índole e formação"[41].

Em 1929, foi o livro selecionado para distribuição pelo governo no exterior. Apesar de eleito para o prêmio Juca Pato, o troféu não lhe foi concedido. Diante da reação, Paulo Prado decide recusar toda homenagem e não cede direitos de tradução ao espanhol e ao francês.

A Revolução de 1930 confirmou o diagnóstico do *post-scriptum*. E com um pormenor que realçou a vaidade do autor: seu condutor era um gaúcho, como previsto por ele. No ano seguinte, Prado assumia a presidência do Conselho Nacional do Café. Forçado a queimar os estoques de café para segurar o preço do estoque, medida que condenava como produtor, entrou em conflito com os interesses do Estado de São Paulo e do ministério da Fazenda. Pediu demissão. Desencantara-se com a Revolução e a política:

Sempre fui da extrema esquerda. Desde o *Retrato*. À vista, porém do fracasso da Revolução – ou antes dos homens da Revolução – parece-me que o país ainda não estava preparado para as reformas radicais – para a tábua rasa sobre a qual pretendíamos levantar o novo edifício do Brasil revolucionário[42].

39. Paulo Prado, *Retrato do Brasil*, p. 138.
40. *Idem*, pp. 142-43.
41. Cândido Mota Filho, *Contagem Regressiva*, em *Retrato do Brasil*, p. 272.
42. Paulo Prado, *Retrato do Brasil*, caderno de imagens.

O tempo da radicalização começara antes. Em 1929, a quebra da Bolsa de Nova York desfazia fortunas e casamentos como o de Oswald de Andrade e Tarsila do Amaral. O grupo modernista rachou entre alinhados à direita e à esquerda. A Antropofagia passava por duas dentições perdendo sucessivamente apoio entre os companheiros de jornada artística e intelectual. Paulo Prado rompeu com Oswald a partir da publicação de uma resenha desrespeitosa do *Retrato* na *Revista de Antropofagia*, sob o pseudônimo Tamandaré. O texto é arrasador, a mais contundente crítica que o livro recebera, que resvalava com deboche para o plano pessoal.

O sr. Paulo Prado teve um tio [Eduardo Prado] cuja maior glória foi figurar como personagem principal num pífio romance português [Jacinto, em *As Cidades e as Serras*, de Eça de Queirós]. Que honra para a família! Daí por diante o sr. Paulo Prado, que era um interessante rapaz, se perdeu inteiramente. Acabou assim: sobrinho do personagem principal. [...] Outro erro gravíssimo de sua vida foi Capistrano [de Abreu]. [...] A Capistrano faltou senso histórico. Ele não teve a menor intuição do fenômeno brasileiro. [...] Por acreditar servilmente em Capistrano – o que é doloroso num homem de seu talento incontestável – o sr. Paulo Prado cometeu aqueles absurdos incríveis de atribuir ao ouro e à luxúria todos os nossos excessos infantis. Para o sr. Paulo Prado não existe o interesse econômico? Que bobagem! Mas ainda existe, porventura, mesmo depois de Freud, o "pecado sexual"? Outra bobagem! Ao lado isso, o livro é de uma ingenuidade pasmosa[43].

Paulo Prado, que soube do texto no Rio de Janeiro, na véspera de embarcar para a Europa, sentiu-se traído. O texto além do tom derrisório atingia o seu panteão – o tio, o mestre, o escritor consagrado – e sua reputação de homem de negócios. Ele sabia que não poderia vir de uma pessoa de fora de seu círculo como Oswaldo Costa, a quem foi atribuída a diatribe. Só outro Oswaldo poderia escrevê-lo, o que frequentava a sua casa, o que se aborrecia com Capistrano de Abreu nos almoços de domingo, o que havia criticado a predominância da visão jesuíta no *Retrato do Brasil*, o que havia apontado o principal defeito do livro: o seu moralismo anacrônico, ao largo da psicanálise. O crítico mordaz sabia que a tese do livro não era de Paulo Prado; era uma homenagem sentimental ao tio e ao mestre de história. Achou que

43. Tamandaré (pseudônimo), "Moquém", *Revista de Antropofagia*, 2ª dentição, 4º número, *Diário de S. Paulo*, domingo, 14 abr. 1929. Reproduzido em *Retrato do Brasil*, pp. 174-176.

mesmo oculto libertaria o amigo de seus fantasmas, mas o temperamento pesou. Não se é Oswald de Andrade impunemente.

Paulo Prado rompeu com Oswald e, como Mário de Andrade, jamais aceitou proposta de reconciliação. Oswald passou a gravitar na órbita do Partido Comunista. A vertente revolucionária de Prado não deixou outro testemunho que o manuscrito inédito e o *post-scriptum* do *Retrato do Brasil*. Fora uma manifestação de bovarismo?

Em 1931, Paulo Prado retomou a atividade editorial e fundava com Mário de Andrade e Alcântara Machado a *Revista Nova*. Voltava ao hábito dos editoriais políticos, apócrifos, na rubrica "Momento". Passara à oposição de Getúlio Vargas, a quem acusava de personalismo, e apoiou a Revolução Constitucionalista de 1932. É predominante hoje a visão oligárquica do movimento constitucionalista, que teria escapado à elite intelectual paulista da época que aderiu à guerra civil.

Getúlio Vargas tido como político hábil, após a vitória de 1930, castigou São Paulo com interventores desastrosos. Ficou a sensação de que se vingava da arrogância de Washington Luís. O movimento de 1932 foi uma reação generalizada contra o governo central, que reuniu pela mesma causa a elite política, a inteligência e a população. Nas cartas de Mário de Andrade transparece esse sentimento de humilhação vivido pelos paulistas. Chegou a estremecer com Carlos Drummond de Andrade pela sua mineirice e conforto federal.

Uma edição ampliada de *Paulística* surgiu em 1934, com novos estudos históricos e uma homenagem a Capistrano de Abreu. O vigor intelectual e político de Paulo Prado começava a declinar. Não autoriza reedições do *Retrato do Brasil*.

Mantém a rotina das viagens regulares a Europa, em que confraterniza com amigos brasileiros e estrangeiros. O "brasileiro que traz o mundo na mão" manda em 1936 um postal a Mário de Andrade com a imagem da Torre Eiffel: "Isso aqui não vale a pena, Viva o Brasil!"[44].

A personalidade de Paulo Prado é emblemática do modernismo. Encarna a transição de duas gerações: a de Nabuco e a de Oswald. Vislumbra a ponte que leva o moderno de Baudelaire e Rimbaud a Apollinaire e Cendrars.

---

44. Cartão-postal de Paulo Prado e Marinete da Silva Prado a Mário de Andrade, 8 ago. 1936, Marcos Antonio de Moraes (org.), *Postais a Mário de Andrade*, São Paulo, Edusp/Hucitec, 1993, p. 200.

Na dialética entre tradição e modernidade, projeta o modernismo para além do tempo heroico da destruição saneadora e da fronteira paulista. Cariocas e pernambucanos reticentes encontravam um interlocutor generoso no mecenas da Semana.

Vinte anos mais velho que a geração que avalizou com seu poder e prestígio, Paulo Prado reconheceu nos modernistas a autêntica determinação de superar a mentalidade conformista e subalterna que então vigorava. Soube impor-se naturalmente aos jovens intelectuais e artistas com quem travou relações de afeto. Oswald de Andrade o divertia e animava, vencendo uma natural tendência à melancolia. Os klaxistas afirmavam "queremos construir a alegria" e que a sua época era "do riso e da sinceridade"[45]. Mário de Andrade despertava-lhe uma sincera admiração. Segundo Prado, era o nosso único intelectual no sentido europeu, além de portador de uma "monstruosa sensualidade".

Comerciante bem-sucedido, Paulo Prado liderou com diplomacia a categoria dos produtores e exportadores de café e expandiu o volume de negócios internacionais. Como intelectual sucumbiu à paixão histórica e a ela dedicou o tempo da maturidade, em duas obras de cunho complementar: regional e nacional, *Paulística* e *Retrato do Brasil*. Foi, no entanto, no *post-scriptum* deste último que falou de um ponto de vista só seu: o de um empresário intelectual, homem viajado que não se conformava com a nossa ineficiência como nação, que "queria fustigar a nossa indolência".

Em 1939, um enfarto acabou por confiná-lo num apartamento do Rio de Janeiro. A família protegia excessivamente o doente que perdeu o contato dos amigos. Sua morte em 1943 provocou comoção entre os modernistas.

Blaise Cendrars, que a ele se afeiçoara ainda no Brasil, quando a seu convite por aqui passou bons momentos nos anos 1920, lançou uma dedicatória no texto "Des Hommes Sont Venus...":

À memória de meu melhor amigo, Paulo Prado,
o autor pessimista desse livro singular Retrato do Brasil.
Cansado de ter razão, morreu de tédio[46].

---

45. *Klaxon*, n. 1, maio de 1922, p. 3. *In: Klaxon*, ed. cit.
46. Blaise Cendrars, *Le Brésil*, Mônaco, Les Documents d'Art, 1952, p. XI.

REFERÊNCIAS BIBLIOGRÁFICAS

AMARAL, Aracy. *Artes Plásticas na Semana de 22*. São Paulo, Perspectiva, 1970.

ANDRADE, Mário de. *Aspectos da Literatura Brasileira*. São Paulo, Martins/Instituto Nacional do Livro – MEC, 1972.

_____. "Crônicas de Malazarte VI". *América Brasileira*. Rio de Janeiro, mar. 1924.

ANDRADE, Oswald de. "O Modernismo". *Anhembi*. São Paulo, n. 49, 1954. Reproduzido em: BOA-VENTURA, Maria Eugenia (org.). *Estética e Política*. São Paulo, Globo, 1992, p. 123.

BANDEIRA, Manuel. "Poesia Pau-Brasil". *Andorinha, Andorinha*. Rio de Janeiro, José Olympio, 1966.

BOAVENTURA, Maria Eugenia (org.). *22 por 22: A Semana de Arte Moderna Vista pelos seus Contemporâneos*. São Paulo, Edusp, 2000.

BRITO, Mário da Silva. "O Alegre Combate de *Klaxon*". *Klaxon*, edição fac-similar. São Paulo, Martins/Conselho Estadual de Cultura, 1972.

CENDRARS, Blaise. *Le Brésil*. Monaco, Les Documents d'Art, 1952.

MORAES, Marcos Antonio de (org.). *Correspondência Mário de Andrade & Manuel Bandeira*. São Paulo, Edusp/IEB, 2000.

_____. *Postais a Mário de Andrade*. São Paulo, Edusp/Hucitec, 1993.

MORAES, Rubens Borba de. "Memórias de um Sobrevivente de *Klaxon*". *Anhembi*, maio de 1962, n. 138.

_____. *Testemunha Ocular (Recordações)*. Organização e notas de Antonio Agenor Briquet de Lemos. Brasília, Briquet de Lemos, 2011.

PRADO, Paulo. *Paulística etc.* Carlos Augusto Calil (org.). São Paulo, Companhia das Letras, 2004.

_____. *Retrato do Brasil*. Carlos Augusto Calil (org.). 10ª ed. São Paulo, Companhia das Letras, 2012.

9

MANUEL BANDEIRA:
MODERNISMOS E SOCIABILIDADES

EDUARDO COELHO

SABEMOS QUE MANUEL BANDEIRA e Ribeiro Couto não participaram da Semana de Arte Moderna de 1922. No *Itinerário de Pasárgada*, publicado em 1954, Manuel Bandeira apontou os motivos dessa recusa: "Nunca atacamos publicamente os mestres parnasianos e simbolistas, nunca repudiamos o soneto nem, de um modo geral, os versos metrificados e rimados". Na frase seguinte, em contrapartida, afirmou de modo conclusivo: "Pouco me deve o movimento; o que eu devo a ele é enorme"[1]. Assim, manifestou ressalvas ao projeto modernista de ruptura e declarou, imediatamente depois, uma "enorme" dívida com a geração de 22, que pode ser observada em *Libertinagem*, reunião de seus poemas escritos de 1924 a 1930, "os anos de maior força e calor do movimento modernista"[2].

Conforme Manuel Bandeira, em *Libertinagem* havia uma influência da "técnica e da estética do modernismo", que "todo mundo pode ver", e uma que "parece modernismo", mas que "não era senão o espírito do grupo alegre" de seus "companheiros diários naquele tempo": Dante Milano, Geraldo Barroso do Amaral (Dodô), Jaime Ovalle e Osvaldo Costa foram mencionados nessa passagem[3]; em trecho anterior do mesmo livro, refere-se à "nova

---

1. Manuel Bandeira, *Itinerário de Pasárgada*, Rio de Janeiro, Jornal de Letras, 1954, p. 67.
2. *Idem,* p. 87.
3. *Idem, ibidem.*

geração" que lhe havia sido apresentada por Ribeiro Couto: Álvaro Moreyra, Di Cavalcanti e Ronald de Carvalho, no Rio de Janeiro, e os dois Andrade, Mário e Oswald, em São Paulo[4].

No *Itinerário de Pasárgada*, Manuel Bandeira associou a "técnica" e a "estética" do modernismo à influência sobretudo do grupo paulista, encabeçado por Mário e Oswald de Andrade, enquanto a vivência de um clima festivo – típico da brasilidade tão buscada à época – foi relacionada à sua vida cotidiana no Rio de Janeiro, especialmente ao lado de Ribeiro Couto, na rua do Curvelo, em Santa Teresa, e no Centro da cidade. Se o modernismo de São Paulo aproximou Manuel Bandeira de "técnicas" e da "estética" das vanguardas europeias, o convívio "diário" com seu grupo de amigos parece ter lhe trazido substratos casuais absolutamente adequados ao tratamento prosaico, em versos livres repletos de circunstancialidade, sinalizando uma influência de outra natureza – tanto mais espontânea e biográfica, quanto menos apegada à ênfase nos princípios vanguardista de ruptura.

Dessa maneira, Manuel Bandeira revelou, no *Itinerário de Pasárgada*, uma sociabilidade dicotômica, bipartida entre figuras das cidades do Rio de Janeiro e de São Paulo. Essa sociabilidade consistia em dois tipos de influência, que não foram antagonizadas por ele, mas contrabalançadas. Atentemos, contudo, para a certeza e a precisão de suas memórias: elas indicam que os acontecimentos (mesmo os mais longínquos) foram muito bem manipulados. Vale então a pena questionar: em que medida um grupo contrabalançava o outro? O que a sociabilidade dicotômica de Manuel Bandeira pode manifestar da sua postura diante do movimento de 22 e de seus articuladores? Que tipo de "política especificamente literária"[5] pode ser constatada por meio da análise dessas sociabilidades?

O primeiro fato que temos acerca dessas sociabilidades remonta ao ano de 1918, quando Ribeiro Couto foi levado por Afonso Lopes de Almeida à casa de Manuel Bandeira, que morava na rua Goulart, hoje Prado Júnior, na zona

---

4. *Idem, ibidem.*
5. Cf. Josefina Ludmer, *Clases 1985: Algunos Problemas de Teoría Literaria*, Buenos Aires, Paidós, 2016, p. 48. [*ebook*]: "Cuando digo 'política' no quiero decir política de partido, política concreta, sino que me refiero a una política específica del campo literario o una política específica de la teoría o de la literatura".

fronteiriça entre os bairros de Copacabana e Leme. Ainda amedrontado pela tuberculose, nessa fase ele vivia recolhido[6].

Em 1920, Manuel Bandeira se mudou para Santa Teresa, na rua do Curvelo, hoje Dias de Barros, tornando-se vizinho de Ribeiro Couto na pensão de Dona Sara. A amizade se fortaleceu nesse momento: eles dividiam não apenas livros franceses de poesia moderna (especialmente os simbolistas), mas também "peixadas", "galinhas de cabidela", "papas" e "bifes acebolados", "com que a paciente senhora", a proprietária da pensão, "nos compensava da imensa pena de existir", como podemos verificar, mais uma vez, no *Itinerário de Pasárgada*[7].

Em seguida, nesse mesmo livro, afirmou: "A rua do Curvelo ensinou-me muitas coisas. [...] o elemento de humilde cotidiano que começou desde então a se fazer sentir em minha poesia não resultava de nenhuma intenção modernista. Resultou, muito simplesmente, do ambiente do Morro do Curvelo"[8].

Essa declaração é questionável, sobretudo o "muito simplesmente", onde o advérbio sugere que, com espontaneidade, a poesia bandeiriana de feições modernistas resultava do ambiente do morro carioca e de sua abertura ao espaço urbano, o que foi igualmente relatado por Ribeiro Couto no ensaio biográfico "De Menino Doente a Rei de Pasárgada": "Vizinhos na biografia, [...] sucedeu que nossas existências, a partir de uma certa data, correram paralelas, de mãos dadas na amizade. [...] Vi-o sair da sua casca de enfermo cético e ressabiado para o rumor da rua, a agitação cá de fora"[9].

Já no discurso de recepção a Manuel Bandeira, na Academia Brasileira de Letras, Ribeiro Couto fez esta observação:

> Das vossas amplas janelas, tanto as do lado da rua em que brincavam crianças, como as do lado da ribanceira, com cantigas de mulheres pobres lavando roupa nas tinas de barrela, começastes a ver muitas coisas. O Morro do Curvelo, em seu devido tempo, trouxe-vos aquilo que a leitura dos grandes livros da humanidade não pode substituir: a rua[10].

---

6. Manuel Bandeira, *Itinerário de Pasárgada*, p. 56; Ribeiro Couto, "De Menino Doente a Rei de Pasárgada", *Três Retratos de Manuel Bandeira*, Introdução, cronologia e notas de Elvia Bezerra, Rio de Janeiro, Academia Brasileira de Letras, 2004. Coleção Austregésilo de Athayde, 18, p. 9.

7. Manuel Bandeira, *Itinerário de Pasárgada*, p. 59.

8. *Idem*, pp. 59-60.

9. Ribeiro Couto, *Três Retratos de Manuel Bandeira*, p. 7.

10. Ribeiro Couto, "No Pórtico da Academia", *Três Retratos de Manuel Bandeira*, p. 62.

Ao combinar habitação coletiva (ou seja, a pensão familiar do Curvelo, de grandes janelas), crianças brincando e cantigas de mulheres pobres a lavar roupas nas tinas, somos indiretamente remetidos ao romance *O Cortiço*, de Aluísio Azevedo. A gestação dessa sociabilidade modernista trazia à cena uma ideia de brasilidade proveniente do humilde cotidiano, mas agora revista e positivada. Conforme Ribeiro Couto, a brasilidade de *O Ritmo Dissoluto* e sobretudo de *Libertinagem* começava a despontar na rua do Curvelo, recuperando, criativamente, outras brasilidades, como o Recife da sua infância, na rua da Aurora. A mesma perspectiva foi tomada por Manuel Bandeira no *Itinerário de Pasárgada*, onde não há qualquer passagem que manifeste a importância da obra de Blaise Cendrars para a formulação da sua poesia coloquial e de valorização das experiências íntimas, apesar de podermos constatar, por sinal, uma notável influência de um sobre o outro. Os primeiros versos de "Panamá" (1918)[11], de Blaise Cendrars, e de "Evocação do Recife" (1924)[12], de Manuel Bandeira, evidenciam tal proximidade e o diálogo intertextual, bem como o aproveitamento dos tios como figuras de uma infância mítica[13]. No entanto, não são raras as vezes em que o ambiente do Curvelo foi concebido como força motriz de sua poesia modernista, com intensa participação de Ribeiro Couto nessa estratégia.

O tuberculoso, antes reservado, deu lugar então ao boêmio, aberto às experiências urbanas de convívio social e participando dos debates em torno das polêmicas do meio artístico daquela época, quando chegaram ao conhecimento de Manuel Bandeira figuras como Di Cavalcanti, Dante Milano, Ronald de Carvalho, Prudente de Moraes, neto e Sérgio Buarque de Holanda.

11. "Des livres / Il y a des livres qui parlent du Canal de Panama / Je ne sais pas ce que disent les catalogues des bibliothèques / Et je n'écoute pas les journaux financiers / Quoique les bulletins de la Bourse soient notre prière quotidienne // Le Canal de Panama est intimement lié à mon enfance..." (Blaise Cendrars, *Poesia em Viagem*, tradução, prefácio e notas de Liberto Cruz, Lisboa, Assírio & Alvim, 2005, p. 102).

12. "Recife / Não a Veneza americana / Não a Mauritsstad dos armadores das Índias Ocidentais / Não o Recife dos Mascates / Nem mesmo o Recife que aprendi a amar depois – / Recife das revoluções libertárias/ Mas o Recife sem história nem literatura/ Recife sem mais nada/ Recife da minha infância" (cf. Manuel Bandeira, *Libertinagem – Estrela da Manhã*, edição crítica coordenada por Giulia Lanciani, Madrid/Paris/México/Buenos Aires/São Paulo/Lima/Guatemala/São José/Santiago do Chile, Allca xx, 1998. Coleção Arquivos, 33, p. 24).

13. Cf. Eduardo Coelho, "Blaise Cendrars na Poesia de Manuel Bandeira"; Isabel Travancas; Joëlle Rouchou e Luciana Heymann (orgs.), *Arquivos Pessoais: Reflexões Multidisciplinares e Experiências de Pesquisa*, 2014, pp. 213-228.

Ao escrever sobre *Libertinagem*, publicado em 1930, Manuel Bandeira declarou, talvez exageradamente: "Se não tivesse vivido com eles, de certo não teria escrito, apesar de todo o modernismo, versos como os de 'Mangue', 'Na Boca', 'Macumba do Pai Zusé', 'Noturno da Rua da Lapa'", entre outros"[14]. Sua consideração acerca dessa turma do Rio de Janeiro ressalta um clima de época afinado com estratégias formais vanguardistas, bem como com a reformulação da ideia de brasilidade[15], que os modernistas começavam a engendrar a partir de 1924, tendo no "Manifesto da Poesia Pau Brasil", de Oswald de Andrade, sua primeira manifestação programática. A presença do carnaval (no poema "Na Boca") e da macumba ("Macumba do Pai Zusé") são exemplos notáveis dessa tendência de reformulação da cultura brasileira na poética bandeiriana.

Há toda uma construção, de que Ribeiro Couto participou, em que Manuel Bandeira tenta se afastar relativamente do modernismo. Por quê? Qual seria a razão disso? Nesse caso, talvez seja importante descrever a formação de seu vínculo com outra turma de modernistas – aquela que se encontrava em São Paulo e foi responsável pela organização da Semana de Arte Moderna de 1922.

Quem empreendeu o primeiro gesto de aproximação com o grupo paulista foi Guilherme de Almeida. Em 1919, ele apresentou com entusiasmo o livro *Carnaval* a Mário de Andrade e companhia. Manuel Bandeira informou, no *Itinerário de Pasárgada*, que "a geração paulista que iria, ainda nesse ano de 1919, iniciar a revolução modernista tomou-se de amores pelo *Carnaval*"[16].

Em São Paulo, foi Mário de Andrade quem ocupou a importância que Ribeiro Couto teve, no Rio de Janeiro, na formação das sociabilidades modernistas de Manuel Bandeira. O primeiro encontro foi em 1921, no Rio de Janeiro, quando Mário de Andrade leu *Pauliceia Desvairada* na casa de Ronald de Carvalho e, depois, na de Olegário Mariano. Em 1924, Manuel Bandeira visitou os modernistas de São Paulo. Seu relato em torno desse encontro é importantíssimo:

14. Manuel Bandeira, *Itinerário de Pasárgada*, p. 87.
15. "Reformulação", se colocarmos a ideia de brasilidade em relação àquilo que se pensava sobre o assunto no século XIX (cf. Eduardo Jardim, *A Brasilidade Modernista: Sua Dimensão Filosófica*, 2016).
16. Manuel Bandeira, *Itinerário de Pasárgada*, p. 56.

Reuniam-se eles todas as tardes numa casa de chá da rua Barão de Itapetininga, onde estive um dia, encantado de ver a camaradagem, o bom-humor, o entusiasmo que reinava no grupo. Foi assim que me vi associado a uma geração que, em verdade, não era a minha, pois, excetuados Paulo Prado, Oswald de Andrade e Guilherme de Almeida, todos aqueles rapazes eram em média uns dez anos mais moços do que eu. A minha colaboração com ela [...] sempre se fez com restrições[17].

A princípio, o entusiasmo com o grupo paulista equivale à experiência dos primeiros anos de contato com seus amigos do Rio de Janeiro, mas aqui há um fator a mais: "A minha colaboração com ela [a geração modernista] sempre se fez com restrições". As restrições pareciam ser destinadas ao princípio de ruptura com a tradição literária ("passadista") – traço mais evidente no modernismo paulista –, defendida principalmente nos anos de combate dessa geração (1917-1924). Suas restrições também se destinavam à própria ideia de grupo atrelada aos conteúdos programáticos. Para Manuel Bandeira, estabelecia-se um paradoxo vanguardista no princípio de grupos e manifestos, uma vez que ambos se lançavam contra a irrestrita independência e liberdade de criação.

Ao lado disso, algumas questões foram atravessadas por divergências e afetividades, às vezes misturadas. Nesse sentido, é exemplar um trecho da carta que Manuel Bandeira escreveu a Mário de Andrade em 19 de maio de 1924: "Li na *América Brasileira* a sua crônica sobre o movimento modernista. Grave omissão, grito eu por minha vez. Quem agitou o meio carioca e nele lançou as ideias modernas foi o Ribeiro Couto. Prestou o incomparável serviço de converter o Ronald". Em seguida, completou: "Foi o Ribeiro Couto que com aquela vivacidade sedutora captou o Ronald. O Couto vivia falando no Oswald, em Anita, em Brecheret. [...] Eu era modernizante sem saber. Foi o Couto quem me revelou os italianos e os franceses mais novos, Cendrars e outros"[18].

Nesse caso, Manuel Bandeira tocava num ponto de divergência, em que a relação conflituosa entre Mário de Andrade e Ribeiro Couto não pode ser descartada. Assim começa o artigo "Disparidades Eletivas", de Elvia Bezerra, publicado na revista *Serrote*: "Durante vinte anos, de 1922 a 1942, o escritor

---

17. *Idem*, p. 66.
18. Carta de Manuel Bandeira a Mário de Andrade, 10 maio 1924, em Marcos Antonio de Moraes (org.), *Correspondência Mário de Andrade & Manuel Bandeira*, São Paulo, Edusp/IEB, 2000, p. 124.

santista Rui Ribeiro Couto manteve com Mário de Andrade uma correspondência, inédita até hoje, que revela menos cumplicidade e carinho do que diferenças e mal-entendidos"[19].

É interessante observar que, em diversos textos bandeirianos, existe a intenção de ele se desvincular de uma influência direta do modernismo. Talvez, houvesse nessa estratégia o interesse de Manuel Bandeira contrabalançar a história do modernismo (ainda não consolidada, naquela altura), dissolvendo a hegemonia dos paulistas e reduzindo sua importância na definição dos rumos da poesia brasileira do século XX. O mesmo pode ser observado na carta de Manuel Bandeira a Mário de Andrade, ao tratar do poema "Raça", de Guilherme de Almeida, a 26 de junho de 1925:

> O *grande poema brasileiro* está criado. O inventor foi você com "Carnaval Carioca" e "Noturno de Belo Horizonte". Fiz sentir logo ao Guilherme a sua influência, tranquilizando-o ao mesmo tempo pela afirmação de que a influência não era de molde a diminuir em nada o mérito dele. Ao contrário. Porque eu via no fato da personalidade dele afirmar-se ali melhor do que anteriormente a certeza de que o que chamei influência sua é antes um substrato brasileiro ou categoria brasileira (não sei como chama). Você achou isso. Acho mesmo que convém que nos imitemos, que nos plagiemos, que nos influenciemos para firmar cada vez mais essa característica racial que já é patente e bem definida[20].

Assim, não eram as técnicas de vanguarda que lhe interessavam, mas a busca disso que, na carta a Mário de Andrade, nomeou dubitativamente como "substrato brasileiro ou categoria brasileira". Na poesia modernista, as técnicas de vanguarda consistiam no elemento exterior, europeu, enquanto esse "substrato" ou "categoria" representavam a contribuição efetiva da literatura brasileira, por meio da qual, conforme Manuel Bandeira, se firmava de modo vigoroso um traço propriamente singular, que independia de qualquer influxo proveniente do Velho Mundo.

Entre as duas influências (Ribeiro Couto e Mário de Andrade) que declarou serem as mais importantes para a formulação de sua poética, Manuel Bandeira parecia fazer o que ele declarou que as duas turmas (Rio de Janeiro e São Paulo) faziam: contrabalançavam-se! De certa maneira, em alguns momentos

---

19. Elvia Bezerra, "Disparidades Eletivas", *Serrote*, São Paulo, 2015.
20. Carta de Manuel Bandeira a Mário de Andrade, 26 jun. 1925, em Marcos Antonio de Moraes (org.), *Correspondência Mário de Andrade & Manuel Bandeira*, p. 219.

assumiu um papel de ponderador, no sentido de garantir o respeito pelas diferenças, mas também havia nisso a compreensão de que as diferenças faziam bem ao modernismo: elas resistiam à cristalização de lugares-comuns e ao uso de modelos, que podiam saturar rapidamente as novas tendências, como foi o caso do poema-piada.

Por outro lado, é perceptível sua tentativa de afastar-se o máximo possível da radicalidade vanguardista, orientando-se mais em direção à ideia do "moderno" do que do "modernismo", como podemos constatar na carta a Mário de Andrade, de 29 de dezembro de 1924: "O que eu faço, e talvez já reparaste nisso, é uma distinção entre modernos e modernistas. [...] Não sou mais modernista. Mas sou moderno, como você. Hoje eu já posso dizer que sou também um descendente do simbolismo"[21]. Enfim, ser moderno compreende um sentido de liberdade criativa que Manuel Bandeira não enxergava nas orientações que o modernismo começava a tomar nessa altura. Quase dois anos depois, suas restrições à ideia de modernismo e as disputas em torno dele se tornavam mais intolerantes, como deixa notar a carta a Mário de Andrade, de 13 de novembro de 1926:

O que atrapalha tudo é essa história de modernismo. Que coisa pau! Parece uma putinha intrigante que apareceu pra desunir os amigos. Ninguém sabe definir essa merda, que todo o mundo quer ser! Isso sempre me aporrinhou. Não tem a menor importância ser modernista! Vamos acabar com isso? Por enquanto o que acabou de fato foi o meu papel![22]

Manuel Bandeira foi um moderador, que atenuava as decisões mais radicais, ou contraditórias. A quem defendia a liberdade criativa, combater as técnicas tradicionais de criação poética soava como um paradoxo. Para ele, mais do que combatidas, as técnicas tradicionais da poesia deviam ser atualizadas. O poema polimétrico é um exemplo disso. Assim, o problema não era a técnica tradicional, mas como ela estava sendo assimilada pelo presente; o mesmo pode ser afirmado acerca das novas técnicas europeias de ruptura. Observemos, nesse sentido, um trecho de carta de Manuel Bandeira a Mário de Andrade, de maio de 1923, ao comentar o poema "Carnaval Carioca":

21. Carta de Manuel Bandeira a Mário de Andrade, 29 dez. 1924, *idem*, p. 169.
22. Carta de Manuel Bandeira a Mário de Andrade, 13 nov. 1926, *idem*, p. 327.

[...] seu poema parece-me inatacável. Se o Graça fez uma mera constatação ao dizer que ele tem partes românticas, vá, mas se a observação encerra reparo crítico, é descabida e só pode ser atribuída a preconceito de falso modernismo. [...] Tem partes românticas? Sim. E clássicas também. E parnasianas. E simbolistas. E impressionistas. E dadás. E seja lá o que diabo for. Mas tudo isso comido, digerido, assimilado, absorvido e feito vida, a vida personalíssima do meu caro Mário de Andrade[23].

O papel de Manuel Bandeira na configuração das sociabilidades modernistas esteve ligado à defesa do que há de mais "personalíssimo" em cada poeta, além do combate contra os preconceitos literários, muitos dos quais alimentados pelas tendências artísticas de ruptura.

Por causa desse perfil, inclusive, ao contrário do que tem feito muitas vezes a crítica da literatura, não é adequado se valer de Manuel Bandeira na construção de quadros esquemáticos sobre a poesia brasileira moderna, em que ele é atrelado mais à tradição romântica, parnasiana e simbolista do que ao modernismo[24].

Na carta escrita para Mário de Andrade em 17 de abril de 1924, Manuel Bandeira comentou o "Manifesto da Poesia Pau Brasil":

Estava alegre, excitado pelo manifesto do Oswald, que não considero horrível e leviano como dizes; achei-o, ao contrário, admirável. Li-o em casa do filólogo Sousa da Silveira, explicando-o e comentando-o com vivo afeto intelectual. Ataquei-o publicamente por reclamismo e mistificação cabotina. E Oswald tinha sido prevenido por mim de que o faria. Sentados a uma mesa do Bar Nacional, Oswald lamentou os costumes de elogios mútuos e endeusamento dos grupos literários. Disse gracejando que ia fazer ataques, intrigas. Dei-lhe razão. Prometi fazer o mesmo. [...] Oswald é inteligentíssimo e que graça e força de expressão ele tem! O manifesto é delicioso – uma obra d'arte. Devo a ele a inspiração para um pequeno poema que incluo aqui, bagatela cuja composição me proporcionou um gozo inacreditável[25].

---

23. Carta de Manuel Bandeira a Mário de Andrade, maio 1923, *idem*, p. 90.
24. Cf. entre outros, a resenha "Reunião de Eucanaã Valoriza 'Sobras' de Vinicius", de Silviano Santiago, publicada na *Folha de S. Paulo*, de 3 de janeiro de 2009: "Parte da história do modernismo brasileiro descreve uma luta livre entre os defensores do poema de vanguarda e os desafiantes do poema lírico tradicional. De um lado do ringue, Oswald de Andrade, o Touro Antropófago, e do outro, Manuel Bandeira, o Alce de Clavadel. À esquerda, João Cabral de Melo Neto, o Otelo dos Canaviais, e, à direita, Ledo Ivo, o Cabra do Sertão".
25. Carta de Manuel Bandeira a Mário de Andrade, 17 abr. 1924, em Marcos Antonio de Moraes (org.), *Correspondência Mário de Andrade & Manuel Bandeira*, pp. 116-118.

O "ataque" público de Manuel Bandeira ao "Manifesto da Poesia Pau Brasil", de Oswald de Andrade, divulgada na *Gazeta de Notícias* do Rio de Janeiro, em 30 de março de 1924, e que pode hoje ser lido em *Andorinha, Andorinha*, corresponde às intenções reveladas nessa carta. Escrito ironicamente na fatura dos manifestos, seu texto revela fragmentação, linguagem imperativa, provocações e humor: "poesia de programa é pau"; "Aborreço os poetas que se lembram da nacionalidade quando fazem versos. Eu quero falar do que me der na cabeça"; "Para tudo isso, porém, existe a adesão em massa. É o maior medo de Oswald de Andrade. De fato nada resiste a aquela estratégia paradoxal"; "Mas eu não adiro. E vou começar a fazer intrigas. Há muita insinceridade nesse chamado movimento moderno. Fala-se mal dos outros pelas costas"; "É por tudo isso que eu vou me fazer editar pela *Revista de Língua Portuguesa*. Sou passadista"[26]. Sua intenção parecia estar relacionada à tentativa de criar obstáculos ao adesionismo massivo e, consequentemente, evitar o enfraquecimento das particularidades oswaldianas.

As sociabilidades modernistas de Manuel Bandeira mostram suas estratégias para constranger definições estanques do modernismo, especialmente por causa do caráter redutor de toda tentativa de destacar os índices de época. Além disso, levemos ainda em conta que, em suas considerações, havia uma evidente intenção de ampliar não apenas o espectro de influências do modernismo, contrabalançando orientações criativas, mas também pretendia destacar justamente aquilo que se configurava como uma contribuição efetiva, original, da literatura modernista, que foi a gestação de uma nova brasilidade. Sua "política especificamente literária" queria tornar visível justamente os desacordos, buscando valorizar mais a pluralidade e as singularidades da cena literária dos anos 1920 do que fortalecer uma narrativa histórica homogênea, concentrada sobretudo no modernismo gestado em São Paulo. Neste momento, em que a aproximação do centenário da Semana de Arte Moderna exige, da crítica, movimentos de revisão acerca da história modernista, é da maior importância que nos lancemos justamente à desconstrução de leituras unilaterais, concentradas sobremaneira no protagonismo de uma das tendências reveladas por essa geração.

---

26. Manuel Bandeira, "Poesia Pau-Brasil", *Andorinha, Andorinha*, Seleção e coordenação de texto Carlos Drummond de Andrade, Rio de Janeiro, José Olympio, 1966, pp. 247-248.

REFERÊNCIAS BIBLIOGRÁFICAS

BANDEIRA, Manuel. *Itinerário de Pasárgada*. Rio de Janeiro, Jornal de Letras, 1954.

_____. *Andorinha, Andorinha*. Seleção e coordenação de textos Carlos Drummond de Andrade. Rio de Janeiro, José Olympio, 1966.

_____. *Libertinagem – Estrela da Manhã*. Edição crítica coordenada por Giulia Lanciani. Madrid/Paris/México/Buenos Aires/São Paulo/Lima/Guatemala/São José/Santiago do Chile, Allca XX, 1998. Coleção Arquivos, 33.

BEZERRA, Elvia. "Disparidades Eletivas". *Serrote*, São Paulo, 2015. Disponível em: <https://www.revistaserrote.com.br/2015/08/disparidades-eletivas-por-elvia-bezerra/>. Acesso em: 14 fev. 2019.

CENDRARS, Blaise. *Poesia em Viagem*. Tradução, prefácio e notas de Liberto Cruz. Lisboa, Assírio & Alvim, 2005.

COELHO, Eduardo. "Blaise Cendrars na Poesia de Manuel Bandeira". *In*: TRAVANCAS, Isabel; ROUCHOU, Joëlle & HEYMANN, Luciana (orgs.). *Arquivos Pessoais: Reflexões Multidisciplinares e Experiências de Pesquisa*. Rio de Janeiro, Editora FGV, 2014.

COUTO, Ribeiro. "De Menino Doente a Rei de Pasárgada"; "No Pórtico da Academia". *Três Retratos de Manuel Bandeira*. Introdução, cronologia e notas de Elvia Bezerra. Rio de Janeiro, Academia Brasileira de Letras, 2004. Coleção Austregésilo de Athayde, 18.

JARDIM, Eduardo. *A Brasilidade Modernista: Sua Dimensão Filosófica*. Edição revista e atualizada. Apresentação de Eduardo Coelho. Rio de Janeiro, Ponteio/Editora PUC-RIO, 2016.

LUDMER, Josefina. *Clases 1985: Algunos Problemas de Teoría Literaria*. Buenos Aires, Paidós, 2016. [*ebook*].

MORAES, Marcos Antonio de (organização, introdução e notas). *Correspondência Mário de Andrade & Manuel Bandeira*. São Paulo, Edusp/IEB, 2001.

SANTIAGO, Silviano. "Reunião de Eucanaã Valoriza 'Sobras' de Vinicius". *Folha de S. Paulo*, 3 jan. 2009. Disponível em: <https://www1.folha.uol.com.br/fsp/ilustrad/fq0301200920.htm>. Acesso em: 14 fev. 2019.

10

~

ENTRE VAIAS E APLAUSOS:
GUIOMAR NOVAES NA SEMANA DE ARTE MODERNA

FERNANDO BINDER

EM 15 DE FEVEREIRO DE 1922 a pianista paulista Guiomar Novaes subia ao palco do Theatro Municipal de São Paulo. No programa que ela propusera havia quatro peças: *Au Jardin du Vieux Serail* de Émile-Robert Blanchet; *O Ginete do Pierrozinho* de Heitor Villa-Lobos; *La Soirée dans Grenade* e *Minstrels* de Claude Debussy. Para o desagrado do público Guiomar deu *Arlequin*, de Henri-Stiern Vallon como bis. Segundo relatos da época, parte do público pedia Chopin. O bis seria, de certa forma, um desagravo ao compositor polonês, que fora satirizado no primeiro dia do festival.

Guiomar Novaes não pertencia ao círculo de jovens artistas modernistas que conceberam a Semana de Arte Moderna, tampouco se identificava com suas ideias ou com o repertório musical que eles defendiam. Sua participação foi uma das muitas ambiguidades que marcaram a Semana[1]. Analisando a atuação das pessoas que colaboraram para que Guiomar Novaes tomasse parte na Semana de 22 procurarei mostrar alguns dos conflitos surgidos na produção de um evento tão complexo.

---

1. Em relação às artes plásticas, Aracy Amaral já havia notado que as obras apresentadas estavam distantes do que se reconhecia naquele momento como as vanguardas internacionais (Aracy Amaral, *Artes Plásticas na Semana de 22*, São Paulo, Perspectiva, 1970, pp. 15-16). Em relação à música, José Miguel Wisnik (*O Coro dos Contrários, A Música em Torno da Semana de 22*, 2. ed., São Paulo, Duas Cidades, 1983, pp. 65-67) apontou a contradição entre as ideias e as obras, entre o engajamento político e estético promovido pelo evento e a produção artística exposta.

UMA CONCESSÃO INADMISSÍVEL

Não seria de todo injusto chamar a Semana de Arte Moderna de Concertos Villa-Lobos. A programação musical do festival foi quase toda dedicada às suas obras. Composições suas foram executadas em todos os dias. No terceiro dia, quando não houve conferências, o teatro foi só seu. Outros compositores foram tocados na curta participação de Guiomar Novaes e na conferência de Graça Aranha, ilustrada com música de Eric Satie e Francis Poulenc, executados por Ernani Braga. Ressalve-se, contudo, que os nomes desses dois músicos sequer constavam do programa do festival.

A presença de Guiomar no festival "futurista" justificava-se por sua reputação perante o público paulistano. Ela sozinha era capaz de lotar o Theatro Municipal. Mas quem a convidou?

Os fatos e acontecimentos que deram início à organização da Semana são bem conhecidos[2]. Um grupo articulado de jovens artistas e intelectuais em atividade em São Paulo – Di Cavalcanti, Mário de Andrade, Oswald de Andrade, Guilherme de Almeida, Sérgio Milliet, Rubens Borba de Moraes entre outros – foi procurado por Graça Aranha. O diplomata recém-aposentado vinha regularmente a São Paulo para cuidar de interesses sentimentais, econômicos e intelectuais[3]. Nesse último campo, sua ambição era unificar em torno de si novos artistas, cariocas e paulistas, e lançar as bases de um movimento modernista brasileiro que ele, evidentemente, lideraria[4]. As bases desse movimento estavam em seu livro *A Estética da Vida,* publicado em 1921[5].

Segundo Guiomar Novaes contou em depoimento ao Museu da Imagem e do Som de São Paulo (MIS-SP) em 1971[6], o convite para que ela participasse foi feito por Graça Aranha. E aqui a cronologia dos fatos é importante. Segundo Rubens Borba de Moraes, na reunião ocorrida na casa de Paulo Prado, na

---

2. *1922: A Semana Que Não Terminou* de Marcos Augusto Gonçalves é uma das melhores obras de referência sobre a organização da Semana.

3. Thaís Waldman, "À 'Frente' da Semana de Arte Moderna: A Presença de Graça Aranha e Paulo Prado", *Estudos Históricos,* vol. 23, n. 45, jun. 2010, Rio de Janeiro.

4. A este respeito ver os depoimentos de Yan de Almeida Prado (*A Grande Semana de Arte Moderna*, São Paulo, Edart, 1976, pp. 11-13) e Rubens Borba de Moraes (*Testemunha Ocular (Recordações)*, Brasília, Briquet de Lemos Livros, pp. 196-199).

5. Graça Aranha, *A Esthetica da Vida*, Rio de Janeiro, Garnier, 1921.

6. "Debate sobre a Semana de 22 na residência de Guiomar Morais [sic]", depoimento dado ao Museu da Imagem e do Som de São Paulo em 17 de abril de 1971.

qual os jovens modernistas foram apresentados ao anfitrião por Graça Aranha, a presença de Guiomar não foi cogitada. Em suas memórias, o bibliófilo deixa evidente que o convite ocorreu quando a Semana já estava sendo produzida.

Adoentado e acamando em Araraquara, Borba afastara-se da organização da Semana. Mesmo assim mantinha-se informado através da correspondência mantida com Mário de Andrade. E o convite à pianista o deixou profundamente irritado:

> Lembro-me muito bem das minhas raivas por causa de certos fatos que ocorriam. Achava que a Semana devia incluir, exclusivamente, modernistas e não uma porção de gente sem importância. Convidar Guiomar Novais [sic], "apreciada pianista patrícia", com a intenção de atrair público, era fazer uma concessão inadmissível. Nas minhas cartas acusava Mário de ter cedido, de ter sido fraco, deixando-se envolver em projetos pelos jeitosos politiqueiros passadistas que procuravam notoriedade. Não era número que devia ser a nossa meta, mas qualidade. A Semana com Guiomar Novais [sic] tocando Debussy iria ser um sarau lítero-musical de cidade de interior. Era Satie, Stravinsky que se deveria tocar. [...] Incitava-o a não permitir que Graça Aranha com seu charme e Oswaldo com seu palavrório de camelô transformasse nossa manifestação, revolucionária, numa *soirée* musical[7].

Em 1933, Mário reconhecia o contragosto dos modernistas com a presença de Guiomar na Semana, época em que, inclusive, chegou "a detestar a grande pianista"[8]. Em 1955, Di Cavalcanti expressou em outros termos a mesma censura feita por Borba: Graça Aranha dera ao movimento de 1922 "um tom festivo" irreconciliável com "com nossa revolução artística e literária"[9]. De qualquer forma, o convite à pianista foi feito. E se o motivo era seu potencial para mobilizar o público, é justo perguntar-se qual era o de Villa-Lobos. Comparar as carreiras que cada um havia construído até aquele momento é uma forma de mensurar essa capacidade.

A carreira artística de Guiomar Novaes começou muito cedo. Aos oito anos seu nome já aparecia em jornais e revistas do Rio de Janeiro e de São

---

7. Rubens Borba de Moraes, *Testemunha Ocular (Recordações)*, Brasília, Briquet de Lemos, 2011, pp. 140-141.
8. Mário de Andrade, *Música e Jornalismo: Diário de S. Paulo*, Pesquisa, estabelecimento do texto, introdução e notas por Paulo Castagna, São Paulo, Hucitec/Edusp, 1993, p. 78.
9. Emiliano Di Cavalcanti, *Viagem da Minha Vida; Memórias*, São Paulo, Editora Civilização Brasileira, 1955, p. 114.

Paulo como uma "distinta intérprete dos mestres"[10]. Em 1909 ela foi enviada à Europa para aperfeiçoar-se no Conservatório de Paris, onde conquistou, em 1911, o disputadíssimo *premier prix* da instituição. A láurea abriu as portas para recitais e concertos em várias cidades da Europa, onde ela permaneceu até meados de 1913. Menos de dois anos após seu retorno ao Brasil, Guiomar partia em nova jornada internacional. Em 1915 Guiomar foi aos Estados Unidos, estreando em 11 de novembro no Aeolian Hall em Nova York. A primeira temporada de Guiomar na América do Norte durou quase quatro anos e, desde então, a pianista manteve uma prestigiosa carreira naquele país, com turnês regulares até a sua aposentadoria dos palcos, em 1972.

Dois dias após a estreia de Guiomar em Nova York, em 13 de novembro de 1915, Villa-Lobos deu a primeira audição com obras exclusivamente suas no salão do *Jornal do Commercio* no Rio de Janeiro. Segundo Guérios, o concerto foi organizado de forma artesanal e a bilheteria sequer cobriu os custos com o aluguel do salão[11]. Ainda segundo esse autor, a ascensão de Villa-Lobos a um lugar de destaque na vida musical carioca aconteceu nos primeiros anos da década 1920. Foi neste período que ele deixou de ser um jovem talentoso, insolente e vaidoso e alcançou a reputação de um grande músico de vanguarda[12]. Villa-Lobos desembarcou em Paris pela primeira vez em 1923 e o primeiro concerto com obras suas ocorreu em maio de 1924.

O renome conquistado por Villa-Lobos no Rio de Janeiro ainda não se refletia em São Paulo, onde, o músico, em 1922, era praticamente ignorado. Em texto publicado na revista belga *Lumière*, Sérgio Milliet o descrevia como "o maior músico do Brasil", mas "completamente desconhecido no país dos cafeeiros"[13]. Em algum momento, os organizadores da Semana devem ter se dado conta de que o enorme espaço ocupado por Villa-Lobos criava um problema: quem estaria disposto a ir ao Municipal escutar obras de um desconhecido?

10. Para o início da carreira de Guiomar ver Fernando Binder, "O Primeiro Degrau ao Parnaso: A Entrada e a Saída de Guiomar Novaes no Jardim da Infância", *Anais XXVII Congresso da Anppom*, Campinas, 2017.

11. Paulo Renato Guérios, *Heitor Villa-Lobos: O Caminho Sinuoso da Predestinação*, São Paulo, Editora FGV, 2009, pp. 133-135.

12. *Idem*, pp. 133-144.

13. *Lumière*, ano 3, n. 7, 15 abr. 1922, *apud* Maria Eugenia Boaventura (org.), *22 por 22: A Semana de Arte Moderna Vista Pelos Seus Contemporâneos*, São Paulo, Edusp, 2000, p. 131.

Existem limites às comparações entre Heitor Villa-Lobos e Guiomar Novaes. A carreira que cada um possuía (compositor e virtuose) e os locais onde elas começaram a se desenrolar (São Paulo e Rio de Janeiro) engendravam processos de maturação artística distintos, que ocorreram em tempos e velocidades diferentes[14]. Mas, em fevereiro de 1922, havia um inegável abismo entre a reputação de Heitor Villa-Lobos e Guiomar Novaes em São Paulo. Ela uma pianista de carreira internacional, ele um ilustre desconhecido.

Mas quem poderia ter convencido a pianista a dar "o seu apoio" à Semana? René Thiollier foi um dos patrocinadores[15] arregimentados por Paulo Prado. Ele foi o "empresário" da Semana. Advogado formado pela Faculdade de Direito do Largo do São Franscico, René pertencia à tradicional elite paulistana[16]. Além de colaborar em grandes veículos da imprensa paulista, ele também tinha experiência teatral. Em 1919 tomou parte na representação de *O Contratador de Diamantes*, peça de Afonso Arinos encenada no Theatro Municipal[17]. Frequentador dos salões de Paulo Prado e de Olívia Guedes Penteado, René esteve no grupo que acompanhou o poeta francês Blaise Cendars na viagem às cidades históricas mineiras, em 1924.

Como empresário da Semana, René conseguiu com o prefeito de São Paulo, Firmiano de Morais Pinto, o aluguel do Theatro Municipal que, aliás, foi feito em seu nome [Figura 1]. Com Washington Luís, o presidente da província, René conseguiu subvenção de parte das despesas com a estadia dos artistas e escritores que vinham do Rio de Janeiro[18].

---

14. Para uma outra comparação entre as reputações de Villa-Lobos e de Guiomar Novaes ver Fernando Binder, "Uma Artista Completa, A Imprensa e A Reputação de Guiomar Novaes", *Revista do Instituto de Estudos Brasileiros*, Universidade de São Paulo, n. 71, pp. 158-180, 2018.

15. Além de Prado e Thiollier, o comitê financiador era formado por Alfredo Pujol, Oscar Rodrigues Alves, Numa de Oliveira, Alberto Penteado, Antônio Prado Jr., José Carlos Macedo Soares, Martinho Prado, Armando Penteado e Edgard Conceição.

16. Hoje a figura de Thiollier é associada à Academia Paulista de Letras. Para sua biografia ver Valter Cesar Pinheiro, *Obra e Vida do Grão-Senhor da Villa Fortunata e da Academia Paulista de Letras*, Cotia, Ateliê Editorial, 2017.

17. Sobre a importância dessa representação ver Nicolau Sevcenko, *Orfeu Extático na Metrópole: São Paulo, Sociedade e Cultura nos Frementes Anos 20*, São Paulo, Companhia das Letras,1992, pp. 239-248.

18. Mário de Andrade, *Música, Doce Música*, São Paulo, Editora Martins, 1963 [1933], pp. 26-27.

Figura 1. Recibo do aluguel do Teatro Municipal[19].

Guiomar Novaes e René Thiollier certamente se conheciam, pois ambos foram alunos de piano de Luigi Chiaffarelli[20]. Ele estudara com o italiano em algum período entre 1900 a 1906, ela entre 1902 a 1909. Além de frequentar a casa do professor na mesma época, René certamente assistiu a alguma das inúmeras apresentações organizadas por Chiaffarelli nas quais Guiomar tomava parte.

Guiomar Novaes também possuía uma longa relação com Alda da Silva Prado, prima de Paulo Prado. Alda não só fora a acompanhante e tutora de Guiomar em Paris, como instalou a jovem estudante no apartamento de sua família na Avenue Mozart, no 16º *arrondissement*[21]. Em tempo: Alda Prado e Firmiano Pinto foram padrinhos casamento de Guiomar e Octavio Pinto, celebrado no mesmo ano da Semana de 22.

---

19. René Thiollier, *A Semana de Arte Moderna (Depoimento Inédito) – 1922*, São Paulo, Editora Cupolo, [1954], página sem numeração.
20. Os estudos pianísticos de René foram descritos em "Luigi Chiaffarelli", *A Cigarra*, São Paulo, n. 199, página sem numeração, 1º jan. 1923.
21. Maria Stella Orsini, *Guiomar Novaes: Uma Vida, Uma Obra*, São Paulo, Departamento de Comunicação e Artes, Universidade de São Paulo, 1988, vol. 1, pp. 206-209 (Tese de Livre-docência).

INTOLERÂNCIA E CONSTRIÇÃO

A participação de Guiomar Novaes na Semana de Arte Moderna deveria ser rápida, as peças escolhidas mal somavam quinze minutos de música. Embora curta, ela foi polêmica.

Indícios dos atritos entre Guiomar e a organização apareceram na imprensa na véspera da apresentação da pianista. Uma nota na coluna de Mestre Cook publicada em *A Gazeta* de São Paulo revela que Guiomar cogitou cancelar sua participação: "No sarau de amanhã tomará parte a nossa gloriosa pianista Guiomar Novaes. Só mesmo com a insistência da respectiva comissão foi que a genial Guiomar resolveu intervir na Semana de Arte"[22].

O motivo da insistência de René Thiollier tornou-se público na manhã seguinte. No dia do segundo festival, no qual Guiomar participaria, apareceu em vários jornais uma carta da pianista dirigida ao comitê organizador:

Exmos. srs. membros do "comitê" patrocinador da Semana de Arte Moderna – Saudações. Em virtude do carácter bastante exclusivista e intolerante da semana que assumiu a primeira festa de arte moderna, realizada na noite de 13 do corrente, no Teatro Municipal, em relação às demais escolas de música, das quais sou intérprete e admiradora, não posso deixar de declarar aqui o meu descordo com esse modo de pensar.

Senti-me sinceramente constritada com a pública exibição de peças satíricas à música de Chopin.

Admiro e respeito todas as grandes manifestações de arte, independente das escolas a que elas se filiem, e foi de acordo com esse meu modo de pensar que, acedendo ao convite que me foi feito, tomei parte num dos festivais de Arte Moderna[23].

Embora Guiomar mencionasse um motivo particular, a sátira a Chopin, é importante ter em conta o contexto hostil que marcou os debates entre os modernistas e o *stablishment* intelectual paulistano.

Desde as primeiras discussões na imprensa sobre a Semana de Arte Moderna já existia um certo clima de confronto entre os "futuristas" e o mundo

---

22. "Pratos Leves", *A Gazeta*, São Paulo, 14 fev. 1922, p. 1. Jorge Vergara identificou Mestre Cook como o pseudônimo do jornalista Couto de Magalhães em *Toda Canção de Liberdade Vem do Cárcere: Homofobia, Misoginia e Racismo na Recepção da Obra de Mário de Andrade*, Rio de Janeiro, Centro de Letras e Artes, 2018, p. 43 (Tese de Doutorado).
23. "Artes e Artistas", *O Estado de S. Paulo*, São Paulo, 15 fev. 1922, p. 2.

literário paulistano. Para Maria Eugenia Boaventura[24], contribuiu para isso a forma impositiva e arrogante com a qual os apelos do pequeno grupo modernista eram percebidos por seus pares. Mas, como corretamente observa essa autora, foi Oswald de Andrade quem incendiou de vez os ânimos. Em um artigo na véspera da inauguração da Semana, ele agrediu ferozmente a maior glória musical paulista:

> Carlos Gomes é horrível. Todos nós sabemos desde pequeninos. Mas, como se trata de uma glória da família, engolimos essa cantarolice toda do *Guarani* e do *Schiavo*, inexpressiva, postiça, nefanda. E quando nos falam no absorvente gênio de Campinas, temos sorriso de alçapão, assim como quem diz: "É verdade! Antes não tivesse escrito nada... Um talento"[25].

Antônio Carlos Gomes era um herói paulista. Sua importância para a identidade musical local pode ser observada nas paredes do Teatro Municipal, o palco onde a Semana se desenrolava. Inaugurada em 1911, ele fora construído para ser um marco urbano e civilizatório, "uma caixa de repercussão de símbolos sem igual"[26]. No lado externo, Carlos Gomes é celebrado em um dos nove cartuchos decorativos existentes no edifício. Seu nome foi inscrito na fachada direita ao lado dos de Verdi, Bizet e Bellini. Na fachada esquerda estão Mozart, Gounod, Beethoven, Weber e Wagner. Dentro do palco, um medalhão com sua efígie foi colocado logo acima do arco do proscênio, decorado com o gesso *Nascimento de Vênus* de Alfredo Sassi [Figura 2].

Em 1922 Carlos Gomes também foi homenageado com uma estátua na praça Ramos de Azevedo; o espaço liga o teatro ao vale do Anhangabaú então conhecido como a Esplanada do Theatro Municipal. O projeto havia sido idealizado em 1908 por Luigi Chiaffarelli e Gelásio Pimenta. Uma das primeiras ações realizadas para o seu financiamento, no início de 1909, foi uma conferência-concerto. Chiaffarelli palestrou sobre o compositor. A parte musical incluía Guiomar Novaes que se preparava para ir estudar em Paris.

---

24. Maria Eugenia Boaventura, *22 por 22: A Semana De Arte Moderna Vista Pelos Seus Contemporâneos*, São Paulo, Edusp, 2000, pp. 23-24.
25. "A Semana de Arte Moderna", *Jornal do Commercio*, São Paulo, 12 fev. 1922, p. 5 *apud* Maria Eugenia Boaventura, *22 por 22: A Semana De Arte Moderna Vista Pelos Seus Contemporâneos*, p. 78.
26. Nicolau Sevcenko, *Orfeu Extático na Metrópole: São Paulo, Sociedade e Cultura nos Frementes Anos 20*, São Paulo, Companhia das Letras, 1992, p. 232.

Figura 2. Efígie de Carlos Gomes sobre o *Nascimento de Vênus*, de Alfredo Sassi – no arco do proscênio do Theatro Municipal de São Paulo (Ricardo Kleine).

Em dezembro de 1920, com a aproximação do centenário da Independência o projeto foi retomado por um grupo de italianos residentes em São Paulo.

Gelásio Pimenta também pertencia ao círculo íntimo de Guiomar Novaes. Ele foi um dos primeiros incentivadores da pianista[27]. Homem de imprensa, ele trabalhou nos principais veículos paulistanos antes de fundar a revista *A Cigarra*, em 1914, periódico que marcou época na promoção do "progresso paulistano"[28]. Gelásio casou-se com Victória Pinto Serva, depois Serva Pimenta, uma bem-sucedida professora de piano. Ela e as irmãs eram ilustres discípulas de Chiaffarelli. Um dos irmãos de Victória, Mário Pinto Serva, é considerado um dos críticos mais severos da Semana de Arte Moderna. Maria Eugenia Boaventura[29] suspeita que ele seja o autor dos textos divulgados na *Folha da Noite*, os mais reativos ao movimento, publicados na imprensa.

27. Para detalhes entre a relação de Guiomar Novaes, Gelásio Pimenta e a revista *A Cigarra* ver Fernando Pereira Binder, "Uma Artista Completa, A Imprensa e a Reputação de Guiomar Novaes", pp. 173-176.
28. Sobre essa fase do periodismo paulista ver Ana Luiza Martins, *Revistas em Revista: Imprensa e Práticas Culturais em Tempos de República, São Paulo (1890-1922)*, São Paulo, Edusp/Fapesp, pp. 532-538.
29. *22 por 22: A Semana De Arte Moderna Vista Pelos Seus Contemporâneos*, p. 25.

Mário Serva é sempre lembrado pelo que publicou na revista do cunhado. Para ele os modernistas eram presunçosos e preguiçosos, e comparava as "monstruosidades" que eles criavam a uma doença:

A questão do futurismo não é apenas um problema de estética, mas, dir-se-ia, deve ser estudada como fenômeno de patologia mental. As manifestações extravagantes do futurismo, em suas diferentes modalidades, originam-se de um verdadeiro estado mórbido de certos espíritos[30].

Gelásio Pimenta também fizera uma avaliação bastante negativa da Semana, cuja finalidade era, em seu entendimento, "verter na obra de arte [...] a convulsão tetânica da vida contemporânea"[31]. Como podemos observar, no círculo social e familiar[32] de Guiomar Novaes haviam representantes do mais ferrenho conservadorismo. Assim, a queixa de Guiomar Novaes do caráter "exclusivista e intolerante" revela uma certa moderação em relação às discussões e opiniões de pessoas próximas a ela.

A reação de Guiomar não respondia apenas às sátiras a Chopin e aos ataques a Carlos Gomes. No rol dos pontos de atritos entre modernistas e o *stablishment* intelectual também devemos citar o antiacademicismo.

Na palestra que inaugurou a Semana de Arte Moderna – "A Emoção Estética na Arte Moderna" – Graça Aranha defendeu a liberdade incondicional do artista[33]. Essa emancipação só seria alcançada quando a inspiração dos jovens artistas fosse libertada dos constrangimentos impostos pela academia. Desprovida de função social a academia seria:

[...] um grande mal na renovação estética do Brasil e nenhum benefício trará à língua esse espírito acadêmico, que mata ao nascer a originalidade profunda e tumultuária de nossa floresta de vocábulos, frases e ideias. [...] Esse "academicismo" não é só dominante na literatura. Também se estende às artes plásticas e à música. Por ele tudo o que nossa vida oferece de enorme, de esplêndido, de imortal, se torna medíocre e triste[34].

30. "A Teratologia Futurista", *A Cigarra*, São Paulo, 15 fev. 1922, n. 178, Maria Eugenia Boaventura, *22 por 22: A Semana de Arte Moderna Vista pelos seus Contemporâneos*.
31. "A Semana Futurista", *A Cigarra*, São Paulo, 15 fev. 1922, n. 178, p. *inum*.
32. Octavio Pinto, noivo e futuro esposo de Guiomar, e Mário Pinto Serva eram primos.
33. "Cada homem é um pensamento independente, cada artista exprimirá livremente, sem compromissos, a sua intepretação da vida, a emoção estética que lhe vem dos seus contatos com a natureza. [...] O canon e a lei são substituídos pela liberdade absoluta [...]" (Graça Aranha, *Espírito Moderno*, São Paulo, Cia. Graphico-Editora Monteiro Lobato, 1925, pp. 15-16).
34. *Idem*, pp. 20-21.

Em São Paulo, as instituições acadêmicas começaram a florescer em fins do século XIX. O Instituto Histórico e Geográfico de São Paulo foi fundado em 1894, o Museu Paulista é de 1895, a Pinacoteca, de 1905, o Conservatório Dramático Musical, de 1906, a Academia Paulista de Letras, de 1909 e o Pensionato Artístico, de 1912. Guiomar desfrutara de uma bolsa de estudos do Estado para estudar no Conservatório de Paris, umas das mais tradicionais e prestigiosas instituições da Europa. Ou seja, sua formação e sua reputação foram construídas para e a partir da academia.

SATIE, VILLA-LOBOS E DEBUSSY: MÚSICA MODERNA

Embora a retórica agressiva e anti-acadêmica ajude a explicar as discordâncias de Guiomar Novaes com o que era dito e feito no Teatro Municipal, o ponto fulcral da desavença entre a pianista e os modernistas surgiu da execução de uma peça de Eric Satie.

Para a palestra de Graça Aranha, Ernani Braga tocou *D'Edriophtalma*, o segundo movimento de *Embryons Desséches*, obra de 1913. A música ilustrava a tendência ao deboche existente na arte francesa, em especial na música de Satie e do Grupo dos Seis, "uma espécie de jogo divertido e perigoso, e por isso sedutor, da arte que zomba da própria arte"[35]. O excerto escolhido satirizava a *Marcha Fúnebre*[36] de Chopin, um dos trechos mais populares da obra do polonês.

Embryons Desséchés faz parte de um conjunto de obras curtas em três movimentos conhecidas como suítes humorísticas para piano, produzidas entre 1912 a 1915. O título é uma troça pseudocientífica aos títulos impressionistas de Debussy. Cada um de seus três movimentos sugere o dissecamento de embriões de diferentes frutos do mar: holothurie, ou pepinos do mar; edriophtalma, crustáceo semelhante ao camarão; podophtalma, crustáceo semelhante à lagosta.

Uma segunda camada humorística aparece nas indicações textuais da partitura [Figura 3], escritos de forma a imitar os intertítulos[37] do cinema mudo.

---

35. *Idem*, p. 17.
36. A *Marcha Fúnebre* é o nome popular do 3º. Movimento da *Sonata n. 2, Opus* 35 em si bemol menor de Chopin.
37. No cinema mudo, os intertítulos eram usados para descrever cenas, ações ou diálogos entre personagens.

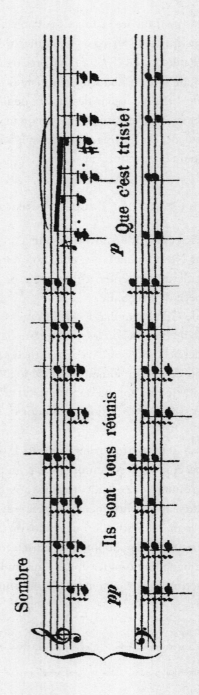

Figura 3. Eric Satie, *Embryons Desséchés*, início do 2º movimento.

"Eles estão todos reunidos. / É tão triste. / Um pai de família toma a palavra. / Todos começam a chorar. / Pobres bestas. / Como ele discursou bem! / Um grande gemido". A chave que permite decodificar o significado do movimento – o funeral – é a música de Chopin, usada de maneira empobrecida ou, conforme Wisnik, exposta em seu "maquinismo sonoro elementar"[38]. O resultado é uma peça surrealista *avant la lettre*: *A Marcha Fúnebre* de Chopin transformada em música incidental para a cena funeral de um camarão em um filme mudo.

Não temos informações sobre a familiaridade de Guiomar com as peças de Satie. Sabemos, no entanto, que Ernani Braga fez uma audição privada na casa do professor Chiaffarelli às vésperas da Semana de Arte Moderna[39], uma boa oportunidade na qual as zombarias de Satie poderiam ter sido apontadas. De qualquer forma, a irreverência com Chopin desagradou profundamente a Guiomar. Sua carta divulgada à imprensa era, ao mesmo tempo, um desagravo ao compositor e uma reivindicação de respeito à tradição a qual ele se filiava.

Nas cinco peças que Guiomar Novaes tocou na Semana de 22, a única novidade era *O Ginete do Pierrozinho* de Heitor Villa-Lobos[40]. Todas as outras já haviam sido interpretadas inúmeras vezes pela pianista, inclusive para o público paulista. Embora represente o primeiro contato de Guiomar com a obra pianística de Villa-Lobos, a música foi abandonada logo em seguida. Guiomar só voltou a executá-la alguns anos depois, em 1929.

Por outro lado, as obras de Claude Debussy fizeram o caminho contrário. *La Soirée des Grenade, Minstrels* e *Les Collines d'Anacapri* foram incluídas em recitais oferecidos primeiramente às plateias norte-americanas, em 1917 e 1918. Durante a década de 1920, eram essas três peças, e *Poissons d'Or,* o repertório de Debussy que Guiomar executava em público.

Sabemos muito pouco sobre a recepção das obras de piano de Debussy no Brasil. Segundo Manuel Aranha Corrêa do Lago, as obras do francês começaram a ser conhecidas no Rio de Janeiro no fim da primeira década do século XX. Desde 1907 o professor de piano Godofredo Leão Veloso apresentava em

---

38. *O Coro dos Contrários, A Música em Torno da Semana de 22*, p. 71.
39. Nesta ocasião ocorreu a discussão entre Braga, Villa-Lobos e o próprio Chiaffarelli sobre o melhor uso do pedal em *A Fiandeira* (Ernani Braga, "O Que Foi a Semana de Arte Moderna, em São Paulo", *Presença de Villa-Lobos*, 2. Rio de Janeiro, Museu Villa-Lobos, 1982).
40. O repertório de Guiomar foi compilado por Maria Stella Orsini (vol. 3, 1989).

seus *Concertos Íntimos* um repertório pouco convencional que incluía obras de Debussy, Fauré, Ravel e Satie. A partir de 1917 até as vésperas da Semana de Arte Moderna, a vida musical carioca seria "bombardeada" pela moderna música francesa[41].

As primeiras execuções de obras de piano de Debussy em São Paulo são conhecidas graças às alunas de Luigi Chiaffarelli. Em 1916, para comemorar os sessenta anos do professor, elas produziram um livrinho onde foram listados os programas das duas séries de concertos produzidas pelo italiano entre 1892 a 1916: os Concertos Históricos e os Saraus Musicais[42].

As primeiras execuções da música de Debussy aconteceram nos Saraus Musicais, realizados entre 1903 a 1916. Nesta série, as alunas de Chiaffarelli e de outros professores da cidade exibiam-se em obras para piano, piano e canto e, mais raramente, obras de música de câmara.

A primeira vez que Debussy foi tocado em São Paulo foi pelas mãos de Antonietta Rudge, a mais destacada pianista de escola de Chiaffarelli depois de Guiomar. Em agosto de 1904, Antonietta interpretou *Jardins sous la Pluie* de Debussy e *Jeux d'Eau* de Ravel, obras recém-publicadas na Europa. Aliás, foi ela a responsável pelas primeiras audições brasileiras de várias obras de Debussy e Ravel[43].

De um lado, isso mostra que Chiaffarelli e suas alunas mantinham-se a par das novidades musicais produzidas na Europa. Por outro, é importante notar que esse repertório moderno raramente era apresentado em público. O cardápio regular estudado e exibido ainda era dominado por compositores românticos, entre os quais se destacavam Chopin, Liszt e Schumann.

Nos Saraus Musicais, as obras mais executadas de Debussy foram *Jardins sous la Pluie*, cinco vezes, e *Arabesque* n. 2, quatro vezes. Curiosamente, nenhuma dessas músicas fazia parte dos programas de Guiomar na década de 1920. Por outro lado, as três peças do francês que estavam em seu repertório tiveram poucas execuções nos Saraus. *Minstrels* nunca foi tocada, *La Soirée Dans Grenade* foi interpretada uma única vez e *Les Collines d'Anacapri* duas vezes.

---

41. Manoel Aranha Corrêa do Lago, *O Círculo Veloso Guerra e Darius Milhaud no Brasil*, São Paulo, Editora Reler, 2010, pp. 51 e 77.
42. Ao Maestro Luigi Chiaffarelli. [São Paulo]: s.e., 1916.
43. Manoel Aranha Corrêa do Lago, *O Círculo Veloso Guerra e Darius Milhaud no Brasil*, p. 151.

Ainda é difícil afirmar com segurança qual era o lugar do compositor francês no gosto musical paulistano pré-Semana de Arte Moderna. Faltam estudos que de fato se debrucem sobre o pianismo paulistano. E, neste sentido, o melhor que poderemos fazer é abandonar o ramerrão da pianolatria. Este conceito surgiu em 1922, título do primeiro artigo de Mário de Andrade no número de estreia da *Klaxon*, a revista dos modernistas. É, portanto, uma clara expressão das disputas dessa fase do modernismo que podemos acompanhar nesse texto. Mas, como ferramenta analítica, o conceito é mais que improdutivo: para explicar o passado, a pianolatria é um estorvo. Usá-la implica assumir a posição dos modernistas no confronto contra o *establishment* intelectual paulistano, dando uma função restrospectiva a um conceito claramente prospectivo.

Mais do que descrever é necessário explicar como e por que o pianismo assumiu a dimensão que teve em São Paulo. Guiomar Novaes foi uma figura chave nesse processo, e a sua participação na Semana de Arte Moderna justificava-se por sua importância na identidade musical paulista.

REFERÊNCIAS BIBLIOGRÁFICAS

AMARAL, Aracy. *Artes Plásticas na Semana de 22*. São Paulo, Perspectiva, 1970.

ANDRADE, Mário de. *Música, Doce Música*. São Paulo, Editora Martins, 1963 [1933].

ARANHA, Graça. *A Esthetica da Vida*. Rio de Janeiro, Garnier, 1921.

_____. *Espírito Moderno*. São Paulo, Cia. Graphico-Editora Monteiro Lobato, 1925.

"ARTES e Artistas". *O Estado de S. Paulo*. 15 fev. 1922.

BINDER, Fernando. "O Primeiro Degrau ao Parnaso: A Entrada e a Saída de Guiomar Novaes no Jardim da Infância". *Anais XXVII Congresso da Anppom*. Campinas, 2017.

_____. "Uma Artista Completa, a Imprensa e a Reputação de Guiomar Novaes". *Revista do Instituto de Estudos Brasileiros*, vol. 71, 2018.

BOAVENTURA, Maria Eugenia (org.). *22 por 22: A Semana de Arte Moderna Vista pelos seus Contemporâneos*. São Paulo, Edusp, 2000.

BRAGA, Ernani. "O Que Foi a Semana de Arte Moderna, em São Paulo". *Presença de Villa-Lobos*, 2. Rio de Janeiro, Museu Villa-Lobos, 1982.

DI CAVALCANTI, Emiliano. *Viagem da Minha Vida. Memórias*. Rio de Janeiro, Editora Civilização Brasileira, 1955.

GONÇALVES, Marcos Augusto. *1922: A Semana Que Não Terminou*. São Paulo, Companhia das Letras, 2012.

GUÉRIOS, Paulo Renato. *Heitor Villa-Lobos: O Caminho Sinuoso da Predestinação*. São Paulo, Editora FGV, 2009.

LAGO, Manoel Aranha Corrêa do. *O Círculo Veloso Guerra e Darius Milhaud no Brasil*. São Paulo, Editora Reler, 2010.

"LUIGI CHIAFFARELLI", *A Cigarra*, n. 199, 1 jan. 1923, São Paulo.

MAGALHÃES, Couto de. "Pratos Leves". *A Gazeta*, 14 fev. 1922, p. 1.

MARTINS, Ana Luiza. *Revistas em Revista: Imprensa e Práticas Culturais em Tempos de República, São Paulo (1890-1922)*. São Paulo, Edusp/Fapesp, 2001.

MILLIET, Sérgio. *Lumière*. Anvers, ano 3, n. 7, 15 abr. 1922, em BOAVENTURA, Maria Eugenia (org.). *22 por 22: A Semana de Arte Moderna Vista pelos seus Contemporâneos*. São Paulo, Edusp, 2000.

MORAES, Rubens Borba de. *Testemunha Ocular (Recordações)*. Brasília, Briquet de Lemos Livros, 2011.

ORSINI, Maria Stella. *Guiomar Novaes: Uma Vida, uma Obra*. São Paulo, Departamento de Comunicação e Artes, Universidade de São Paulo, 1988 (Tese de Livre-docência).

PIMENTA, Gelásio. "A Semana Futurista". *A Cigarra*, n. 178, 15 fev. 1922, São Paulo.

PINHEIRO, Valter Cesar. *Obra e Vida do Grão-Senhor da Villa Fortunata e da Academia Paulista de Letras*, Cotia, Ateliê Editorial, 2017.

PRADO, Yan de Almeida. *A Grande Semana de Arte Moderna*. São Paulo, Edart, 1976.

SERVA, Mário. "A Teratologia Futurista". *A Cigarra*, n. 178, 15 fev. 1922, São Paulo.

SEVCENKO, Nicolau. *Orfeu Extático na Metrópole: São Paulo, Sociedade e Cultura nos Frementes Anos 20*. São Paulo, Companhia das Letras, 1992.

THIOLLIER, René. *A Semana de Arte Moderna (Depoimento Inédito)* – 1922. São Paulo, Editora Cupolo, [1954].

VERGARA, Jorge. *Toda Canção de Liberdade Vem do Cárcere: Homofobia, Misoginia e Racismo na Recepção da Obra de Mário de Andrade*. Rio de Janeiro, Centro de Letras e Artes, 2018 (Tese de Doutorado).

WALDMAN, Thaís. "À 'Frente' da Semana de Arte Moderna: A Presença de Graça Aranha e Paulo Prado". *Estudos Históricos*, vol. 23, n. 45, jun. 2010, Rio de Janeiro.

WISNIK, José Miguel. *O Coro dos Contrários – a Música em Torno da Semana de 22*. 2. ed. São Paulo, Duas Cidades, 1983.

III

TEMPORALIDADES, VÍNCULOS, GEOGRAFIAS

11

~

MODERNOS ANTES DO MODERNISMO:
CONSTITUIÇÃO DO MEIO ARTÍSTICO E FORMAÇÃO TRANSNACIONAL COMO ESTRATÉGIAS PARA UMA CONSTRUÇÃO NACIONAL E MODERNA DA ARTE NO BRASIL[1]

FERNANDA PITTA

NESTE TEXTO, EXAMINO ASPECTOS do contexto artístico brasileiro dos anos 1870 a 1880, observando as estratégias de modernização do campo artístico local, no debate crítico, na produção dos jovens artistas brasileiros, durante suas viagens de treinamento para a Europa e seu impacto sobre a literatura artística no Brasil. Nesse intervalo de anos, sustento, o Brasil viu consolidarem-se os elementos de um meio artístico moderno local: a existência sistemática de uma produção artística, de exposições, de crítica e de público. Argumento também que durante esses anos, alguns jovens artistas brasileiros optaram estrategicamente por estudar no exterior como forma de atualizar a educação recebida na academia brasileira, em resposta às exigências de autorrepresentação e construção de identidade para a arte local, e também de alinharem-se às novas expectativas artísticas construídas pela modernidade. Enfatizarei como essa produção impactou a narrativa da arte brasileira apresentada no meio acadêmico e na exposição de sua coleção, e também como esta influenciou a crítica de arte de sua época. Com este esboço, pretendo contribuir para a discussão das modernidades

---

1. Esse texto é uma versão adaptada da comunicação apresentada no colóquio Formation Artistique Transnationale au XIX⁵ Siècle, em 28 de maio de 2015, no Centre Allemand d'Histoire d'Art, organizado por France Nerlich, Eleonora Vratiskdou e Bénédicte Savoy. Uma versão em inglês do texto deverá ser publicada no volume *Disrupting Schools: Transnational Art Education in the 19th Century*, editado por France Nerlich e Eleonora Vratiskdou, pela editora Brepols, em 2019.

plurais, examinando as implicações de experiências particulares como o caso brasileiro.

A atenção às experiências transnacionais e seu impacto na construção de modernidades locais são uma questão crucial quando as narrativas "globais" estão na vanguarda das preocupações metodológicas na historiografia da arte, não apenas ao abordar o trabalho das chamadas vanguardas, mas também para uma compreensão mais profunda das experiências de modernidade numa perspectiva mais ampla, no entanto atenta aos seus contextos e inflexões específicos. Nos últimos anos, a história da arte no Brasil tem feito uma extensa crítica ao discurso de identidade nacional construído pela teoria e a historiografia engajada com o modernismo, que privilegiou as noções de originalidade, novidade, independência de modelos estrangeiros e apego ao dado local, considerado "autêntico" e "autóctone", construídas por esse mesmo movimento, canonizando a experiência da arte moderna dos anos 1920 como a única experiência moderna e de ruptura na arte brasileira.

À exemplo do que Laura Malosetti já sustentou para o contexto histórico argentino da segunda metade do século XIX, em *Los Primeros Modernos, Arte y Sociedad en Buenos Aires a Fines del Siglo XIX*[2], essa nova historiografia[3], tem buscado compreender a arte brasileira do mesmo período no quadro da experiência moderna. Ao tratar de experiências específicas da modernidade[4], é necessário sempre observar a negociação de identidades

2. Buenos Aires, Fondo de Cultura Económica, 2001.
3. Não há espaço aqui para uma bibliografia extensa desses estudos; remeto apenas aos trabalhos inaugurais de Ana Cavalcanti (Ana Maria Tavares Cavalcanti, *Les Artistes Brésiliens et "Les Prix de Voyage en Europe", à la Fin du XIXe Siècle: Vision d'Ensemble et "Étude Approfondie Sur le Peintre Eliseu d'Angelo Visconti (1866-1944)"*, Thèse de Doctorat, Panthéon-Sorbonne, 1999; *O Conceito de Modernidade e a Academia Imperial de Belas-Artes do Rio de Janeiro*, UFRJ, Bolsa recém-doutor CNPq, 2001); e Ana Paula Simioni, "A Viagem a Paris de Artistas Brasileiros no Final do Século XIX", *Tempo Social – Revista de Sociologia da* USP, vol. 17, pp. 343-366, 2005, São Paulo, e aos trabalhos de Camila Dazzi (ver, entre outros, Camila Dazzi, "O Moderno no Brasil ao Final do Século 19", *Revista de História da Arte e Arqueologia*, vol. 11, pp. 87-124, 2012) e Rafael Cardoso, *Arte Brasileira em 25 Quadros (1790-1930)*, Rio de Janeiro, Record, 2008. Mais recentemente Fabio D'Almeida, Fabriccio Novelli, Samuel Mendes Vieira, Natalia Gomes e João Brancato têm trazido reflexões importantes acerca dos artistas da segunda metade do século XIX no Brasil abordando questões relativas à modernização do contexto artístico local.
4. Eu evito chamá-la periférica, pois implicaria entender a experiência europeia como "central" e as não europeias como simplesmente derivativas, quando há claramente uma dicotomia e implicações mútuas entre elas. Também não se trata de assumir uma ideia de modernidade global sem críticas.

e expectativas e compreender a historicidade de termos e conceitos carregados por complexidades específicas que não podem ser subsumidas pela homogeneidade do global, nem podem ser negligenciadas por concepções dualistas de tempo e espaço.

Ao analisar as experiências estratégicas de apropriação produtiva dos debates modernos europeus no século XIX, aquilo que Natalia Majluf nomeou "cosmopolitismo marginal"[5], essa nova historiografia toma distância crítica da postura militante da historiografia modernista, buscando a compreensão mais matizada da produção artística anterior às vanguardas do início do século XX, interpretando-a dentro de seus próprios termos e não a partir de critérios teleológicos e evolucionistas, numa suposta linearidade histórica pautada pelo triunfo das vanguardas.

Para essa historiografia, os desafios são como tornar visíveis as complexidades de experiências como a formação transnacional, a absorção e elaboração criativa de referências e de estratégias do discurso visual produzidas no contexto europeu, mas ressignificadas nos contextos locais. Entender a dupla expectativa dos artistas atuantes na segunda metade do século XIX no Brasil (assim como no restante dos países latino-americanos, por exemplo), seu compromisso com a construção de um discurso nacional, por um lado, e sua vontade de modernidade e cosmopolitismo, por outro, é reconhecer a necessidade de criticar noções como influência, as ideias de recepção unidirecional ou a dicotomia centro/periferia, e poder tratar das questões de transferências e reinterpretações artísticas e discursivas de um modo mais contextualizado e compreensivo. Essa abordagem coloca desafios que ainda estão sendo abordados por essa historiografia, que ainda se esforça por reavaliar contextos vistos como assíncronos ou epigônicos por boa parte da literatura artística no Brasil, e ainda hoje relativamente pouco compreendidos para além das fronteiras disciplinares da história da arte do período.

Como sugerido pelo ensaio de Foteini Vlachou sobre a definição de periferia na história da arte, "Why Spatial? Time and the Periphery", *Visual Resources*, vol. 32, n. 1-2 (março-junho de 2016), cada tempo histórico de cada contexto geográfico deve ser compreendido em sua especificidade, ainda que possam compartilhar com outros uma mesma noção de modernidade.

5.   Natalia Majluf, "'Ce n'est pas le Pérou' or, the Failure of Authenticity: Marginal Cosmopolitans at the Paris Universal Exhibition of 1855", *Critical Inquiry*, vol. 23, n. 4, pp. 868-893,1997.

ARTE BRASILEIRA[6]: DEBATES LOCAIS COMO SINTOMA DO AMADURECIMENTO DO CAMPO

O desenvolvimento da arte brasileira esteve no centro do debate artístico local entre 1860 e 1880 no Brasil. Desde pelo menos o mandato de Félix-Émile Taunay (1834-1851) como seu diretor, a Academia Brasileira, estabelecida em 1826[7], fez um esforço permanente para refletir sobre como construir uma escola nacional de arte. A primeira orientação dessa instituição foi seguir os modelos retirados da tradição clássica, fomentando um contato permanente com a arte europeia, esperando que a apropriação de seu repertório de formas, estilos e abordagens servisse de alicerce para o desenvolvimento de uma arte brasileira[8],

6. Neste trabalho, faço uso das expressões escola brasileira e escola nacional, arte brasileira e arte nacional, tratando-as como sinônimos, tal como os termos aparecem na crítica brasileira e na literatura de arte do século xix.

7. A Academia Imperial de Belas-Artes iniciou suas atividades em 1826 como uma derivação do projeto desenvolvido por Joachim Le Breton em 1816, que propunha ao Príncipe Regente D. João a criação de uma Escola Real de Ciências, Artes e Ofícios. Veja de Elaine Dias: "Les Artistes Français au Brésil au XIXème Siècle: L'Académie des Beaux-Arts e a Formation de la Collection Nationale de Peintures au Rio de Janeiro", em *La Circulation des Oeuvres d'Art /The Circulation of Works of Art in America, 1789-1848*, org. Roberta Panzanelli e Monica Pretti-Hamard (Rennes/Paris/Los Angeles, Presses Universitaires de Rennes, Institut National d'Histoire de l'Art, Getty Research Institute, 2007). Os padrões educacionais da Academia Imperial baseavam-se principalmente no modelo francês, com a importante diferença de que todas as atividades do ateliê, como aulas de pintura, escultura e gravura, sempre deveriam ser ensinadas dentro da Academia e não em ateliês particulares. Veja Sonia Gomes Pereira, "A Sincronia Entre Valores Tradicionais e Modernos na Academia Imperial de Belas-Artes: os Envios de Rodolfo Amoêdo", *ArtCultura* 12, n. 20, pp. 85-94 (2010). A história da instituição brasileira viu uma série de desenvolvimentos (chamados de "reformas" pelos ex-diretores Félix-Émile Taunay e Manuel de Araújo Porto-Alegre): a criação da Exposição Geral, em 1840, aberta a artistas não acadêmicos, a Galeria de Quadros, em 1843, o Prêmio Viagem em 1845, a introdução das aulas de Estética, História da Arte e Arqueologia em 1855 (efetivamente inaugurada apenas em 1870), mas os princípios idealistas centrais de seu ensino permaneceram mais ou menos intactos até a Reforma de 1890. Veja Elaine Dias, "La Difficile Réception de la Tradition Académique Française au Brésil", *Figura, Studi sull 'Imaginar nella Tradizione Classica*, n. 2, 2014; Rafael Cardoso Denis, "Academicism, Imperialism and National Identity: The Case of Brazil's Academia Imperial de Belas Artes", em *Art and the Academy in the Nineteenth Century*, ed. by Rafael Cardoso Denis and Colin Trodd (Manchester/New Jersey, Manchester Univertity Press/Rutgers, 2000, pp. 53-67; e Camila Dazzi, *Por uma Prática da Reforma da Antiga Academia* (Tese de Doutorado, Universidade Federal do Rio de Janeiro, 2011).

8. Para essa discussão ver Elaine Dias, "La Difficile Réception", 2014, e *Paisagem e Academia: Félix-Émile Taunay e o Brasil* (Campinas, Editora da Unicamp, 2009); Cybele Vidal Fernandez, *Os Caminhos da Arte: O Ensino Artístico na Academia Imperial de Belas-Artes (1850-1890)* (Tese de Doutorado, Universidade Federal do Rio de Janeiro, 2001); Leticia Squeff, *O Brasil nas Letras de um Pintor. Manuel de Araújo Porto-Alegre (1806-1879)* (Campinas, Editora da Unicamp, 2004) e *Uma Galeria para o Império. A Coleção Escola Brasileira e as Origens do Museu Nacional de Belas-Artes* (São Paulo, Edusp, 2012).

MODERNOS ANTES DO MODERNISMO...

como ressaltado no discurso de Taunay em 1840: "Nunca se abale em vós a fé nos modelos gregos. Eles dão a chave do estudo da natureza. É deles, mas só deles, como de uma base certa, que se pode atirar o vosso voo poético para um infinito de combinações novas, para um sistema de modificação da arte que venha um dia a constituir a arte brasileira"[9].

Essa abordagem, no entanto, estava prestes a ser disputada no período em questão. Nos anos que se seguiram à Guerra do Paraguai (1864-1870), o comissionamento, por parte do Império brasileiro, de grandes pinturas históricas que celebravam as conquistas do Brasil na guerra e a história brasileira em geral condensavam as manifestações desse debate. Instalou-se um ambiente de competição entre pintores e críticos, cada qual com o objetivo de caracterizar e definir a Escola Brasileira e nomear seus líderes[10]. A ocasião também criou a oportunidade de uma avaliação mais ampla dos resultados de todo o sistema acadêmico de educação no Brasil e o questionamento de seus propósitos.

A 25ª Exposição Geral, organizada pela Academia Imperial de Belas-Artes do Rio de Janeiro em 1879, a maior de todos os tempos até então[11], pode ser entendida como ápice deste debate. A "batalha artística de 1879", nomeada assim pelo estudioso Donato Mello Júnior, irrompeu por conta da exposição pública da *Batalha dos Guararapes* (1879), de Victor Meirelles, e da *Batalha do Avaí* (1877), de Pedro Américo, duas das mais ambiciosas pinturas da história do Brasil do século XIX, representando episódios da Expulsão dos Holandeses e da Guerra do Paraguai, respectivamente. Como eram o trabalho dos dois ex-alunos mais ilustres da Academia e, na época, ambos membros da instituição, a exibição dessas pinturas levantou comparações e instalou uma disputa para definir qual dos dois artistas seria considerado o líder do

9. Félix-Émile Taunay, "Discurso da Sessão Pública de 1840", *Atas da Academia Imperial de Belas-Artes* (manuscrito, Museu D. João VI, EBA-UFRJ), citado em Elaine Dias, "Félix-Émile Taunay e a Prática do Discurso Acadêmico no Brasil (1834-1851)", *Revista de História da Arte e de Arqueologia*, 9, p. 91, 2008.

10. Para um estudo desses debates, ver Donato Mello Júnior, "As Exposições Gerais na Academia Imperial das Bela-Artes no 2º Reinado", *Revista do Instituto Histórico e Geográfico Brasileiro, Anais do Congresso de História do Segundo Reinado; Comissão de História Artística*, vol. 1 (1984), pp. 203-352; e Hugo Guarilha, *A Questão Artística de 1879: Um Episódio da Crítica de Arte no Segundo Reinado*, Unicamp, 2005 (Dissertação de Mestrado).

11. A Academia afirmou terem sido trezentos mil os visitantes da exposição. "Parecer da Commissão Julgadora sobre a Distribuição de Prêmios na Exposição Geral da Academia Imperial de Bellas Artes de 1879", citado em Laudelino Freire, *Um Século de Pintura. Apontamentos para a História da Pintura no Brasil*, Rio de Janeiro, Tipographia Röhe, 1916, p. 288.

movimento "Escola Brasileira". A discussão sobre as pinturas foi também uma oportunidade para avaliar a própria formação acadêmica: seus princípios, métodos e orientações. Ambos os trabalhos foram fruto de encomendas do governo imperial e se esperava que fossem o resultado mais elevado desse treinamento e a prova de sucesso de todo o empreendimento acadêmico no Brasil[12].

Questões relativas às referências das composições, fidelidade à convenção, precisão de desenho e veracidade histórica mobilizaram o debate crítico, realizado entre 1877, a primeira aparição pública da pintura de Pedro Américo, e vários meses após a abertura da 25ª Exposição Geral em 1879, nos jornais e revistas publicadas no Rio de Janeiro[13]. Como observou Hugo Guarilha, a discussão sobre as duas pinturas, ao contrário do que se encontraria na crítica de arte subsequente da década de 1880, não tinha um foco claro ou uma agenda definida, mas foi capaz de instalar uma atmosfera de disputa que contribuiu para o enriquecimento do meio artístico no Brasil. Embora não tenha sido expressão de um projeto coerente de "arte nacional", o debate foi uma oportunidade para esclarecer tendências opostas e promover um exame crítico do contexto brasileiro em relação ao europeu[14], em que se nota claramente uma vontade de modernização, por um lado, e um compromisso com a tradição, por outro.

A questão do plágio foi a mais superficial do debate, mas levantou outras questões mais cruciais. Ambos os pintores foram acusados de apoiar-se em demasia em outras pinturas e gravuras – indicando que um novo valor estético, o da originalidade, entrava em jogo na apreciação das obras de arte por parte da crítica e do público locais. Alguns críticos rejeitaram a *Batalha de Guararapes*, de Victor Meirelles, considerando a pintura o trabalho de um "artista decadente", usando a oportunidade de acusá-lo de copiar as suas

---

12. Sobre Victor Meirelles ver Jorge Coli, *A Batalha de Guararapes de Victor Meirelles e Suas Relações com a Pintura Internacional,* Universidade Estadual de Campinas, 1994 (Tese de Livre-Docência). Sobre Pedro Américo, ver Maraliz de Castro Vieira Christo, *Pintura, História e Heróis: Pedro Américo e Tiradentes Esquartejado,* Universidade Estadual de Campinas, 2005 (Tese de Doutorado) e Fabio d'Almeida, *O Jovem Pedro Américo Entre Arte, a Ciência do Belo e um Outro Nacional,* Universidade de São Paulo, 2016 (Tese de Doutorado).

13. *Jornal do Commercio, Revista Musical, Mequetrefe, O Cruzeiro, Revista Illustrada, Gazeta de Notícias* e *Gazeta Literária.* Para uma compilação dos artigos mais importantes, ver Hugo Guarilha, "A Questão Artística de 1879", pp. 143-488.

14. Hugo Guarilha, "A Questão Artística de 1879", p. 11: "não há um projeto coeso que indique os caminhos para a produção artística no país, mas um grande debate de correntes contrárias na tentativa de se compreender o que acontece na Europa e a forma como o Brasil se coloca diante desse cenário".

referências também em outras obras. Todas as "acusações" provavam, aos olhos dos críticos que se opunham às orientações e métodos estéticos vigentes da Academia, a incapacidade de Victor Meirelles liderar a Escola Brasileira[15]. Em contrapartida, uma importante crítica contra Pedro Américo veio de Bethencourt da Silva, professor de Desenho da Academia. Em um extenso artigo publicado na *Revista Brasileira*, Bethencourt destacou que Pedro Américo havia retirado sua composição para *A Batalha de Avaí*, principalmente de *A Batalha de Montebello* (1859), de Gustave Doré, mas também de várias outras gravuras de menores meticulosamente identificadas por ele. Para Bethencourt não se tratava de plágio, como apontavam os outros críticos em relação a Meirelles, mas de inadequação, de falha no decoro. Américo não apenas havia escolhido os exemplos errados a seguir, mas, mais importante, ele não havia sido capaz de fundi-los em uma composição coerente, fracassando no efeito de unidade, considerado por Bethencourt um aspecto chave dos princípios estéticos sustentados pela Academia[16].

Se o rigor acadêmico de Victor Meirelles (a construção da sua composição ancorada em exemplos bem-sucedidos do passado) era sinal de sua decadência, entendida como plágio, isto provava para alguns críticos sua incapacidade em seguir liderando o movimento artístico no Brasil rumo a uma arte nacional "original". A falta de rigor acadêmico de Américo, por outro lado, para Bethencourt, era prova de que suas "inovações" eram malvistas pelos defensores mais ferrenhos da Academia.

O debate sobre o plagiarismo talvez seja um sintoma da confusão e da parcialidade de parte dos críticos. Mas apesar de seu mal-entendido, ingenuidade ou malícia ao tratar do assunto, a questão abriu um debate maior sobre a própria pintura da história, sua atualidade e utilidade, e sobre as convenções a serem observadas ou não nesse tipo de composição. Dividiu os críticos entre os que defendiam o caráter exemplar da pintura histórica

---

15. Dr. Y afirmava que *Primeira Missa no Brasil* (1861) era uma mera cópia da *Première Messe en Kabylie* (1854) de Horace Vernet. Outra das pinturas de Meirelles, *Moema* (1867), era desprezada por ser uma derivação muito próxima de *La Mort de Virginie* (1838) de Isabey. O crítico também reclamava da repetição do gesto da mão fechada na *Batalha dos Guararapes*, retirada das estampas de Bernard-Romain Julien. As acusações contra Victor Meirelles vieram majoritariamente de pseudônimos como Rembrandt, Cyneas, Z, A. Gil e Dr. Y. (Guarilha, "A Questão Artística de 1879", pp. 21-29, 130-133).

16. Ver Bethencourt da Silva, "Bellas Artes", *Revista Brazileira* (October 1879), pp. 438-452, citado em Hugo Guarilha, "A Questão Artística de 1879", pp. 474-482.

e o cumprimento das convenções acadêmicas, e outros que pediam originalidade, e características como a representação do movimento ou a exatidão histórica, critérios modernos na apreciação das obras de arte[17].

As acusações colocaram em causa não apenas a reputação dos artistas, mas, em última análise, mostraram que os críticos estavam de fato debatendo a adequação de novos valores na arte – de valores então considerados modernos –, alguns deles ansiando por uma relação diferente com a tradição do que a concebida pelos acadêmicos brasileiros.

O debate sobre as duas pinturas também levantou uma controvérsia que opôs "realismo" e "idealismo": os críticos lutaram para definir a posição tomada por Meirelles e Américo em uma disputa entre as duas tendências; que refletia o que eles pensavam ser a briga artística mais importante dos tempos[18]. Na *Revista Musical e de Bellas Artes*, um escritor anônimo destacou que era o principal debate contemporâneo na Europa, e que o Brasil tinha que alcançá-lo, já que para ele as referências acadêmicas do meio estavam estagnadas na década de 1850, e que as tendências mais atuais do realismo ainda não tinham sido bem absorvidas e compreendidas pelos artistas e críticos locais[19]. Ao discutir as duas pinturas na mesma revista, um crítico sob o pseudônimo Fromentin viu a oportunidade de fazer uma defesa do que ele pensava ser a principal questão em jogo – a liberdade artística. Ele considerou que a formação acadêmica e o culto do ideal limitavam a liberdade do artista. Para ele, a verdadeira batalha era entre o cânone e a liberdade criativa do gênio, que deveria obrigar a inovação:

> É em nome do ideal, quase sempre mal compreendido, que o classicismo ataca todas as inovações e renovações na arte, é em nome do ideal que Delacroix e os coloristas, Courbet e Manet os naturalistas na pintura, Carpeaux e Barye na escultura, Viollet-le-Duc na arquitetura, Weber e Wagner na música, Victor Hugo e os romancistas Flaubert e Goncourt na literatura foram atacados pelos acadêmicos com o furor de quem se sente vencido e vê fugir a direção artística dos espíritos. O fundo das teorias preconizadas pelo ensino

---

17. Para uma discussão das transformações na pintura de história no XIX ver Pierre Sérié, *La Lyre ou le Poignard, La Peinture d'Histoire en France, 1860-1900*, Paris, Arthena, 2014.

18. O crítico Rangel S. Paio dedicou uma série de artigos no *Jornal do Commercio* especulando, de modo confuso mas significativo, em torno das definições do que ele atestava serem as duas escolas modernas – a realista e a idealista, em oposição à escola "clássica" (Hugo Guarilha, "A Questão Artística de 1879", pp. 120-130).

19. Anônimo, "Academia de Bellas Artes", *Revista Musical*, n. 12, p. 1, 23 março 1879, transcrição em Hugo Guarilha, "A Questão Artística de 1879", p. 324.

acadêmico é completamente falso, o sistema de Platão foi estabelecido sobre dois princípios absurdos – passividade e inércia da inteligência humana[20].

Em contrapartida à 25ª Exposição Geral, uma segunda iniciativa acadêmica daquele ano foi também uma oportunidade crucial para refletir sobre a arte brasileira: a abertura de uma galeria nacional de pinturas na Academia, batizada de Coleção de Pinturas Nacionais Formando a Escola Brasileira.

A coleção, como Leticia Squeff demonstrou[21], exibiu 83 pinturas, desenhos e gravuras de dezoito artistas principalmente do meio acadêmico – diretores, acadêmicos, professores e alunos. Organizado cronologicamente e por artista, como uma Galleria Progressiva[22], o acervo tinha como objetivo representar o melhor da produção acadêmica e funcionar como uma demonstração visual das conquistas da formação artística oficial no Brasil. O exame da coleção mostra que a maioria das obras tinha temas religiosos ou mitológicos retirados da iconografia tradicional. Como argumentou Squeff, sua presença na coleção deveria representar a afiliação da arte brasileira à grande tradição europeia. Um punhado deles retratou temas nacionais, como *Magnanimidade de Vieira* (1841), de Correia de Lima, ou *Primeira Missa no Brasil* (1860), de Meirelles. Paisagens nacionais, retratos monárquicos, históricos e algumas pinturas de gênero retratando personagens nacionais estavam entre os outros temas trazidos pelas obras apresentadas. Muitas das obras foram produzidas durante os concursos para o Prêmio Viagem ou em competições acadêmicas, ou ainda eram envios do exterior dos pensionistas acadêmicos.

Apesar do esforço sem precedentes, a galeria recebeu críticas quase unanimemente negativas. A mais feroz delas vinha da *Revista Illustrada*[23]. Nela, o crítico José Ribeiro Dantas Júnior, sob o pseudônimo de A. Gil[24], ao contrário

---

20. Fromentin, "Esthética Positiva", *Revista Musical e de Bellas Artes*, n. 19, p. 2 (1879), citado em Hugo Guarilha, "A Questão Artística de 1879", p. 121.
21. Leticia Squeff, *Uma Galeria para o Império*, pp. 42-44.
22. Para uma descrição detalhada da coleção, ver Squeff, *Uma Galeria para o Império*, capítulo VI, pp.147-172.
23. Sobre a *Revista Illustrada*, ver os trabalhos de Rosangela de Jesus Silva: "Ângelo Agostini, Félix Ferreira e Gonzaga Duque-Estrada: Contribuições da Crítica de Arte Brasileira no Século XIX", *Revista de História da Arte e Arqueologia*, CHAA/IFCH-Unicamp, n.10, vol. jul.-dez. 2008. "Obras e Artistas no Universo de Ângelo Agostini", *Atas do I Encontro de História da Arte – Revisão Historiográfica: O Estado da Questão*, vol. 3, pp. 162-168, Campinas, CHAA, 2005, *A Crítica de Arte de Ângelo Agostini e a Cultura Figurativa do Final do Segundo Reinado*, IFCH, Unicamp, 2004 (Dissertação de Mestrado).
24. A. Gil [José Ribeiro Dantas Júnior], "Rio, 8 de maio de 1879", *Revista Illustrada*, ano IV, n. 159 (1879), pp. 2-3.

dos principais críticos de imprensa do Rio de Janeiro – Carlos de Laet, Rangel S. Paio, Mello de Moraes, Bethencourt da Silva – que haviam escolhido o lado na disputa entre Victor Meirelles e Pedro Américo, considerando um ou outro como chefe a Escola Brasileira, – duvidava da existência de qualquer artista capaz de imprimir um caráter nacional à arte produzida no Brasil, ou de levar o meio artístico local ao estabelecimento de uma escola brasileira.

Dantas Júnior, mais cedo na mesma revista, sob o pseudônimo de Junio, ridicularizou a presunção da mostra de apresentar aquele conjunto como sendo pertencentes à "Escola Brasileira", argumentando que o fato de as obras terem sido feitas no Brasil não justificaria o uso do rótulo, significando um estilo específico, maneira ou tradição[25]. Ele também satiriza o conselho acadêmico dizendo que seu desejo de classificar esses trabalhos como pertencentes a uma Escola Brasileira só poderia significar que eles não seriam aceitos em nenhuma outra escola devido à falta de qualidade – eles simplesmente falhariam em qualquer "prova de admissão"[26]. Junio viu naquela produção reunida na Galeria uma falta de coerência e qualidade que não poderia de forma alguma representar uma visão consistente de uma escola de arte nacional brasileira, como foi originalmente pretendido pela exposição.

Por meio da visão satírica expressa em textos e em caricaturas da 25ª Mostra e da Coleção, a *Revista Illustrada* [Figura 1] apontou algumas das queixas comuns de professores, alunos e críticos da formação acadêmica: a insuficiência de classes de modelo-vivo e a baixa qualidade das coleções, das instalações do prédio e a precariedade do próprio meio artístico brasileiro. A *Revista Illustrada* também formulou uma crítica mais incisiva aos seus princípios: a ênfase no desenho como base da educação acadêmica, a prática de copiar de moldes ou gravuras que precediam o estudo do modelo vivo e a prática da pintura ou escultura foram consideradas antiquadas e insuficientes para uma boa formação.

Dantas Júnior também criticou o Prêmio Viagem, dizendo que os estudantes foram enviados para a Europa apenas para "copiar pinturas na Itália"[27]. O prêmio era considerado sem sentido, pois para ele o Brasil carecia de um sistema de arte estruturado em que os alunos pudessem participar quando

25. Junio [José Ribeiro Dantas Júnior], "Salão de 1879", *Revista Illustrada*, ano IV, n. 157 (1879), p. 6.
26. *Idem*, p. 6. Aqui o crítico faz um jogo de palavras com as acepções do termo escola, no sentido de tradição ou maneira, e escolar no sentido de lugar de formação.
27. A. Gil [José Ribeiro Dantas Júnior], 'Rio, 8 de maio de 1879', p. 3.

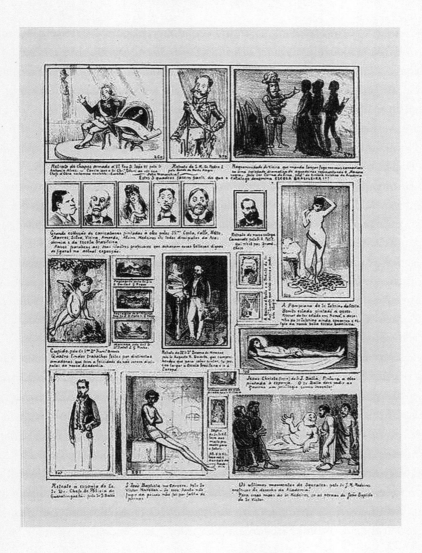

Figura 1. Angelo Agostini, *Revista Illustrada*, n.156, p. 5,
Coleção Biblioteca Nacional do Rio de Janeiro.
Página 5 da edição 156 da *Revista Illustrada*, caricaturando algumas das obras apresentadas na Coleção. Aqui é evidente a proposta de reforçar alguns dos erros anatômicos considerados inaceitáveis cometidos por pintores como José Correia de Lima (*Magnanimidade de Vieira*, 1845 topo à direita), José Maria de Medeiros (*Morte de Sócrates*, 1878, abaixo à direita), Victor Meirelles (*São João Batista na Prisão*, 1852, abaixo, segundo da esquerda para direita) e Zeferino da Costa (*Pompeiana*, 1879, centro à direita).

voltassem. O crítico argumentou que o que restava para os artistas em seu retorno de sua formação na Europa era simplesmente "reproduzir na tela aproximadamente as fotografias de nossos comandantes"[28]. Para ele, não havia um sistema consistente de comissões públicas, nenhuma prática colecionista sólida, privada ou pública, que pudesse fomentar a produção artística e, assim, o desenvolvimento da arte brasileira. Ou seja, o que o crítico reivindicava, justamente, era a consolidação de um meio artístico moderno no Brasil, que ele considerava ainda não constituído.

Dantas Júnior adaptava para o contexto local as ideias dos teóricos franceses Charles Blanc e Joseph Proudhon, referências para a crítica modernizadora na França, instando os jovens artistas a adotarem "a chamada escola realista, a escola crítica, humanitária, a escola que há dé vir a ser a escola de todas as nações"[29], contribuindo assim para o progresso e a evolução da arte e da sociedade. Os artistas deveriam seguir essa escola, "cantando as ideias de nosso tempo"[30], para livrarem-se da dependência de comissões oficiais escassas e do próprio sistema acadêmico, considerado estreito demais e frágil.

Os críticos tinham, é claro, agendas políticas evidentes, endossando Victor Meirelles ou Pedro Américo, defendendo ou criticando a importância da instituição acadêmica; no centro do debate estava a questão da formação artística e a sua modernização[31]. Nesse ponto, muitos consideravam o ensino baseado no desenho e a cópia dos Antigos e Antigos Mestres como sendo ultrapassados.

Uma geração mais jovem de críticos como Dantas Júnior, Alfredo Camarate, Luiz de Andrade, França Júnior e Oscar Guanabarino[32], entre os mais prolíficos no Rio de Janeiro do período, também rejeitava o ensino de escultura e pintura baseado na hierarquia acadêmica de gêneros, nas

28. *Idem, ibidem.*
29. *Idem,* p. 2.
30. *Idem, ibidem.*
31. A profissão de artista, embora não tão valorizada quanto às carreiras liberais e políticas, era não obstante um meio de promoção social eficaz para as classes baixas no Brasil Imperial. Sendo assim, uma formação adequada e oportunidades oficiais eram essenciais para o desenvolvimento de uma carreira bem sucedida no campo.
32. Sobre a crítica de Oscar Guanabarino, ver Fabiana de Araújo Grangeia, "A Crítica de Arte em Oscar Guanabarino: Artes Plásticas no Século XIX", Campinas, IFCH- Unicamp, 2006 (Dissertação de Mestrado).

regras de decoro, nas concepções e modelos iconográficos tradicionais e nas diretrizes de composição "correta", modelagem, iluminação e cor. Um pouco mais tarde, na *Revista Illustrada*, Dantas Júnior resume as causas: "Não é muito difícil convergi-las, filiá-las à má direção dos alunos, à carência de quem lhes guie a inspiração, lhes aperfeiçoe o gosto, lhes ensine uma técnica menos esterilizadora, menos erroneamente convencional, quem lhes dê enfim a verdadeira noção da arte"[33].

Embora a Academia Brasileira estivesse sempre aberta ao contato com novas abordagens estéticas, como uma consequência inescapável de seu sistema de formação transnacional e cosmopolita, o compromisso com os valores artísticos clássicos que formavam sua ideologia central estava diretamente sob ataque. Naquele momento, críticos alinhados com ideias de moderni-dade artística a consideravam um obstáculo para o desenvolvimento de uma verdadeira escola brasileira que servisse aos propósitos nacionais. Uma escola nacional não poderia nascer sob a regra acadêmica, a menos que seu sistema de treinamento fosse completamente reformado.

Além disso, a reivindicação de universalidade da escola brasileira sustenta-da pelo discurso acadêmico, como uma derivação e continuidade da tradição clássica, não era mais considerada em consonância com as reivindicações de modernização. Valores de autenticidade, originalidade, autoria, inovação, independência e liberdade eram considerados cruciais para o nascimento de um estilo nacional que deveria ter como inspiração a realidade social e física brasileira, o que sinaliza uma importante distância do discurso que sustentara até então todo o empreendimento acadêmico, desde a proposta de Taunay, conforme enfatizada em seu discurso de 1840, citada no início deste texto. Pode-se afirmar que 1879 portanto, é o ponto de ebulição desse debate acerca do moderno, que perpassará a discussão sobre a produção artística no Brasil daquele momento em diante[34].

---

33. A. Gil [José Ribeiro Dantas Júnior], "Rio, x de Dezembro de 1879", *Revista Illustrada*, ano IV, n.187, p. 2, 1879.
34. Para uma discussão sobre a noção de modernidade no meio artístico brasileiro entre 1884 e 1890, ver Camila Dazzi, "O Moderno no Brasil ao Final do 19", *Revista de História da Arte e Arqueologia*, vol. 17, pp. 87-124, 2012.

A CONSTRUÇÃO DE UMA MODERNA "ESCOLA NACIONAL" A PARTIR DA FORMAÇÃO TRANSNACIONAL

Mas esse debate sobre uma verdadeira escola de arte brasileira não foi produzido apenas no Rio de Janeiro. A experiência de formação no exterior de jovens artistas do final da década de 1860 até finais da década de 1880[35] também provou ser seu campo de cultivo. A formação artística transnacional de jovens brasileiros dessa geração foi determinante não só para a realização individual e para o desenvolvimento das carreiras desses artistas[36], mas também para a reflexão sobre como criar e desenvolver uma escola de arte brasileira[37]. Essas experiências tiveram um impacto no futuro da instituição acadêmica, que passaria por uma extensa reforma em 1890, estendendo seu impacto até a geração modernista no início do século XX.

Um grande número de obras produzidas durante as viagens de formação de alguns dos mais importantes jovens artistas brasileiros de 1868 a 1888 foram introduzidas na coleção da Academia de Belas-Artes por compra ou

35. Optei pela periodização de final da década de 1860 até o final da década de 1880 para incluir os bolsistas ligados às correntes modernizadoras desde Zeferino da Costa, encerrando a periodização antes da Reforma de 1890, em que veremos esses ex-alunos assumindo as novas diretrizes da Escola de Belas-Artes.

36. No levantamento realizado por nós, baseado nos relatórios da academia, imprensa, estudos prévios e biografias, identificamos quinze artistas do ambiente acadêmico que foram para a Europa entre 1868 e 1890, recorte estabelecido no intervalo de tempo em que identifico esse debate acerca da modernização do campo da arte no Brasil. Viajaram como bolsistas oficiais da academia: Zeferino da Costa (Roma, 1868-1877), Rodolpho Bernardelli (Roma, com viagem ao sul da Itália, 1877-1885); Rodolpho Amoedo (Paris, 1879-1887). Apoiados pelo Imperial Bolsinho: Augusto Rodrigues Duarte (Paris, 1875-1878); Almeida Júnior, pintor (Paris, com viagem ao sul da Itália (1882), 1876-1882); Firmino Monteiro, pintor (Paris e Roma, 1881-1882, 1883-1884, 1885-1887). Com fundos privados: Décio Villares (Paris, 1872-1881); Aurélio de Figueiredo (Florença); Henrique Bernardelli (Roma com viagem ao sul da Itália, 1878-1888); Pedro Weingärtner (teve também auxílio do Imperial Bolsinho, Hamburg, 1878, Karlshule, 1878, Berlim, 1880-1882, Paris, 1882 , Meyerhofen, Tyrol, 1884; Munique, 1885; Roma, 1886-1891, viagem ao sul da Itália em 1886); Pedro Peres (Paris, 1879-1881); Belmiro de Almeida (Paris, 1883-1885?); Benedito Calixto (Paris, 1883-1884) e Antônio Parreiras (Veneza, 1888-1890).

37. Para uma discussão da formação transnacional dos artistas brasileiros no período em questão, ver os trabalhos já citados de Ana Cavalcanti, Ana Paula Simioni e de Camila Dazzi. De Dazzi ver também: "O Ensino na Escola Nacional de Belas-Artes: o Prêmio de Viagem à Europa e os Alunos da Antiga Academia", *Revista Gearte*, vol. 5, pp. 130-144, 2018; Camila Dazzi e Arthur Gomes Valle, "Ateliês de Artistas Brasileiros em Paris Através da Fotografia", *Revista de História da Arte e Arqueologia*, vol. 23, pp. 25-45, 2017; Camila Dazzi, "A Modernização do Ensino da Arte no Século XIX – A Reforma da Accademia di San Lucca e a Criação do Instituto di Belle Arti di Roma", *19&20*, vol. XII, pp. 80-105, 2017; "A Associação Artística Internacional de Roma: Sodalício de Artistas Estrangeiros Residentes na Itália em Fins do Século XIX", *19&20*, vol. IX, pp. 15-30; 2014; "Os Professores da Escola Nacional de Belas Artes e a Arte Italiana Oitocentista: Concepção e Implementação da Reforma de 1890", *Arte & Ensaios* (UFRJ), vol. 24, pp. 10-20, 2012.

doação nos anos que se seguiram à sua formação transnacional, oferecendo mudanças importantes para os modelos visuais disponíveis para os estudantes locais, os críticos e o público em geral[38].

Essas obras resultaram de estudos feitos por esta geração principalmente na França e na Itália. O treinamento nesses locais os colocou em contato com as tendências modernas da arte da época e com movimentos que só eram conhecidos anteriormente a partir de descrições em revistas e livros e ilustrações. Jovens artistas brasileiros passaram então pela educação transnacional como uma jornada pela qual encontraram apoio teórico e metodológico para testar e desenvolver linguagens artísticas que pudessem justificar sua ambição triplamente: de se tornar profissionais de arte, criar uma "arte brasileira" e renovar o meio artístico brasileiro, em um confronto mais ou menos direto com os pressupostos do ensino da academia brasileira de então.

Usando esta estratégia, eles foram capazes de atender algumas das demandas expressas pelos críticos locais, como mais familiaridade com as linguagens consideradas modernas como o realismo e o naturalismo. Contribuíram, assim, para uma mudança de paradigma: a arte brasileira deveria concentrar-se na realidade do país, nos tipos e costumes nacionais, nos temas contemporâneos ou, pelo menos, nas interpretações dos temas tradicionais – tais como os religiosos, históricos ou alegóricos – que permitissem liberdade artística e inovação estilística.

Em primeiro lugar, a formação transnacional oferecia os meios para satisfazer as necessidades que eram sempre mal servidas pela Academia. A mais elementar, a oportunidade de praticar extensivamente a partir do modelo vivo, um exercício raramente oferecido no dia a dia na Academia, dada a falta de modelos considerados adequados para posar[39].

Eles experimentaram isso em escolas particulares e "academias", como, em Paris, a École Municipale de Dessin, a Le Pétit Académie e a Académie Julian,

---

38. Até o momento identificamos noventa pinturas realizadas durante a formação transnacional dos artistas elencados na nota 35; entre cópias e composições originais: quatorze pinturas religiosas, cinco de gênero histórico, três de história nacional, uma mitológica, uma alegoria, 23 pinturas de gênero, quatorze de tipos, sete retratos, dezessete paisagens, uma natureza-morta (a identificação foi feita com base nos títulos e/ou descrições quando não se localizou a imagem das obras, portanto as identificações são todas passíveis de revisão).

39. Havia na Academia um preconceito generalizado contra os modelos negros, em geral os mais disponíveis na corte em razão da escravização. Para uma discussão do modelo vivo na Academia, ver Elaine Dias, *Paisagem e Academia*, e Daryle Williams, "Peculiar Circumstances of the Land, Artists and Models in Nineteenth-Century Brazilian Slave Society", *Art History*, vol. 35, Issue 4 (Sept. 2012).

entre outras. Diferentes técnicas de desenho, pintura e escultura das que são praticadas pelos mestres acadêmicos brasileiros também foram um importante conhecimento adquirido em ateliês privados[40], nos ateliês da École e pela observação das obras em museus e galerias. Notadamente na pintura, a valorização dos mestres espanhóis e holandeses por artistas ligados à estética realista e naturalista e sua abordagem direta da pincelada na modelagem, foram "novidades" perseguidas pelos artistas brasileiros no exterior.

As cópias feitas pelos estudantes brasileiros como parte de suas obrigações acadêmicas mostradas nas exposições gerais de 1879 e 1884 atestam seu afastamento dos modelos e referências acadêmicas brasileiras anteriores – Rafael, Tiziano, Veronese, Tintoretto, Cagnacci, Guercino, Domenichino[41] – para mestres como Velázquez, Murillo e Ribera, Van Dyck e Rubens. A escolha que fizeram de exemplos modernos para copiar é ainda mais significativa: Gustave Courbet, Théodule Ribot[42] e Gustave Guillaumet[43]– artistas ligados às correntes renovadoras realistas, estão entre os pintores reconhecidos por esses jovens artistas. Essas escolhas atestam a busca de referências visuais próximas a tendências realistas e naturalistas consideradas modernas[44].

A pintura ao ar livre também deve ter sido outra experiência transformadora para essa geração, introduzida por Zeferino da Costa em suas aulas quando

40. Com relação ao desenho, cabe ainda discutir entre os brasileiros o impacto do método Dupuis, ensinado na École Municipale de Dessin, tido por Albert Boime como uma importante mudança técnica que educou o olhar para a síntese do esboço, abrindo caminho para a experiências impressionistas ("The Teaching of Fine Arts and the Avant-Garde in France During the Second Half of the Nineteeth Century", *Arts Magazine 60*, dez. 1985). No campo da escultura, saliente-se a importância da experiência italiana para Rodolfo Bernardelli e seu contato com o verismo, assim como para a pintura de Bernardelli, Almeida Júnior, Amoedo, Weingärtner, entre outros.

41. Para uma discussão das cópias realizadas durante a formação transnacional dos artistas brasileiros, ver Sonia Gomes Pereira, "A Tradição Artística e os Envios dos Pensionistas da Academia Imperial de Belas Artes do Rio de Janeiro", em *Oitocentos, Arte Brasileira do Império à República*, org. Arthur Valle e Camila Dazzi, Rio de Janeiro, EDUR-UFFRJ/DezenoveVinte, 2010, pp. 617-638.

42. Um dos pintores responsáveis pela revalorização dos pintores barrocos espanhóis, a partir da observação da coleção Luis Filipe, especialmente Ribera, a quem foi frequentemente comparado. Seu *Martírio de São Sebastião* foi sucesso no salão de 1865.

43. Gustave Guillaumet, hoje um pintor quase desconhecido, obteve um grande reconhecimento no Salão de 1868 quando apresentou *Sahara*, uma paisagem orientalista de naturalismo extremo, sem a idealização do exótico comum a essa pintura.

44. Uma lista das obras expostas nas exposições gerais pode ser consultada em Carlos Maciel Levy, *Exposições Gerais da Academia Imperial e da Escola de Belas Artes, Período Monárquico, Catálogo de Artistas e Obras entre 1840 e 1884* (Rio de Janeiro, ArteData, 2003), em alguns casos, as cópias são identificadas. Para um comentário de algumas cópias realizadas por artistas aqui citados ver, "x. Exposição de Belas Artes", *Revista Illustrada*, ano VII, n. 292, p. 2, 1882.

retornou de seu prêmio de viagem, em 1881, e sua indicação como professor de paisagem na Academia[45]. Não menos importante, o estímulo do ambiente muito heterogêneo, cosmopolita e competitivo do Salão e de outras exposições se mostrou fundamental para a construção de novas estratégias de inserção no meio artístico brasileiro – a realização de exposições individuais e coletivas, nos ateliês privados ou casas comerciais, a produção de catálogos e a própria crítica de arte parecem se intensificar após esses anos de formação transnacional mais sistemática dos nossos artistas.

Um rápido olhar para essa produção nos permite observar algumas questões e abordagens recorrentes que significam um afastamento da orientação acadêmica anterior no Brasil e que daria o tom da produção dessa geração de artistas dali por diante. O estudioso Luiz Marques elencou "alguns dos traços distintivos que começaram a prevalecer" nessa geração:

O desarme das poses e da gestualidade teatral codificadas pela academia, a celebração da vida cotidiana e da variedade sociológica e verista dos tipos populares, o culto do anonimato da metrópole, do detalhe realista, mas também o fascínio pelo requinte egocêntrico ou pela apatia do dândi, pela sensualidade perversa ou intimista dos nus, a auto revelação lírica do mundo penumbroso do ateliê como metáfora do artista, como objeto de uma pintura sem tema, a busca de um naturalismo despojado e por vezes agressivamente cru dos modelados, o abandono de todo idealismo plástico e da grande retórica compositiva[46].

Os gêneros tradicionais, como as cenas religiosas, foram tratados de maneira muito diferente do que havia sido produzido no meio acadêmico brasileiro até então. Pode-se comparar, por exemplo, a *Flagelação de Cristo* de Victor Meirelles (1858), ou *Moisés Recebendo as Tábuas da Lei*, de Zeferino da Costa (1868), *O Remorso de Judas* (1880) de Almeida Júnior, ou ainda sua *Fuga para o Egito* (1881) [Figura 2].

Nesses últimos, o enquadramento mais frontal da composição deu a Almeida Júnior a oportunidade de explorar a robustez dos personagens, a fim de enfatizar uma representação realista de etnicidade e costumes e uma interpretação humanista moderna das cenas bíblicas. A figura humana, longe

---

45. Alfredo Galvão, *João Zeferino da Costa*, Rio de Janeiro, Departamento Gráfico do Museu de Armas Ferreira da Cunha, 1973, p. 8.

46. Luiz Marques, "As Cinco Seções da Exposição", *30 Mestres da Pintura no Brasil – CrediCard*, catálogo de exposição, São Paulo, MASP, 2001, pp. 39-40.

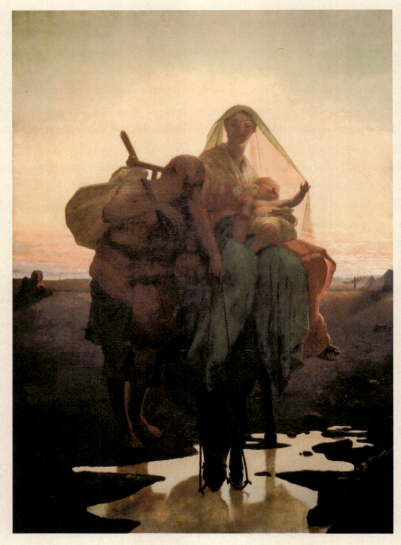

Figura 2. José Ferraz de Almeida Júnior, *Fuga para o Egito*, 1881. (Acervo do MNBA, Rio de Janeiro).

de representar a noção idealista de beleza sagrada ligada à tradição clássica e renascentista, foi observada pelo pintor com escrutínio naturalista, traço comum, por exemplo, com a pintura de um mestre como Bonnat, do *Job* (1880), ou a de um jovem artista francês como Aimée Morot, em *O Bom Samaritano* (1880), ambos trabalhos apresentados no Salão de 1880[47], do qual o brasileiro também participa, e referências claramente importantes para o pintor.

A recepção da *Vida de Jesus*, de Ernest Renan, no meio artístico francês, teve um papel crucial ao impor uma abordagem crítica à religião e à fé, e foi também o caso de estudantes brasileiros como Rodolpho Amoedo, que escolheu retratar seu Jesus em *Cristo em Cafarnaum* (1887) [Figura 3], como uma "aparição corporificada pela crença dos leprosos e paralíticos, cérebros suficientemente dosados para os fenômenos fantasiosos da visão", como descreveu o crítico Gonzaga Duque[48]. A decisão de Amoedo de descrever a fé em Cristo como uma manifestação de alucinação "supersticiosa" levantou algumas preocupações entre os jurados acadêmicos. No parecer sobre os envios do artista, eles aprovaram a extensão da bolsa para que Amoedo completasse o trabalho no exterior, mas, apesar de considerar a obra uma boa composição, aconselharam o aluno a dar mais "relevo" à figura do Cristo. Em sua avaliação dos envios, também instruíram o jovem artista a se libertar do que interpretaram como uma "situação transitória e dependente"[49] demonstrada por sua produção, devido ao seu compromisso com "o estudo, a prática e os princípios da Escola Francesa Contemporânea"[50].

Para esses jovens artistas, as pinturas religiosas deveriam traduzir valores familiares ou virtudes cristãs, como a maternidade e a caridade, mais do que a transfiguração e a fé místicas. Mais uma vez, o exemplo da *Fuga para o Egito* (1881) de Almeida Júnior é contundente – nela, não vemos Anjo em sua aparência etérea guiando o caminho da Sagrada Família, presente no esboço, mas removido da composição final. Em vez disso, o artista representa uma família simples e "popular", camponesa: o pai diligente, a mãe gentil e o filho brincalhão, retratados em

---

47. Cf. François-Guillaume Dumas, *Catalogue Illustré du Salon de 1880*, Paris, Motteroz/L. Baschet, 1880, pp. 8 e 48.
48. Gonzaga Duque, *Contemporaneos: Pintores e Esculptores*, Rio de Janeiro, Typ. B. de Souza, 1929, p. 17.
49. Manuscrito, *Atas das Sessões da Presidência do Diretor* (1882), Notação 6153, p. 10. Museu D. João VI.
50. *Idem, ibidem.*

Figura 3. Rodolpho Amoedo, *Cristo em Carfanaum*, 1887.
(Acervo do MNBA, Rio de Janeiro).

monumentalidade calma, com claro-escuro eficiente e dramático, e a inteligente observância dos efeitos de luz na paisagem, típica da pintura orientalista.

A pintura orientalista foi de grande interesse para esses artistas. A característica atmosfera de luz deste gênero costumava representar o "afastamento" do espaço e do tempo e a representação do exotismo do Oriente Próximo. Isso está presente em *A Fuga para o Egito*, de Almeida Júnior (1881), mas também em *A Partida de Jacó* (1884), de Amoedo, e no seu *Cristo em Cafarnaum* (1887), assim como na representação fixada na versão de Pedro Peres para *A Fuga para o Egito* (1884).

O uso de fortes contrastes luminosos e escuros também seria utilizado como sinal visual de uma atmosfera de sensualidade e decadência, como na

Messalina (1886-1890) de Henrique Bernardelli. O clareamento da palheta observado em todos esses artistas pode ser conectado ao orientalismo – mas também tem relações com o simbolismo e o naturalismo como tendências experimentadas naqueles anos[51]. No discurso artístico brasileiro, esse clareamento viria a ser compreendido como um modo "genuíno" de representação da luz solar tropical no Brasil nos anos subsequentes.

Algumas obras de Amoedo – como a *Partida de Jacó* (1884) ou *A Narração de Philectas* (1887) – devem ser claramente filiadas às experimentações estilísticas de Puvis de Chavannes, de quem o jovem brasileiro foi aluno. Nesses trabalhos, vemos Amoedo adaptando à composição do cavalete a homogeneização sintética das cores característica da pintura decorativa de Puvis de Chavannes. Ele a combina a uma atenção naturalista da volumetria anatômica das figuras, incomum a Chavannes, mas que pode ser notada nos trabalhos de outros contemporâneos como Fernand Cormon ou Aimé Morot, que também clareiam sua palheta de cores. Amoedo está, de fato, interagindo produtivamente com diferentes insumos artísticos: em *Cristo em Cafarnaum*, a luz é definitivamente usada para sugerir uma representação simbólica do invisível; em obras como *Estudo de Mulher* (1884), observa-se que o interesse pela interação óptica das cores se funde com a busca da representação dos aspectos táteis da matéria, através das pinceladas mais encorpadas da pintura naturalista ou do verismo italiano.

A pintura de gênero – eminentemente moderna – teve seu triunfo nesta geração. A pintura de gênero e as cenas de gênero histórico aparecem em um grande número de trabalhos durante esses anos. Até então, o meio artístico no Brasil era muito restritivo na definição da pintura histórica: cenas retiradas da literatura ou da fábula nem sempre foram consideradas históricas pelos acadêmicos e críticos brasileiros. Félix Ferreira afirmou: "a pintura histórica, para mim, só pode se basear na própria história ou na lenda, que, com a autoridade dos séculos, tenha a consagração histórica"[52].

---

51. O clareamento da palheta, o uso das cores complementares e a busca da representação direta dos efeitos da luz, como se sabe, foram resultantes da prática de pintura ao ar livre, desde as escolas paisagísticas do início do XIX, mas também presentes nas experiências dos pintores românticos, orientalistas, dos realistas e naturalistas, na França, e dos veristas e *macchiaoli* na Itália, dos naturalistas em Portugal, entre outros, não sendo uma exclusividade dos impressionistas franceses.

52. Félix Ferreira, *Belas Artes – Estudos e Apreciações*, Porto Alegre, Editora Zouk, 2013, p. 216.

Os artistas brasileiros dessa geração viram nas cenas de gênero histórico e nas representações de costumes[53] uma alternativa para as cenas de batalha das narrativas oficiais da história brasileira. O tema da morte de Atala, por exemplo, representado por Augusto Duarte e Amoedo (1879 e 1883, respectivamente), baseado no romance de 1801 de Chateaubriand, é um dos exemplos de ressignificação de um tema de gênero, romântico por excelência, para os propósitos da renovação da pintura de história em chave modernizante. Apesar do texto de Chateaubriand ser uma fonte bem conhecida de inspiração do nacionalismo latino-americano e do catolicismo monárquico em sua construção do nobre selvagem, como destacou Luciano Migliaccio[54], ambas as obras podem ser interpretadas como uma crítica direta ao indianismo que ainda vigorava no meio intelectual brasileiro, indicando o limite de sua eficácia como modelo simbólico e pictórico.

A Atala desses dois pintores não representa mais, como para uma geração anterior, o ideal do sacrifício do índio em benefício do futuro de uma nação. Retratadas como um cadáver real – ou que logo será –, as representações de Atala de Duarte e Amoedo atestam sua descrença na ideologia da redenção da população nativa através da fé católica[55]. Como afirma Migliaccio, com elas se comprovam o "naufrágio do sistema de convenções linguísticas e da hierarquia de gêneros da tradição acadêmica", representam também uma crítica pungente da construção ideológica da nação brasileira como a harmonia das três raças, que apoiou a iconografia oficial e grandes exemplos de pintura histórica no Brasil, como a *Primeira Missa*, de Victor Meirelles[56].

No exterior, os estudantes brasileiros também praticavam frequentemente cenas de gênero tiradas de eventos cotidianos, especialmente a vida e hábitos camponeses, inspirados pelo sucesso do naturalismo camponês de Jules Breton, Bastien Lepage e Léon Lhermitte e do verismo italiano.

---

53. Sigo a terminologia de Michaël Vottero, "Scènes de Genre Historique", *La Peinture de Genre en France, après 1850* (Rennes, Presses Universitaires de Rennes, 2012), p. 79.
54. Luciano Migliaccio, 'Rodolfo Amoêdo. O Mestre, Deveríamos Acrescentar', *30 Mestres da Pintura no Brasil – CrediCard*, org. Luiz Marques, São Paulo, MASP, 2001, p. 33.
55. O mesmo pode ser dito sobre o *Último Tamoio*, de Amoedo. Aimbyre, o último sobrevivente dos tamoios e o personagem principal do poema épico de Gonçalves de Magalhães, *A Confederação dos Tamoios* (1857), é representado como um corpo em putrefação, "sepultando de uma vez por todas a poética oficial da corte" (Luciano Migliaccio, "Rodolfo Amoedo. O Mestre, Deveríamos Acrescentar", p. 34).
56. Luciano Migliaccio, *idem*.

Figura 4. José Ferraz de Almeida Júnior, *Derrubador Brasileiro*, 1880. (Acervo do MNBA, Rio de Janeiro).

Artistas como Henrique Bernardelli e Belmiro de Almeida escolheram temas de gênero e adotaram uma estética naturalista como forma de criar uma arte coerente com os tempos modernos e suas preocupações. Mas para pintores como Almeida Júnior e Rodolpho Amoedo[57] o naturalismo também significava uma resposta estrategicamente nova às exigências da identidade nacional. *O Derrubador Brasileiro* (1879) de Almeida Júnior [Figura 4] e *Marabá* (1882) de Rodolpho Amoedo[58], duas representações do "mestiço" brasileiro apontam para o que se tornaria um *leitmotiv* no trabalho das seguintes gerações modernistas, em seu esforço para definir uma "escola nacional" de arte. Essas representações sensuais do "tipo nacional" como o produto da miscigenação "impura" e "indolente" provariam ser uma declaração poderosa contra teorias de "branqueamento racial" que povoariam o discurso oficial após a abolição da escravatura em 1888[59], e receberia uma impressionante representação visual de "satisfação ideológica", como observou Rafael Cardoso, em *Redenção de Cam*, de Modesto Brocos, de 1895[60].

Há também um número notável de cenas de ateliê produzidas por artistas brasileiros na Europa. Elas não foram feitas apenas para celebrar o trabalho – e também os prazeres íntimos – do ambiente do ateliê do artista; também podem ser vistas como investigações sobre a profissão em si, e pode-se suspeitar que refletir sobre a questão era de importância crucial para aqueles artistas que experimentavam uma atmosfera de estímulo e dinamismo muito diferente da encontrada nos seus locais de origem[61].

Não menos importante era o fato de que esses artistas sabiam que, quando voltassem para casa, teriam que lutar pelo reconhecimento em uma sociedade que ainda tinha pouco interesse pelas artes e continuava a ver a pintura ou a

57. Assim com os *Bandeirantes*, 1889, de Henrique Bernardelli, do Museu Nacional de Belas-Artes do Rio de Janeiro.
58. Especialmente o estudo de 1882, do Museu Nacional de Belas-Artes, RJ.
59. Sobre as teorias de embranquecimento racial, ver Thomas Skidmore, *Black into White: Race and Nationality in Brazilian Thought*, Durham, Duke University Press, 1993.
60. Rafael Cardoso, "The Problem of Race in Brazilian Painting c. 1850-1920", *Art History*, n. 39, vol. 3, p. 498 (june 2015).
61. Sobre esse assunto, ver o catálogo da exposição organizada na Pinacoteca de São Paulo, *Trabalho de Artista: Imagem e Autoimagem, 1826-1929*, organizada por Fernanda Pitta, Ana Cavalcanti e Laura Abreu (orgs.), *Trabalho de Artista: Imagem e Autoimagem, 1826-1929*, São Paulo, Pinacoteca de São Paulo, 2018.

escultura no quadro do trabalho manual – o trabalho de membros de baixo escalão da sociedade e dos escravos. Não parece por acaso que o *Descanso do Modelo*, de Almeida Júnior, e o *Estudo de Mulher*, de Rodolpho Amoedo, duas obras que pela primeira vez retratam nus não alegóricos ou históricos na arte brasileira, apresentem o ateliê do artista como cenário. Se o ateliê é o símbolo da individualidade do artista[62], a presença do modelo nu nesse contexto pode ser facilmente entendida como uma afirmação do compromisso com a sensualidade da realidade concreta que motiva o trabalho artístico, e um desdém em relação aos apelos do ideal ou do alegórico.

O impulso à modernização dessa geração, construído a partir das experiências transnacionais, se intensificaria ao longo da década de 1880, o que fica evidente já no exame da Exposição Geral de 1884 no Rio de Janeiro, onde foi exposta grande parte das obras acima, mostra que é o primeiro triunfo dessa "escola moderna", especialmente no tocante à renovação dos temas tradicionais e também no impacto da nova pintura de gênero realista – e do nu. A exposição das obras de Henrique Bernardelli, em 1886, composta das obras realizadas pelo artista em sua viagem à Itália, analisada por Dazzi[63], pode ser entendida como prova da consolidação da ideia de moderno que ancorava essa nova produção. O artista será celebrado pela crítica progressista como seguidor do "programa da arte moderna" (França Júnior). O "artista moderno" (França Júnior) consolidava-se assim no imaginário da crítica, do público e no meio artístico.

O IMPACTO NA LITERATURA ARTÍSTICA

Tais experiências transnacionais afetaram a narrativa da arte brasileira apresentada no meio acadêmico e em sua coleção, mas também influenciaram a literatura de arte da época. No final da década de 1880, o Brasil viu a publicação dos dois primeiros livros sobre arte brasileira, escritos por dois dos principais jornalistas da época: Félix Ferreira, escritor, publicista e editor

---

62. Rachel Esner, "Nos Artistes Chez Eux. L'Image des Artistes dans la Presse Illustré", em Alain Bonnet (org.), *Artiste en Représentation: Images d'Artiste dans l'Art du XIXème Siècle*, Lyon, Fages Editions, 2012.

63. Ver Camila Dazzi e Arthur Gomes Valle, "Modernidade na Obra e na Auto-Imagem de Henrique Bernardelli", em *Entre Territórios – 19ª Encontro Nacional da ANPAP, 2010, Cachoeira (Anais do Encontro Nacional da ANPAP*, Cachoeira (BA), EDUFBA/ANPAP, 2010, pp. 133-147).

em seus quarenta e quatro anos, e Gonzaga Duque-Estrada, um jovem crítico em seus vinte e cinco anos. A obra de Ferreira, *Belas-Artes – Estudos e Apreciações*, foi publicada em 1885[64]. *A Arte Brasileira*, de Gonzaga Duque, foi publicada três anos depois[65].

A arte brasileira era a preocupação geral dos dois escritos. Ambos ainda refletiam sobre sua possibilidade de inscrição em um cânone de arte ocidental, mas, diferentemente do que intelectuais como Taunay e Porto-Alegre mantiveram anteriormente, para eles a arte brasileira não deveria desenvolver-se a partir do exemplo da tradição clássica, mas das experiências do presente.

Tendo aparentemente a mesma estrutura, ambos os livros começam com uma grande primeira parte da história da arte a partir de uma perspectiva "universal"; depois dedicam uma segunda parte à arte brasileira. Enquanto Ferreira centra seus comentários na análise de exposições contemporâneas, o livro de Duque começa com a arte da Era Colonial e a produção que se seguiu à fundação da Academia Imperial de Belas-Artes, estabelecendo uma periodização que identificaria o desenvolvimento artístico brasileiro com a colonização e as mudanças trazidas pela Independência. Um elemento importante do livro de Ferreira, que o distingue do de Duque, é que ele não se restringe às artes plásticas, mas expande suas considerações para as artes industriais ou aplicadas, especialmente as artes gráficas. Gonzaga Duque, ao contrário, concentra-se no meio de arte acadêmica e nas artes plásticas, especialmente na pintura. Sua principal preocupação é o *status* das artes visuais na sociedade brasileira e a urgente necessidade de elevá-las ao mesmo nível conquistado pela literatura nacional.

Ferreira e Gonzaga Duque entenderam o desenvolvimento da arte dentro do quadro da evolução natural – nascimento, desenvolvimento, clímax e decadência –, mas também expressaram preocupações com a renovação e com a função social da arte relacionada ao progresso. Ainda que Ferreira considerasse a Grécia antiga o auge da cultura ocidental e um eterno legado, a França seria o exemplo moderno a seguir, já que para ele o Brasil compartilhava uma

---

64. Félix Ferreira, *Belas-Artes – Estudos e Apreciações,* Porto Alegre, Editora Zouk, 2012. Sobre o livro de Félix Ferreira, ver a introdução de Tadeu Chiarelli e a excelente resenha de Fabio d'Almeida "O Lado de Lá das Artes", *Estudos Avançados*, vol. 27, n. 79, São Paulo, Instituto de Estudos Avançados da USP, 2013.
65. Gonzaga Duque, *Arte Brasileira*, notas e introdução Tadeu Chiarelli, Campinas, Mercado das Letras, 1995.

raiz latina comum com o país. Ambos os autores consideraram que a arte brasileira ainda estava em evolução – Ferreira achava que estava em seus anos de formação, Duque em seu período de "progresso". Sua principal preocupação era indagar se as condições gerais da sociedade e cultura brasileiras seriam favoráveis ou não ao florescimento de um arte nacional em todo o seu potencial. A questão para eles era descobrir como promover esse processo.

Ambos os escritores criticam fortemente o meio artístico brasileiro. Ferreira caracteriza-o como mercenário e insensível aos valores artísticos e defende a necessidade de educação, o desenvolvimento do gosto através do fortalecimento das instituições e da profissionalização. Para ambos, a pintura de gênero foi um elemento muito importante para o aprimoramento da arte brasileira, através da exposição de preocupações e ideias modernas. Ferreira expressa a necessidade de abandonar temas históricos e aponta para a possibilidade de explorar o rico campo inexplorado dos costumes e tradições nacionais. Duque se posiciona contra o apelo ao exótico e a importância dada à figura do brasileiro nativo como representante da identidade nacional. Ele afirma que uma cultura estética deve refletir sobre as singularidades do país, mas com um olho para o contexto internacional de ideias e valores. Para ele, a arte deveria abandonar os temas tradicionais e explorar a moral burguesa e o modo de vida moderno.

É claro que as interpretações e ideias sustentadas pelos dois escritores nesses livros foram apoiadas pela produção dos jovens artistas brasileiros em seu treinamento transnacional. Se, para os autores, essa jovem produção não representava uma solução imediata para o problema da Escola Brasileira, apontava para novas perspectivas e dava esperança para o futuro da arte nacional. A Escola Brasileira, Ferreira argumentou, "não nasceria de uma jorrada como Minerva da cabeça de Júpiter"[66], mas evoluiria com o tempo, com os esforços desses artistas, até que houvesse condições sociais e políticas mais favoráveis para transformar as estruturas de formação artística no Brasil. Um objetivo que levaria – uma vez que esta geração chegou ao poder com o novo regime republicano de 1889 – à Reforma de 1890 que transformou a Academia Imperial de Belas-Artes na Escola Nacional de Belas-Artes e que significou, arriscaríamos afirmar, secundando as análises de Camila Dazzi,

---

66.   Félix Ferreira, *Belas-Artes – Estudos e Apreciações*, p. 129.

uma das primeiras – ainda que contraditória ou precária – institucionalizações do moderno em fins do século XIX em todo o mundo.

REFERÊNCIAS BIBLIOGRÁFICAS

AMOEDO, Rodolpho. "Manuscrito". *Atas das Sessões da Presidência do Diretor*. Notação 6153, Museu D. João VI, 1882.

ANÔNIMO. "Academia de Bellas Artes". *Revista Musical*, n. 12, p. 1, mar. 1879. *Apud* GUARILHA, Hugo. "A Questão Artística de 1879: Um Episódio da Crítica de Arte do II Reinado". *19&20*, vol. I, n. 3, nov. 2006, Rio de Janeiro.

CARDOSO, Rafael. "The Problem of Race in Brazilian Painting *c*. 1850-1920". *Art History*, n. 39, vol. 3, jun. 2015.

DAZZI, Camila & VALLE, Arthur Gomes. "Modernidade na Obra e na Auto-Imagem de Henrique Bernardelli". *Entre Territórios – 19ª Encontro Nacional da ANPAP, Anais do Encontro Nacional da ANPAP*. Cachoeira (BA), EDUFBA/ ANPAP, 2010.

DIAS, Elaine. "Les Artistes Français au Brésil au XIXème Siècle: L'Académie des Beaux-Arts et la Formation de la Collection Nationale de Peintures au Rio de Janeiro". *In:* PANZANELLI, Roberta & PRETTI-HAMARD, Monica (orgs.). *La Circulation des Oeuvres d'Art / The Circulation of Works of Art in America, 1789-1848*. Rennes/Paris/Los Angeles, Presses Universitaires de Rennes, Institut National d'Histoire de l'Art, Getty Research Institute, 2007.

DUQUE, Gonzaga. *Arte Brasileira*. Notas e introdução Tadeu Chiarelli. Campinas, Mercado das Letras, 1995.

_____. *Contemporaneos: Pintores e Esculptores*. Rio de Janeiro, Typ. B. de Souza, 1929.

ESNER, Rachel. "Nos Artistes Chez Eux. L'Image des Artistes Dans la Presse Illustré". *In:* BONNET, Alain (org.). *Artiste en Représentation: Images d'Artiste dans l'Art du XIXème Siècle*. Lyon, Fages Editions, 2012.

FERREIRA, Félix. *Belas-Artes – Estudos e Apreciações*. Porto Alegre, Editora Zouk, 2012.

FREIRE, Laudelino. *Um Século de Pintura. Apontamentos para a História da Pintura no Brasil*. Rio de Janeiro, Tipographia Röhe, 1916.

FROMENTIN. "Esthética Positiva". *Revista Musical e de Bellas Artes*, n. 19, p. 2, 1879. *Apud* GUARILHA, Hugo. "A Questão Artística de 1879: um Episódio da Crítica de Arte do II Reinado", *19&20*. vol. I, n. 3, nov. 2006, Rio de Janeiro.

GALVÃO, Alfredo. *João Zeferino da Costa*. Rio de Janeiro, Departamento Gráfico do Museu de Armas Ferreira da Cunha, 1973.

GIL, A. [José Ribeiro Dantas Júnior]. "Rio, 8 de maio de 1879". *Revista Illustrada*, ano IV, n. 159, 1879.

_____. "Rio, X de Dezembro de 1879". *Revista Illustrada*. ano IV, n. 187, 1879.

GUARILHA, Hugo. "A Questão Artística de 1879: Um Episódio da Crítica de Arte do II Reinado". *19&20*, vol. I, n. 3, nov. 2006, Rio de Janeiro.

JUNIO [José Ribeiro Dantas Júnior]. "Salão de 1879". *Revista Illustrada*, ano IV, n. 157, 1879.

MAJLUF, Natalia. "'Ce n'est pas le Pérou' or, the Failure of Authenticity: Marginal Cosmopolitans at the Paris Universal Exhibition of 1855". *Critical Inquiry*, vol. 23, n. 4, 1997.

MALOSETTI, Laura. *Los Primeros Modernos, Arte y Sociedad en Buenos Aires a Fines del Siglo XIX*. Buenos Aires, Fondo de Cultura Económica, 2001.

MARQUES, Luiz. "As Cinco Seções da Exposição". *30 Mestres da Pintura no Brasil – CrediCard*. Catálogo de Exposição. São Paulo, MASP, 2001.

MIGLIACCIO, Luciano. "Rodolfo Amoêdo. O Mestre, Deveríamos Acrescentar". *In:* MARQUES, Luiz (org.). *30 Mestres da Pintura no Brasil – CrediCard*. São Paulo, MASP, 2001.

NERLICH, France & VRATISKDOU, Eleonora. *Disrupting Schools: Transnational Art Education in the 19th Century*. Turnhout, Brepols Publishers, 2020.

PEREIRA, Sonia Gomes. "A Sincronia Entre Valores Tradicionais e Modernos na Academia Imperial de Belas-Artes: os Envios de Rodolfo Amoêdo". *ArtCultura* 12, n. 20, 2010.

SILVA, Bethencourt da. "Bellas Artes". *Revista Brazileira*, out. 1879. *Apud* GUARILHA, Hugo. "A Questão Artística de 1879: Um Episódio da Crítica de Arte do II Reinado", *19&20*, vol. I, n. 3, nov. 2006, Rio de Janeiro.

SQUEFF, Leticia. *Uma Galeria para o Império, A Coleção Escola Brasileira e as Origens do Museu Nacional de Belas-Artes*. São Paulo, Edusp, 2020.

TAUNAY, Félix-Émile. "Discurso da Sessão Pública de 1840". *Atas da Academia Imperial de Belas-Artes* (manuscrito, Museu D. João VI, EBA-UFRJ). *Apud* DIAS, Elaine. "Félix-Émile Taunay e a Prática do Discurso Acadêmico no Brasil (1834-1851)". *Revista de História da Arte e de Arqueologia*, n. 9, 2008.

VLACHOU, Foteini. "Why Spatial? Time and the Periphery". *Visual Resources*, n. 1-2, vol. 32, mar.--jun. 2016.

VOTTERO, Michaël. "Scènes de Genre Historique". *La Peinture de Genre en France, après 1850*. Rennes, Presses Universitaires de Rennes, 2012.

12

CARTAS EM CONTEXTO:
DOCUMENTO OU GÊNERO LITERÁRIO

SERGIO MICELI

EM *MIMESIS*, AUERBACH consagra o capítulo "A Ceia Interrompida" aos tipos de realismo emergente na literatura francesa dos séculos XVII e XVIII. Após analisar a novela *Manon Lescaut*, do Abade Prévost, e um trecho curto de Voltaire, ele disseca as memórias de Saint-Simon, um aristocrata de alto coturno – duque, par de França, membro do conselho ao tempo da regência exercida pelo Duque de Orléans. Saint-Simon compartilha tais credenciais com outros escribas nobres – Cardeal de Retz, La Rochefoucauld –, envolvidos em círculos da corte absolutista, a braços com desavenças políticas, em meio a intrigas e percalços no cotidiano das elites dominantes. O ápice de seu prestígio ocorreu após a morte de Luís XIII, chamado a integrar o conselho assessor do regente, no período de minoridade do futuro Luís XIV. Obcecado pelo desígnio de restaurar os privilégios da nobreza, ele já perdera a parada por conta dos avanços do centralismo monárquico. O fato de se ausentar amiúde da sociabilidade em Versalhes tampouco facilitou as investidas de carreira política. O envolvimento em sedições, ao longo do extenso reinado de Luís XIV, lhe proporcionou o anedotário indispensável aos retratos vitriólicos de homens e mulheres da nobreza de sangue, cujas fragilidades ele conhecia na intimidade. Não obstante, as opiniões políticas caducas não tolheram o registro hiper-realista da aristocracia; mesclando estilos, o manejo literário desconcertante permitia baralhar materiais pinçados em domínios variados da experiência. Seus perfis mobilizam feições corporais, tiques, idiossincrasias, manias, esquadros morais, virtudes e recalques, vestuário, aparência, posturas, traquejo, marcas de beleza, de idade, defeitos físicos, do mais pedestre ao intangível. Tais feições dão vida a personagens ardidos, peculiaríssimos e, ao mesmo tempo, realçam os foros de soberba e a posição de destaque nas facções em peleja no interior da sociedade de corte.

Um dos episódios antológicos é o momento em que Saint-Simon (e o leitor) assiste o Duque de Orléans evacuar diante dos criados. A força do relato provém do engenho em conjuminar notações de experiência e verossimilhança ficcional, no contrapé das representações de decoro de classe. A contaminação entre o corporal e o moral, o *status* e a fortuna política, o existencial e o espiritual, gestou um realismo extravagante, precursor das formas modernas de apreensão da vida. Resgatadas como subsídio histórico e enaltecidas como feito literário, as memórias de Saint-Simon não se encaixam a rigor em nenhum escaninho de gênero.

Assim como a feitura das reminiscências se nutre das movidas da camada aristocrática a que pertencia o narrador, os gêneros de documentação biográfica com que hoje lidam estudiosos nas humanidades – cartas, memórias, autobiografias, diários íntimos, fotobiografias, entrevistas, depoimentos, relatos de viagem, repertórios e dicionários biográficos, guias biobibliográficos, necrológios – devem ser apreciados em paralelo às circunstâncias de produção. A despeito do volume ou do relevo do lastro documental aí sedimentado, o recurso a essas fontes requer o escrutínio dos interesses sociais investidos. Cada grupo social conforma as representações dos efetivos em meio às condições de gestação e de reprodução de sua trajetória – familiar, escolar, amorosa, profissional, política, ideológica – infundindo aos suportes expressivos do memorialismo os valores, as expectativas e as injunções do *habitus* de classe compartilhado.

À guisa de exemplo, o exame da literatura sobre o episcopado brasileiro ao tempo da romanização (1890-1930) evidencia feições determinantes na prática dos gêneros mencionados. Os bispos detentores de carreira bem-sucedida na hierarquia eclesiástica encomendavam balanços de vida e de trabalho, editados em volumes suntuosos, em grande formato, ricamente ilustrados, com cadernos de imagens emolduradas por guirlandas, as chamadas *polian-*

teias, quase sempre aos cuidados de auxiliares e de protegidos, por vezes sem nomear os responsáveis pelo projeto editorial, em capa dura, impressos em papel acetinado, munidos de abundante iconografia. Um prelado de carreira mediana, muita vez preterido no acesso ao chapéu cardinalício, fará jus ao relato biográfico consolador, condoído, na pena de algum ajudante prestimoso, em brochura sem aparatos, cuja tônica eufêmica nubla o ressentimento do homenageado e a decepção do biógrafo pela perspectiva truncada de promoção. Ou então, um prelado relegado ou mesmo punido fará encomenda de um escorço biográfico de enaltecimento, prova compensatória pelos desacertos no itinerário clerical. Os formatos e os feitios do memorialismo episcopal derivam de injunções impostas pela instituição eclesiástica, das relações de força aí travadas e do capital de relações dos protagonistas. Nenhum registro adquire sentido à revelia das constrições de fatura, derivadas dos interesses saciados ou contrariados dos agentes.

As informações nas fontes devem ser cotejadas e apreciadas à luz das circunstâncias da encomenda e da feitura. São materiais palpitantes que ganham prumo no contexto de sua gênese e não refugos de uma experiência de vida. O teor substantivo desse manancial emerge pelo confronto entre trajetórias de dignitários eclesiásticos detentores de cabedal de prestígio e de poder de calibre variado, um retrato contrastivo.

Na visada de figuras de proa no modernismo nativo – os poetas Manuel Bandeira, Augusto Meyer, Murilo Mendes, o romancista Graciliano Ramos –, a infância constitui o período que melhor se presta à reconstrução idealizada de como o futuro escritor teria se orientado para o ofício literário. Tudo se passa como se o escritor nato germinasse no menino enfeitiçado pela beleza, apartado do grupo familiar, impermeável às agruras de classe, desde cedo incensado pelo destino de exceção, acúmulo de privilégios a salvo dos imponderáveis do mundo social. Tais relatos se assemelham bastante às vidas de santos, dos bafejados pelos eflúvios da graça e da redenção.

Em gêneros memorialísticos que envolvem parceiros assimétricos – em especial, nas biografias e nas cartas –, é forçoso qualificá-los de saída. O liame crucial a ser deslindado é a natureza da relação entre os protagonistas: entre o biografado e o biógrafo, entre os missivistas. Na história intelectual brasileira, a autoria de um volume considerável de biografias coube a parentes próximos ou afins, os quais também ostentavam veleidades de nome próprio no domínio literário, como, por exemplo, nos escritos de Joaquim Nabuco ou de Alcântara Machado. Outra leva de escorços biográficos foi redigida por discípulos ou seguidores dos homenageados – Oneyda Alvarenga, Paulo Duarte, Leonídio Ribeiro –, testemunhos reverentes de louvação e de reconhecimento. Folhas de reminiscência foram iniciativas de amigos íntimos – Ribeiro Couto sobre Manuel Bandeira, Murilo Mendes sobre Ismael Nery, Carlos Drummond de Andrade sobre João Alphonsus –, textos que, mesmo sem o saber, realçam os dotes de virtuose do escriba e atestam a maestria dos imbuídos da autoridade de consagrar. Um intercâmbio sutil de notoriedade. Vale lembrar a penca de biografias chanceladas por *experts* no gênero, profissionais que se especializaram na apologia de luminares. Edgard Cavalheiro biografou Fagundes Varela, Álvares de Azevedo, Monteiro Lobato, Francisco Glicério; fez desse mister o ganha-pão a ponto de arriscar um enfoque reflexivo sobre o gênero encomiástico.

As coletâneas de correspondência suscitam exigências peculiares em matéria de leitura e de interpretação, mas, por outro lado, deixam a ver, com lentes de precisão, os bastidores alvoroçados da vida intelectual. Os volumes recentes, com missivas de ambos interlocutores, requerem o rastreamento dos traços morfológicos dos parceiros. Tratam-se de materiais que se prestam ao cotejo de experiências, a sequência de cartas desvelando altos e baixos dos itinerários – familiar, profissional, literário –, as circunstâncias da "eleição" e "conversão" dos dialogantes em amigos, quase um dueto reflexivo compulsório, uma troca de ideias, de confidências, de escritos, temperado por mágoas, estremecimentos, conflitos, desavenças pessoais e políticas, ajustes de contas. Cumpre desbastar os clichês amiúde invocados por críticos afeitos aos sortilégios de uma ideologia da amizade, pretexto muita vez invocado para reiterar a doxa das afinidades eletivas. O escrutínio deve atentar às assimetrias tácitas no relacionamento entre os missivistas, marcado pelos diferenciais de idade, de gênero e de sexualidade, de reconhecimento, de traquejo literário e artístico, de inclinações políticas.

As cartas trocadas entre Mário de Andrade e Manuel Bandeira, entre Mário de Andrade e Carlos Drummond de Andrade, divulgadas com aparato crítico e iconográfico, permitem entrever na íntegra as marcas dos interesses aí investidos por parte dos dialogantes. A tendência de apreendê-las como acervo monumental de informações sobre os itinerários de vida e de trabalho, sobre o impacto e a fortuna crítica das obras, corre o risco de se prender aos aspectos anedóticos, à excessiva personalização das vozes, desatenta às evidências factuais da lógica social que presidiu a fatura. O rastreamento das informações pertinentes está ancorado nos laços entre os vocais, sendo indispensável tomar os fundamentos do enlace como prumo de garimpo dos episódios e das anedotas. O foco nos liames estruturais propicia um instrumento potente de descarte, um antídoto à autocondescendência flagrante no deleite pelo inefável. Dito de outro modo, as cartas dão a ver o que se passou entre os interlocutores, mas também permitem reconstruir as feições de um retrato de grupo, as balizas de um campo literário em gestação. O registro anedótico toma pulso e energia em meio às lutas em curso pela legitimação no universo intelectual.

À primeira vista, as cartas constituem materiais preciosos no mapeamento de uma trajetória singular, quiçá de uma parceria estratégica. No entanto, essas histórias de vida aparentemente extraordinárias, fora de medida entre os coetâneos, adquirem rosto e pulsão se contrastadas aos demais litigantes no espaço do campo literário. Mário, Bandeira e Drummond, entre outros, lograram, por meio de cartas e de reminiscências, em crônicas e ensaios, restituir as circunstâncias na raiz de suas inclinações para a atividade intelectual. Encetaram um diálogo epistolar estratégico à inteligibilidade de uma história social da atividade literária no país. A publicação na íntegra das cartas trocadas entre eles como que transmutou o *status* heurístico dos depoimentos e, por conseguinte, propiciou flancos insuspeitados de acesso à dinâmica contraditória do campo intelectual. A começar pela exigência ora incontornável de levar em conta os aportes de ambos interlocutores, em vez de substancializar a voz isolada de um dos parceiros.

Desde o início da correspondência em 1922, a pequena diferença de idade entre Manuel Bandeira (1886) e Mário de Andrade (1893) constitui clivagem crucial para atinar com os investimentos dos parceiros e, em especial, para ajuizar a valência da conversa no espaço do universo intelectual da época. Autodidatas, ambos estrearam em 1917, Bandeira com o volume simbolista *A Cinza das Horas*, Mário com os versos de timbre parnasiano em *Há uma Gota de Sangue em Cada Poema*. Bandeira se esquivou da Semana de Arte Moderna, mas praticou desde cedo o verso livre (*Carnaval*, 1919), carro-chefe da estética modernista; Mário se firmou como o baluarte do modernismo com o aguerrido *Pauliceia Desvairada* (1922). Dois livros na bagagem sinalizavam, todavia, encaixe bastante diferenciado na cena literária, Bandeira aclimatado à praça carioca, Mário pressagiando o cacife paulista.

Ficaram solteiros a vida toda, apesar de inclinações distintas no tocante à orientação sexual. O celibato de Mário se enraizava na identificação com as mulheres do núcleo doméstico, o de Bandeira fora provocado pelas recaídas da tuberculose e pela perda da irmã, da mãe, do pai e do irmão. A orientação deles para a atividade intelectual se explica em larga medida pelo esvaimento dos recursos materiais e por verem truncadas outras alternativas de carreira. Bandeira começou sobrevivendo com o montepio paterno, Mário com as aulas no Conservatório Musical. A correspondência escancara a relação tumultuada com o corpo e com a doença, Bandeira acuado pelos cuidados preventivos, Mário vivenciando uma fieira de episódios psicossomáticos. Tais constrições repercutiram nos padrões de conduta amorosa: Bandeira defensivo perante as namoradas, em couraça de autoproteção, com restrições na dieta e no consumo de álcool; Mário oscilante entre entusiasmos platônicos e arroubos confessionais velados, que aludem às andanças eróticas noturnas.

As cartas evidenciam certo pugilato tácito, encenado, em torno do exercício de liderança intelectual nos respectivos mercados bairristas, em que dispõem de trunfos desiguais, distintos, que acabam por se equalizar. Mário buscou se firmar como modelo incontornável em matéria de nativismo literário; Bandeira fez valer o primado de sua mestria nos procedimentos de fatura poética. As palavras de ordem emanadas da estética nacionalista medem forças com os lances de expertise no lirismo de virtuose. A visada dos entreveros, na linguagem cifrada do que então se entendia por amizade, faculta o acesso aos móveis de competição em jogo no campo intelectual das décadas de 1920 e de 1930. Mário admirava no confrade o brio de poeta veterano, com domínio inconteste da tradição literária autóctone, a técnica apurada, o faro vocabular. Bandeira pressentiu no paulista em ascensão o epítome do modelo emergente de intelectual, navegando em muitos domínios e especialidades, capaz de viabilizar uma rede impressionante de interlocutores de peso receptivos às suas diretrizes de estética nativista, aliviados pelas dispensas que lhes concedia em risco e ousadia.

As cartas trocadas entre Bandeira e Mário desvelam as linhas de força de um campo intelectual em transformação. A persistência da postura literária tradicional e a rentabilidade declinante das grandes figuras e correntes literárias do passado – o romantismo, o parnasianismo, o simbolismo – são confrontadas à diferenciação da atividade cultural impulsionada pela universidade e aos projetos de parceria no terreno quase virgem das políticas culturais. O auge do intercâmbio ocorre entre 1925 e 1931, nos anos de fatura das obras mestras dos missivistas, *Macunaíma* (1928) e *Libertinagem* (1930). O retraimento do diálogo se deveu a razões de ordem política, palpável no descompasso entre a postura conservadora de Mário de apoio irrestrito à revolução constitucionalista de 1932 e as reservas de Bandeira em sintonia com os rumos da política cultural do regime centralizador pós-1930.

Outro elemento revelador das tensões é o contraste de experiências singulares de sociabilidade, cujos efeitos também se manifestam no plano amoroso e no andamento do trabalho literário. O incômodo sentido por Mário ao se referir ao convívio amiudado com os ricaços paulistas, a queixa de não poder se ombrear com gente endinheirada, homens e mulheres para os quais ele jamais seria vislumbrado como parceria erótica, se contrapõem à intimidade prosaica de Bandeira com os amigos de ofício na capital federal (Ribeiro Couto, Prudente de Moraes, neto e Álvaro Moreyra), letrados que desfrutavam de posições simétricas em matéria de condição material e social.

A sociabilidade propriamente literária também evidencia as diferenças de toada na vida intelectual em ambas cidades. Mário tinha ascendência sobre os escritores ligados ao Partido Democrático em São Paulo – Antônio Carlos Couto de Barros, Alcântara Machado; Bandeira exercia influência considerável sobre Sérgio Buarque de Holanda e Prudente de Moraes, neto, então à testa da revista *Estética*. São atalhos distintos em termos de alianças, a braços com turbulências políticas de monta. Bandeira guardava distância comedida dos luminares do oficialismo acadêmico (Ronald de Carvalho, Graça Aranha), enquanto Mário driblava a facção ativa na direita modernista (Menotti del Picchia, Cassiano Ricardo). Por razões e desígnios diversos, eles se empenharam em abrandar o bairrismo por meio dos laços com jovens promissores da segunda geração modernista (Drummond e Murilo Mendes, entre outros). No caso de Mário, o espectro diversificado de interlocutores atesta o imperialismo do projeto literário, como se ele estivesse operando com mostra representativa do estado a que chegara a divisão do trabalho intelectual naquela conjuntura de mudanças deslanchadas pelo movimento de 1930. As cartas trocadas entre Mário e dezenas de interlocutores atestam a voltagem de uma empreitada política arrojada.

Os eventos políticos cruciais na década de 1930 – a Revolução de 30, a insurreição paulista de 1932, a Intentona Comunista de 1935, o Plano Cohen integralista, a instauração do Estado Novo em 1937 – configuram a tessitura dos divisores na raiz das filiações e das tomadas de posição políticas dos missivistas. O campo literário estava balizado pelos impasses de aposta derivados dos enfrentamentos políticos, ou melhor, pelos embargos conducentes a reconversões de itinerário. A gangorra de prestígio a que se viram expostos Mário e Bandeira, ao longo da década de 1930, pode ser aquilatada pelo confronto de oportunidades de que foram beneficiários. Os anos dourados à frente do Departamento de Cultura, na cidade de São Paulo, se encerraram de modo abrupto com o Estado Novo, tornando Mário refém das alternativas de trabalho oferecidas pela gestão Capanema. O ciclo de decepções, ao longo da estadia carioca, se fecha com a recusa ao seu projeto de política para o Serviço do Patrimônio Histórico. Por sua vez, os anos de vigência do Estado Novo foram benfazejos à cotação institucional e à autoridade intelectual de Bandeira, por conta das encomendas prestigiosas feitas pelo regime Vargas – os guias de cidades históricas, as antologias da poesia romântica e da poesia parnasiana, entre outras –, culminando com a eleição para a Academia Brasileira de Letras em 1941. Tais experiências e vicissitudes estão referidas nas cartas de modo enviesado, por meio de subterfúgios e de subentendidos, tanto mais eloquentes pelos silêncios, interregnos, respostas diferidas, lapsos, propósitos lacunares, sinais dos altos e baixos das relações afetivas, mas sobretudo efeitos das transformações em curso no âmbito das relações de força dentro e fora do campo intelectual. A vivência dos percalços como se fossem "escolhas", "afinidades", "preferências", movendo-se na jurisdição do arbítrio pessoal, deve ser levada em conta, sem prejuízo dos condicionantes capazes de estribar as condutas motivadas dos escritores.

Cada gênero memorialístico se enquadra em certa tradição intelectual, tributário de formatos e de modelos prestigiosos, de parâmetros narrativos e expressivos, de regras de decoro e de derrame confessional, convenções que guiam a fatura das obras. As vozes do narrador se ajustam às circunstâncias de sua trajetória, podendo assumir figurinos de que todos estão cientes: registros de viagem (Gilberto Freyre), diários (Lúcio Cardoso), lembranças de parentes (Maria Helena Cardoso, Povina Cavalcanti), acertos de contas (Humberto de Campos, Lima Barreto), evocações líricas (Bandeira, Murilo Mendes, Graciliano Ramos, Augusto Meyer), crônicas confessionais (Rubem Braga, Carlos Drummond de Andrade), libelos políticos (Graciliano Ramos), painéis históricos de uma família, de uma geração, de uma sociedade (Visconde de Taunay, Gilberto Amado, Afonso Arinos de Melo Franco, Pedro Nava).

As cartas constituem o gênero memorialístico por excelência de uma quadra perempta da inteligência brasileira, fazendo jus aos protocolos de objetividade documental e aos foros de verossimilhança dissimilar tão ao gosto dos crentes nas primícias do confessional com timbre de verdade. Não obstante, elas suprem informações valiosas aos procedimentos do método prosopográfico, os quais rompem de vez com os impensados da ilusão biográfica e propiciam o cotejo de experiências coetâneas. Trata-se de restituir um retrato coletivo, de um grupo, de uma facção, de um círculo de escritores, de um movimento artístico, capaz de recuperar a trama de liames envolvendo os figurantes, uns em relação aos outros, movidos por estratégias de conflito e de competição, imersos em alianças e compromissos, em suma fornecendo os insumos de uma história social da atividade intelectual e artística.

REFERÊNCIAS BIBLIOGRÁFICAS

ALVARENGA, Oneyda, *Mário de Andrade, um Pouco*. Rio de Janeiro, José Olympio, 1974.

AMADO, Gilberto, *História da Minha Infância*. Rio de Janeiro, José Olympio, 1954.

_____. *Minha Formação no Recife*. Rio de Janeiro, José Olympio, 1955.

_____. *Mocidade no Rio e Primeira Viagem à Europa*. Rio de Janeiro, José Olympio, 1956.

_____. *Presença na Política*. 2. ed. Rio de Janeiro, José Olympio, 1960.

_____. *Depois da Política*. Rio de Janeiro, José Olympio, 1960.

ANDRADE, Carlos Drummond de. "Confissões de Minas" (1944) e "Passeios na Ilha" (1952). *Obra Completa*. Rio de Janeiro, Aguilar, 1964.

AUERBACH, Erich. *Mimesis. A Representação da Realidade na Literatura Ocidental*. São Paulo, Perspectiva, 1976 [ed. orig., 1946].

BANDEIRA, Manuel. *Itinerário de Pasárgada*. Rio de Janeiro, Livraria São José, 1957.

BARRETO, Lima. *Diário Íntimo*. 2. ed. São Paulo, Brasiliense, 1961.

CAMPOS, Humberto de. *Memórias, 1ª. Parte*. Rio de Janeiro, Livraria Editora Marisa, 1933.

_____. *Memórias Inacabadas*. Rio de Janeiro, José Olympio, 1935.

BRAGA, Rubem. *O Conde e o Passarinho*. Rio de Janeiro, 1936.

CARDOSO, Lúcio. *Diário Completo*. Rio de Janeiro, José Olympio, 1970.

CARDOSO, Maria Helena. *Por Onde Andou Meu Coração*. Rio de Janeiro, Instituto Nacional do Livro, 1968.

CAVALCANTI, Povina. *Vida e Obra de Jorge de Lima*. Rio de Janeiro, Ed. Correio da Manhã, 1969.

CAVALHEIRO, Edgard. *Monteiro Lobato – Vida e Obra, Biografia Ilustrada*. 1. ed. São Paulo, Brasiliense, 1955, 2 vols.

_____. *Fagundes Varela – Biografia*. 2. ed. São Paulo, Martins, 1940.

_____. *Fagundes Varela, Cantor da Natureza – Biografia*. São Paulo, Melhoramentos, 1954.

_____. *Biografias e Biógrafos*. Curitiba, Guaíra, 1943.

_____. *Álvares de Azevedo – Biografia*. São Paulo, Melhoramentos, 1954.

COUTO, Ribeiro. *Dois Retratos de Manuel Bandeira*. Rio de Janeiro, Livraria São José, 1960.

DEL PICCHIA, Menotti. *A Longa Viagem, 1ª. Etapa*. São Paulo, Martins, 1970.

DIOCESE de Ribeirão Preto. *A Diocese de Ribeirão Preto em Homenagem Grata e Festiva a Seu Amado Bispo D. Alberto José Gonçalves na Feliz Ocorrência das Datas Jubilares de Seu Sacerdócio e Episcopado*. São Paulo, Revista dos Tribunais, 1934 (Polianteia).

DUARTE, Paulo. *Júlio Mesquita*. São Paulo, Hucitec, 1977.

_____. *Mário de Andrade Por Ele Mesmo*. São Paulo, Hucitec, 1977.

FRANCO, Afonso Arinos de Melo. *A Alma do Tempo – Formação e Mocidade*. Rio de Janeiro, José Olympio, 1961.

_____. *A Escalada*. Rio de Janeiro, José Olympio, 1965.

_____. *Planalto*. Rio de Janeiro, José Olympio, 1968.

FREYRE, Gilberto. *Aventura e Rotina*. Rio de Janeiro, José Olympio, 1953.

MACHADO, Alcântara. *Brasílio Machado (1848-1919)*. Rio de Janeiro, José Olympio, 1937.

MENDES, Murilo. *A Idade do Serrote*. Rio de Janeiro, Editora Sabiá, 1968.

_____. *Recordações de Ismael Nery*. São Paulo, Editora Giordano, 1996 [2. ed., São Paulo, Edusp, 1996].

MEYER, Augusto. *Segredos da Infância*. Porto Alegre, Globo, 1949.

_____. *No Tempo da Flor*. Rio de Janeiro, Ed. O Cruzeiro, 1966.

MORAES, Marcos Antonio de (org., introd. e notas). *Correspondência Mário de Andrade & Manuel Bandeira*. São Paulo, Edusp/IEB-USP, 2000.

MOREYRA, Álvaro. *As Amargas Não-Lembranças*. Rio de Janeiro, Editora Lux, 1954

MOTTA FILHO, Cândido. *Contagem Regressiva – Memórias*. Rio de Janeiro, José Olympio, 1972.

NABUCO, Joaquim. *Minha Formação – 1900*. Rio de Janeiro, José Olympio, 1957.

_____. *Um Estadista do Império, Nabuco de Araújo, Sua Vida, Suas Opiniões, Sua Época*. São Paulo, Companhia Editora Nacional, 1936, 2 vols.

PACHECO, José Felix Alves. *O Jubileu de Sua Eminência o Cardeal D. Joaquim A. de A. Cavalcanti*. Rio de Janeiro, Jornal do Commercio, 1924 (polianteia)

_____. *A Longa Viagem, 2ª Etapa – Da Revolução Modernista à Revolução de 1930*. São Paulo, Martins, 1972.

RAMOS, Graciliano. *Infância – Memórias*. 3. ed. Rio de Janeiro, José Olympio, 1953.

_____. *Memórias do Cárcere*. 5. ed. São Paulo, Martins, 1965, 2 vols.

RIBEIRO, Leonídio. *Afrânio Peixoto*. Rio de Janeiro, Edições Condé, 1950.

RICARDO, Casssiano. *Viagem No Tempo e no Espaço*. Rio de Janeiro, José Olympio, 1970.

SANTIAGO, Silviano (Prefácio e Notas); FROTA, Lélia Coelho (organização e Pesquisa Iconográfica). *Carlos & Mário: Correspondência Completa entre Carlos Drummond de Andrade (inédita) e Mário de Andrade*. Rio de Janeiro, Bem-Te-Vi, 2002.

13

"Renascimento Feliz":
ANÁLISE DA CORRESPONDÊNCIA ENTRE MÁRIO DE ANDRADE E ANITA MALFATTI

MAURICIO TRINDADE DA SILVA

APÓS A SEMANA DE ARTE MODERNA, em fevereiro de 1922, a relação entre Mário de Andrade (1893-1945) e Anita Malfatti (1889-1964) se intensificou. Os dois, no calor da hora modernista, com Oswald de Andrade (1890-1954), Tarsila do Amaral (1886-1973) e Menotti del Picchia (1892-1988) – o chamado Grupo dos Cinco – encontravam-se, às terças-feiras à noite, na residência de Mário, na rua Lopes Chaves ou no ateliê de Tarsila. O forte vínculo entre o escritor e a pintora perdurou ao longo dos anos, espelhando-se nas cartas que trocaram até 1939.

Pretende-se, aqui, identificar a discussão de questões estéticas realizada nessa troca epistolar, destacando, de um lado, a reflexão crítica do poeta acerca da pintura de Anita Malfatti e a sua intenção de intervir nos desígnios criativos da amiga, e, de outro lado, as respostas da artista a tais invectivas[1].

* * *

---

1. Este texto é um excerto modificado e diminuído de um subcapítulo da minha tese de doutorado, defendida em agosto de 2018 no Programa de Pós-Graduação em Sociologia da Universidade de São Paulo (cf. Mauricio Trindade da Silva, *Mário de Andrade Epicêntrico: Estudo sobre a Sociabilidade do Grupo dos Cinco Paulista (1920-1930)*. Tese de Doutorado em Sociologia – Faculdade de Filosofia, Letras e Ciências Humanas, Universidade de São Paulo, 2018).

Para Marta Rossetti Batista, organizadora de *Mário de Andrade: Cartas a Anita Malfatti* (1989), o assunto recorrente das mensagens é a amizade[2]. Não equivaleria a uma "correspondência literária", como o autor de *Macunaíma* (1928) estabeleceu com outros interlocutores de igual ofício, como Manuel Bandeira (1886-1968) e Carlos Drummond de Andrade (1902-1987); mas, sim, de uma correspondência amiga, entre almas-irmãs[3].

Marta Rossetti Batista, porém, não caracteriza essa troca como uma "amizade epistolar". Isso porque Anita desempenharia outra função, a de ser a "companheira importante", especialmente ao longo da década de 1920[4]. O próprio Mário de Andrade qualificou a relação entre os dois, em carta de 5 de agosto de 1925, quando a pintora se encontrava em Paris realizando estudos:

> [...] me falta a doçura da minha Anita pra me confortar um pouco, me dar coragem ainda mais de que a que eu tenho. Como é bom um amigo verdadeiro junto da gente! Tenho amigos e muitos e bons porém não me satisfazem a fome de carinho em que vivo. Só você, [e] Manuel Bandeira me dariam gosto pleno junto de mim...Porém Deus escreveu que eu havia de viver longe dos meus amigos do coração... Paciência[5].

Adicionalmente, em carta de 24 de julho de 1926, Mário trazia o indicativo de que se tratava de uma "correspondência fraterna", que poderia ser descrita no sentido da dedicação voltada à arte:

> Está claro que a nossa amizade cominciou por pura fraternidade artística. Porém depois veio o resto da intimidade e do conhecimento mais íntimo selar essa fraternidade de tal forma que mesmo que você ficasse a pior das pintoras e eu o pior dos poetas deste mundo tenho certeza que a nossa amizade nada sofreria com isso[6].

---

2. Marta Rossetti Batista (org.), "Esta Edição", *Mário de Andrade: Cartas a Anita Malfatti (1921-1939)*, Rio de Janeiro, Forense Universitária, 1989, p. 4.
3. *Idem*, p. 13.
4. Textualmente: "As cartas deixam entrever trechos de diálogos e discussões, encontros e desencontros de uma amizade duradoura – que persistiu mesmo no desentendimento artístico posterior. Datam justamente dos períodos em que um ou outro se afastou do convívio normal em São Paulo. Anita não foi uma 'amizade epistolar' de Mário, mas uma companheira importante do escritor, especialmente na 'fase heroica' do movimento modernista" (*idem*, p. 14).
5. Carta de Mário de Andrade a Anita Malfatti, 5 ago. 1925, em Marta Rossetti Batista (org.), *Mário de Andrade: Cartas a Anita Malfatti (1921-1939)*, p. 102.
6. Carta de Mário de Andrade a Anita Malfatti, 24 jul. 1925, *idem*, p. 119.

"RENASCIMENTO FELIZ"...

Como "companheira importante", Anita Malfatti desempenhou a função de saciar em Mário de Andrade a carência da figura de uma amiga. Mas com a ressalva de que a arte, que os uniu, mantinha-se prevalecente, mesmo que se tornassem os piores no que faziam – a amizade seria uma consequência. Por outro lado, Mário a igualava a Manuel Bandeira, um companheiro literário-artístico, com quem se abria com sinceridade na discussão mútua da atividade artística e intelectual, usufruindo de sua sapiência.

Resta complementar, à indicação de Marta Rossetti Batista, que Anita Malfatti era a amiga fraterna pintora. Essa qualidade enseja a percepção de que a arte pictórica (e não a literária) está presente, reintroduzindo a caracterização de que se trata de uma "correspondência (fraterna-)artística". Afirma a estudiosa da pintora:

> Aqui está um Mário de Andrade carinhoso, atento à sensibilidade exacerbada da amiga – a quem sempre parece estar devendo algo importante. Admirador da expressionista, o escritor oferece-lhe com constância o braço forte em que se arrimar nas hesitações e no isolamento. Identifica-se com ela neste isolamento consequente do papel assumido, de "abrir caminho", e procura apoiá-la, transformando-se em sua... "consciência crítica"[7].

É pertinente partir dessa citação, e do princípio da "fraternidade artística", para compor um quadro analítico da relação epistolar entre Mário de Andrade e Anita Malfatti. A leitura do conjunto das cartas evidencia um alto grau de envolvimento emotivo e artístico entre o poeta e a pintora, tendo como ápice justamente os anos em que esta permaneceu em Paris subvencionada pelo Pensionato Artístico do Estado de São Paulo, entre 1923 e 1928.

Como linha mestra, nota-se o teor afetuoso das missivas (a constante reafirmação da amizade), que segue lado a lado com a grande preocupação de Mário de Andrade com o aprendizado parisiense da pintora. Em segundo plano, o conteúdo das cartas informa sobre viagens (Anita pela Itália, em 1924 e 1927, e a Mônaco, em 1925; Mário, a Campos do Jordão, em 1924; ao Norte, em 1927, acompanhando a mecenas Dona Olívia Guedes Penteado), sobre a produção criativa dos dois (os diversos livros de Mário de Andrade nesses anos[8], o direcionamento pictórico mais clássico de Anita Malfatti),

---

7. Marta Rossetti Batista, "Esta Edição", p. 13.
8. Publicações de Mário de Andrade durante o período em que Anita Malfatti esteve em Paris: *A Escrava que Não É Isaura* (janeiro de 1925); *Losango Cáqui* (janeiro de 1926; esse livro de poemas foi dedicado

considerações sobre o cotidiano, críticas e conselhos, amenidades e confissões, instabilidades financeiras de ambos os lados e notícias de entes queridos (mormente familiares e integrantes do grupo modernista).

Esse período de cinco anos cobre por volta de 79 missivas subscritas pela pintora do total de 114 que foram trocadas entre os dois, na proporção de duas cartas de Anita para uma de Mário.

O início do contato epistolar, que data de 1921, manteve uma proporção quase igual de remessas e recebimentos de missivas, mas somente até o segundo semestre de 1923, quando Mário permaneceu relativamente distante de Anita em virtude da declaração amorosa desta, não correspondida por ele[9]. Nesse ano, o poeta começou a espaçar a escrita, indicando, no entanto, o que fazia – o quanto trabalhava, o que produzia e quais compromissos atendia. De 1923 em diante, tornaram-se frequentes os relatos sobre seu estado de saúde, ele fazendo saber, no início das cartas, o que o deixou acamado e impossibilitado de agir. Por exemplo, em carta de 30 de novembro de 1925, Mário noticiou ter ficado doente "mais de mês", "condenado a ficar deitado e imóvel"[10]. A fraca saúde foi uma marca de vida do poeta, frequentemente relatada a seus correspondentes.

O ato da escrita epistolar assumiu preponderância na vida de Mário de Andrade – aliás, como uma estratégia muito acertada de envolvimento dialógico e de construção de um capital social e cultural dinâmico sempre ampliado, em que o poeta investiu boa parte de seus trunfos para consolidar seu protagonismo no grupo modernista. Com o passar dos anos, esse ato da escrita só veio a aumentar quantitativamente, devido ao volume surpreendente de interlocutores. Anita, em 1924 e com maior frequência em 1926, cobrava cartas de Mário. Em resposta, o poeta queixava-se do volume de sua correspondência, justificando-se, assim, do espaçamento no diálogo com a amiga. Às vezes, passavam-se meses sem resposta do poeta. Escreve Anita Malfatti ao término de sua missiva de dezembro de 1926: "Adeusinho meu

---

a Anita Malfatti); *Amar, Verbo Intransitivo* (janeiro de 1927); *Clã do Jabuti* (novembro de 1927) e *Macunaíma* (julho de 1928), às vésperas do retorno de Anita, em setembro de 1928.

9. Para a discussão sobre esse aceno de relação amorosa, ver o subcapítulo de minha tese intitulado: "Crime de lesa-amizade" (Maurício Trindade da Silva, *Mário de Andrade Epicêntrico...*, pp. 111-127).

10. Carta de Mário de Andrade e Anita Malfatti, 30 nov. 1925, em Marta Rossetti Batista (org.), *Mário de Andrade: Cartas a Anita Malfatti (1921-1939)*, p. 106.

querido Mário, não sei se você está ainda doente, ou se pesa a você esta nossa correspondência pois recebo somente carta sua cada dois e três meses"[11].

Mário de Andrade justifica-se em carta de 27 de maio de 1928:

Você se queixa das minhas cartas estarem rareando e tem mesmo razão. Também o Manuel Bandeira já se queixou do mesmo. Porém quê que hei-de fazer! Você não imagina como trabuco nesta vida. Também por outro lado só vendo o dilúvio de cartas que recebo e escrevo! O círculo vai aumentando, sou incapaz de trocar amigos velhos por novos é lógico, porém não tenho direito também de não querer novos. Por que, se o coração é de borracha, estica, estica e vai cabendo tudo dentro dele? Minha correspondência está ficando assustadora de tão guaçu[12]. Me entristece um bocado porque nem posso mais conversar direito com ninguém. É só carticas pequititinhas falando recados de dez, vinte linhas, tudo bobagem, besteira e minha alma mesmo? qual! não tem mais tempo não pra se estender todinha no papel e ir bater no peito do companheiro longe... Não vê! agora ela abre uma janelinha de meia página, dá um té-logo afobado e entra de novo lá no dentro guardado e escuro. Sinto bem porque meu jeito mais verdadeiro é andar mostrando em cartas gozadas de intimidade esta alma pândega que me coube na grande distribuição. Mas paciência pois que não pode ser![13]

Acrescentava, dando notícias das provas de *Macunaíma*:

Bom, tou pagodeando pagodeando e não digo nada que valha. Também não tenho nada que dizer mesmo. Só que estou corrigindo as provas do meu livro novo, *Macunaíma*, que é de fazer corar os gafanhotos. Nunca vi tanta imoralidade, puxa! Se me compreenderem... Mas já estou mesmo acostumado: compreender só mesmo depois que mudo de novo é que a minha penúltima maneira fica compreendida, eta mundo! E ciao. Inda vou responder oito cartas até meia-noite e já são vinte-e-duas[14].

Considerando as palavras de Mário de Andrade, algo por demais constatável em sua produção, o volume de trabalho aumentou densamente, entre pesquisas, publicações de livros, textos para jornais, aulas no Conservatório etc. E a cifra

---

11. Carta de Anita Malfatti a Mário de Andrade, 23 dez. 1926 (Fundo Mário de Andrade, Série Correspondência, IEB-USP). As transcrições das cartas de Anita Malfatti seguem a atualização ortográfica vigente.
12. Palavra tupi-guarani que integra muitos vocábulos brasileiros, com o sentido de "grande".
13. Carta de Mário de Andrade a Anita Malfatti, 27 fev. 1928, em Marta Rossetti Batista (org.), *Mário de Andrade: Cartas a Anita Malfatti (1921-1939)*, pp.137-138. O mesmo recado é passado um ano antes, em 9 de fevereiro de 1927: "Nitoca, você se queixa que as minhas cartas vão rareando... Não queixa não Anita, que fico triste! A culpa palavra que não é minha. É desta vida safada do diabo que não me dá um momento de liberdade, só trabalho trabalho, descanso mesmo não vejo nenhum" (p. 218).
14. *Idem*, pp. 139-140.

no envio de cartas só cresceu, assim como seu estado doentio foi se tornando constante[15]. Daí a dificuldade em gerir o tempo útil diário, necessitando mesmo escrever cartas às vezes no bonde (como confidenciou certa vez à pintora), durante as aulas no Conservatório e frequentemente noite adentro.

Nas cartas para Anita ficam claros os motivos pelos quais as respostas não seguiram no ritmo de que desejava, posto que o espaçamento não significou desatenção ou falta de interesse. De fato, como sabemos hoje por meio da conferência *O Movimento Modernista* (1942), Mário de Andrade deixou manifesta a "dívida" que tinha para com Anita Malfatti, quem, com sua exposição de 1917, lhe mostrara os caminhos da vanguarda.

A "dívida", por outro lado, se traduzia no apoio de "braço forte" do poeta para que a pintora pudesse se escorar. E se traduzia ainda, em movimento contrário, numa cobrança pelo apoio oferecido. Mário escreveu a Anita em carta de 20 de janeiro de 1926:

> [...] essa dívida que você tem pra comigo eu faço questão de cobrar. Você tem que trabalhar com afinco, com a mesma divina loucura sem cansaço com que eu trabalho pela minha arte, você tem que triunfar custe o que custar, você tem de ter uma confiança sem desfalecimento pra com a sua própria arte, você tem de triunfar porque o triunfo de você será meu também como um irmão fica orgulhoso da glória d'sua irmã. E se você fracassar me dará a maior desilusão da minha vida, você me fará ficar infeliz inteirinho. Nós nos metemos numa empresa árdua e enorme, Anita, porém não é mais tempo pra abandoná-la. Temos que ir até o fim. Eu peço ajoelhado pra você um trabalho incessante, sem desfalecimento nenhum. [...] Se arrime em mim da mesma forma com que eu sigo meu caminho arrimado nos que amo que nem você, Manuel Bandeira e outros. Eu tenho a certeza que você por exemplo seria incapaz de me dar um conselho que me prejudicasse. Pense sempre neste seu amigo certo e que jamais enfraquecerá um momento sequer a amizade que tem por você e que é tão grande que nem o nosso Brasil[16].

Embora o indicativo de escoramento esteja presente na missiva, prepondera, como visto acima, uma postura de cobrança de Mário de Andrade em

---

15. Em 15 de outubro de 1926, Mário de Andrade informava à pintora que tinha se submetido a uma cirurgia, dizendo "pra todos os efeitos uma apendicite", em Marta Rossetti Batista, *Mário de Andrade: Cartas a Anita Malfatti (1921-1939)*, pp. 122-124, quando na verdade se tratava de hemorroidas, segundo carta enviada a Manuel Bandeira (10 de outubro de 1926).

16. Carta de Mário de Andrade a Anita Malfatti, 20 jan. 1926, em Marta Rossetti Batista (org.), *Mário de Andrade: Cartas a Anita Malfatti (1921-1939)*, p. 113.

relação a Anita Malfatti. Na perspectiva aqui adotada, de ampliar a inteligibilidade das cartas trocadas entre Mário e Anita, o olhar analítico se voltou para a qualificação das circunstâncias de produção dessa correspondência e os interesses nela investidos. Em pauta, o conteúdo das cartas e os manejos expressivos feitos pelos interlocutores, no intuito de compreender a natureza de suas relações. Ou seja, Mário de Andrade parecia querer ser para Anita Malfatti o que ela foi para ele: a iniciadora da arte nova, da arte moderna – aquela artista que lhe "mostrou o caminho".

E como tal, a postura de Mário nas cartas ultrapassava a definição de "consciência crítica" dada por Marta Rossetti Batista, porque ele não almejava "discutir" – o que se poderia esperar de alguém que se colocava em diálogo, como ocorria com Manuel Bandeira –, mas, antes, opinar quase professoralmente. Almejava instruir, indicar também o caminho, assumindo a postura de orientador, disciplinador, catequizador. Termos fortes, mas que estão devidamente embrenhados nas linhas e entrelinhas de suas missivas a Anita.

Dada a circunstância de produção das cartas em período de distância física mais expressiva – Anita Malfatti em Paris –, Mário de Andrade teve, então, a oportunidade de investir em seu interesse: instruir Anita Malfatti.

A primeira indicação nesse sentido ocorreu justamente quando Mário de Andrade desencontrou-se da amiga, no dia em que ela partia para a França, a 21 de agosto de 1923, tendo, assim, que lhe dirigir uma carta:

> Vai, Anita. Olha, trabalha, estuda. Sofre. Nessa nossa divina fúria de arte o único bem, grande bem que nos fecunda é o sofrimento que enaltece, que embebeda, que genializa. Mas sofrer com alegria, com vontade. É o que faço. É o que desejo que faças. Sem dúvida entre privações e cansaços te verás um ou outro dia, nesta nova época de tua vida. Mas entre privações e cansaços já te viste algumas vezes na tua vida que ficou para trás. E entre esses mesmos rochedos nos apertamos todos nós, sinceros artistas ou apenas homens da vida. Isso é lugar-comum. O que não é muito lugar-comum é saber, como eu sei, e como quero que saibas, que as compensações chegam sempre. Existem sempre. Eu tenho sofrido muito, mas nunca me abandonou a felicidade porque quando a dor chega eu me ponho a pensar na alegria que virá depois. Sê como eu. Todos nós aqui estamos ansiosos de ti, do que farás, do que serás. Pensa em nós e corresponde à nossa riquíssima esperança[17].

---

17. Carta de Mário de Andrade a Anita Malfatti, 21 ago. 1923, em Marta Rossetti Batista (org.), *Mário de Andrade: Cartas a Anita Malfatti (1921-1939)*, p. 64.

A "divina fúria de arte" era o elemento de ligação entre os dois, daí a riquíssima esperança que o poeta depositava na artista para a ordenação do futuro em aceno pródigo – manter-se como referência de inovação na arte pictórica expressionista após os estudos em Paris. Mas, enquanto Mário de Andrade permanecia concatenado com a experimentação criativa moderna em arte (produzindo poesia, romance, estudos etc.), Anita Malfatti já procurava, desde ao menos 1920, um caminho diferente para a sua pintura – que fosse cauteloso e não polêmico[18].

Os modernistas brasileiros que estavam em Paris naquele mesmo ano promoviam contatos com a vanguarda, lançavam-se em descobertas entusiásticas (como a luta de boxe, algo em voga na França) e em experimentalismos que seriam determinantes para a produção artística e a evolução de suas obras. Foi o caso de Oswald de Andrade, travando contato com Blaise Cendrars; o de Tarsila do Amaral, estudando com os pintores Lhote, Gleizes e Léger, perfazendo o seu "serviço militar" no cubismo; o de Brecheret, cujo monumento *Mise au Tombeau* foi exposto no Salão de Outono de 1923; e o de Villa-Lobos, com uma série de concertos previstos para realização em fins de 1923 – para citar os casos mais emblemáticos.

A procura de Anita Malfatti por um caminho mais estável e menos polêmico teve consequências mais amplas. Primeiro, o grupo modernista foi se distanciando dela aos poucos, principalmente Tarsila do Amaral. A tensão competitiva entre as duas (e também tensão em termos de distanciamento técnico, uma cubista e outra clássica) só cresceu até 1927, diminuindo quando Anita voltou a São Paulo.

A esse respeito, Anita já apontava para Mário a mudança, tirando de si o foco da atenção: "Tarsila vejo-a raramente faz cubismo absoluto, vais gostar"[19].

Ao fim de 1924, Anita desabafava:

Negócio de frios com Tarsila. [...] Acho-a uma mulher feliz. Tem tudo o que deseja e amigos que lhe dedicam todas as vidas deste mundo.

---

18. Em minha análise, a procura por esse caminho se deve em grande parte às consequências duradouras do artigo destruidor de Monteiro Lobato sobre a famosa exposição de 1917 (Maurício Trindade da Silva, *Mário de Andrade Epicêntrico...*, p. 88).

19. Carta de Anita Malfatti a Mário de Andrade, 27 out. 1923 (Fundo Mário de Andrade, Série Correspondência, IEB-USP).

Por exemplo Oswald. Maravilhoso! Veio para cá de mudança [...]. Que sorte! [...] Poderia contar-te coisas que me magoaram, porquê? – já passaram e já esqueci, nem contigo posso relembrá-las. Não tem importância. Somos amigas; sinto ela não me mostrar nem uma única tela executada no Brasil[20].

A relação tensa entre as duas pintoras requer consideração à parte, já que um dos fios dessa correspondência desvela o conturbado momento de Anita Malfatti, sozinha, e o avanço mais tranquilo e rápido de Tarsila do Amaral, devido ao anseio desta em aprender o cubismo em voga e devido, em outra parte, ao apoio do enamorado Oswald de Andrade, com quem seguiu abrindo caminho entre os vanguardistas franceses. Nesse momento, Tarsila já pintava temáticas dentro do enredo do *Manifesto Pau Brasil*, escrito pelo companheiro em março de 1924.

Mário informava a Anita em 4 de outubro de 1925:

Tarsila está um bicho. Tem feito coisas colossais, tentando a criação duma arte brasileira mas brasileira de verdade. Certas paisagens das últimas e uns quadros aproveitando tipos e santos nacionais são das melhores pinturas modernas que conheço. Junto a um dinamismo e sobretudo uma firmeza de linha e um equilíbrio perfeitos, um gosto forte de coisa bem brasileira com cheiro de manacá e abacaxi, melando a alma da gente. Acho que ela achou com felicidade rara o caminho que devia seguir. [...] Diante disso inda mais me desperta a vontade de conhecer os quadros de você, sei que você também se meteu num problema intrincado, resolver definitivamente a sua orientação pessoal. Tenho confiança em você pra saber desde já que você há-de chegar a uma solução satisfatória[21].

É de se imaginar que Anita não tenha ficado feliz ao saber que Tarsila brilhava aos olhos do poeta, sendo que ela mesma não estava em plena posse de um direcionamento efetivo em sua pintura. Tateava nos exercícios de nus, naturezas mortas e retratos. A "felicidade rara" quanto ao "caminho que devia seguir", para Anita, demoraria a acontecer, e não seria totalmente apreciado por Mário de Andrade.

Somente em junho de 1926, por ocasião da exposição individual de Tarsila na Galeria Percier, em Paris, Anita travou contato com as novas obras da pintora e pôde dizer ao poeta sua opinião:

20. Carta de Anita Malfatti a Mário de Andrade, 17 dez. 1924 (Fundo Mário de Andrade, Série Correspondência, IEB-USP).
21. Carta de Mário de Andrade a Anita Malfatti, 4 out. 1925, em Marta Rossetti Batista (org.), *Mário de Andrade: Cartas a Anita Malfatti (1921-1939)*, p. 104.

Tarsila abriu exposição com muito sucesso e cumprimentos. Gostei muito de certas coisas perfeitamente seguras no gênero dela mesma. Não gosto de outras coisas. Acho-as pouco sinceras [...] a *Negra* acho ruim aliás penso que a dona rompeu relações comigo há tempos parte por causa desta tela. Não gosto da *Cuca*. Gosto muito do *Morro da Favela*. Di [Cavalcanti] já fez aquilo mesmo em essência há anos mas o de T. [Tarsila] é infinitamente melhor. As molduras adoráveis obras-primas para a pintura dela.

Adorei os anjinhos mulatinhos e não gostei do autorretrato, fraco. Não gosto das coisas à la Léger e outros lembram no desenho Rousseau. Outros que não me lembro do nome muito bons mesmo um enorme progresso. [...] Tarsila me agrada mas não conversa muito, nem eu[22].

A resposta de Mário, em 24 de julho de 1926, foi cordial:

Não pense que não gostei da opinião de você sobre Tarsila. Está visto que não tenho propriamente a mesma opinião porém isso não impede que ache a de você perfeitamente plausível e sobretudo dada com muita isenção de ânimo e sinceridade. [...] Eu, você me conhece suficientemente pra saber que não tenho esse jeito de reservas diplomáticas que você está tendo com Tarsila e ela com você. Vou falando logo o que sinto e se a pessoa não gostar que coma menos. [...] Apenas lastimo profundamente que vocês não tenham chegado a se compreender em amizade depois que divergiram de orientação estética[23].

A relação entre as duas pintoras ficou estremecida até o retorno de Anita Malfatti ao Brasil, em setembro de 1928. No ano seguinte, Anita acompanhava o grupo paulista que seguiu para o Rio de Janeiro por ocasião da primeira individual de Tarsila no Brasil, ocorrida no Palace Hotel, de 20 de julho a 5 de agosto. Escreve para Mário contando os acontecimentos da abertura (problemas na montagem da exposição, briga envolvendo Oswald etc.). No entanto, não comenta criticamente a exposição e nem cita o nome de Tarsila, sintoma de que a relação entre as duas ainda estava estragada. E Mário não acompanhou a comitiva muito provavelmente devido ao rompimento com Oswald, ocorrido um pouco antes nesse ano de 1929[24].

22. Carta de Anita Malfatti a Mário de Andrade, ant. 24 jul. 1926 (Fundo Mário de Andrade, Série Correspondência, IEB-USP).
23. Carta de Mário de Andrade a Anita Malfatti, 24 jul. 1926, em Marta Rossetti Batista (org.), *Mário de Andrade: Cartas a Anita Malfatti (1921-1939)*, p. 120.
24. O rompimento entre os dois deveu-se, em resumo, às constantes intrigas, acusações e chacotas feitas por Oswald de Andrade, dirigidas a Mário de Andrade. Para uma exposição detalhada dos motivos do rompimento (Maurício Trindade da Silva, *Mário de Andrade Epicêntrico...*, pp. 181-191).

Retomando o fio analítico, Anita, no início de 1925, encontrava-se já isolada (apenas mantendo maior relação com Brecheret), e fez saber a Mário: "Com certeza não ignoras que me evitam. Senti muito mas me acostumei só e sem amigos aqui"[25].

Os parceiros modernistas comentavam que a pintora havia chegado em Paris um pouco desapontada e desiludida. O descompasso entre o anseio de Mário e o novo direcionamento de Anita Malfatti ainda não tinha vindo à tona. E para entornar o caldo, em carta de 3 de janeiro de 1924 ele havia cobrado notícias, colocando abertamente para Anita suas expectativas e referindo-se a Tarsila:

Manda-me dizer como e quanto trabalhas. Que fazes, que fazes, QUE FAZES???????? Eu me sinto glorioso. Sei que trabalhas, pelo Oswald. Disse-me ele que fizeste já umas coisas muito boas. Que teu último trabalho já recorda o bom tempo do *Homem Amarelo*, do *Japonês*... Bravíssimo! Lembras-te? Tu mesmo me confessaste que depois desse período nada fizeras que te satisfizesse totalmente... Foi uma das últimas frases tuas, quando conversamos pela última vez, na tua casa. Creio que agora estarás de novo contente. Eu estou satisfeitíssimo. [...] Quem me surpreendeu inteiramente foi Tarsila. Que progresso, para tão pouco tempo! Puxa! Estou entusiasmado. Ainda não vi os quadros dela, que estão presos na Alfândega. Mas vi estudos e magníficos desenhos. E penetrei-lhe sobretudo a inteligência. Aquela Tarsila curiosa de coisas novas, mas indecisa, insapiente que eu conhecera, desapareceu. Encontrei uma instrução desenvolvida, arregimentada e rica. Vê-se que muito ouviu, muito leu e muito pensou. Tu e ela são a esperança da pintura brasileira. Tu no teu expressionismo, ela no seu cubismo[26].

Dois aspectos chamam a atenção no trecho. O primeiro é a relação de quadros que o poeta enumera: os que ele aprecia e que adquiriu. Ou seja, está aí a predileção do poeta pelo expressionismo malfattiano. O segundo aspecto se refere ao mantra repetido por ele. Para Anita, ele pediu que olhasse, trabalhasse e estudasse; pelo lado de Tarsila, ele nota que o período de estudos em Paris junto aos cubistas foi frutífero, tendo ela ouvido, lido e pensado. Há um forte aceno intelectualista nesse modo de operação, que desfaz a ideia mais presente no imaginário de senso comum acerca da criação artística como um

---

25. Carta de Anita Malfatti a Mário de Andrade, 2 fev. 1925 (Fundo Mário de Andrade, Série Correspondência, IEB-USP).
26. Carta de Mário de Andrade a Anita Malfatti, 3 jan. 1924, Marta Rossetti Batista (org.), *Mário de Andrade: Cartas a Anita Malfatti (1921-1939)*, p. 66.

ato de pura inspiração, um ato natural e completamente lúdico no momento mesmo de sua materialização.

Para Anita Malfatti, o caminho a ser seguido em Paris no início de 1924 mostrava-se ainda nebuloso. Ela informava estar terminando um retrato (no caso, de Maria Di Cavalcanti), e sinalizava para Mário: "Está quase como a *Estudanta Russa* (contente?)". Listava os estudos: alguns nus; um quadro temático ("namoro interior caipira brasileiro") de "composição simples mas engraçada, assim à moda de Matisse sem porém aproximar-me dele"; treino de memória pictórica por meio de composições pré-rafaelitas italianas ("acerto algumas, falho outras. Interessa-me imenso este estudo"). Anita terminava com a constatação: "estava mal quando saí daí"[27].

A sequência de cartas que a pintora envia a Mário de Andrade vai dando aos poucos o novo contexto de sua arte. Ao final de janeiro, Anita replicava em tom de desabafo: "Vi que nossa Tarsila encheu-te de entusiasmos. Em São Paulo o cubismo está finalmente lançado! Bem bom para mim só assim deixam-me em paz"[28].

Quase um mês depois, anunciava:

Agora coragem, apronte-se vou dar-te uma notícia "bouleversante". Estou clássica! Como futurista morri e já fui enterrada.

Não falo a rir a não. Pura verdade, podes rezar o Ite in pax na minha fase futurista ou antes moderna pois nunca pertenci a uma escola definida.

Não estou triste nem alegre. É isto. Trabalho e trabalho e saiu assim. Não posso forçar-me para agradar a ninguém. Nisto sou, fico e serei sempre livre[29].

Anita Malfatti procurava uma arte moderna sem excessos, mais equilibrada e clássica. Havia exemplos importantes na pintura francesa do pós-guerra, marcados por um movimento de "retorno à ordem" do qual participavam os principais integrantes das vanguardas, como Picasso e muitos ex-cubistas.

27. Carta de Anita Malfatti a Mário de Andrade, 10 jan. 1924 (Fundo Mário de Andrade, Série Correspondência, IEB-USP).

28. Carta de Anita Malfatti a Mário de Andrade, 29 jan. 1924 (Fundo Mário de Andrade, Série Correspondência, IEB-USP).

29. Carta de Anita Malfatti a Mário de Andrade, 23 fev. 1924 (Fundo Mário de Andrade, Série Correspondência, IEB-USP).

Mário de Andrade entendeu a afirmativa de Anita ("estou clássica") como uma adesão aos *fauves*[30]. Aconselhava que "entre os *fauves* é preciso ser completamente inédita, absolutamente pessoal, não lembrar ninguém, nenhum outro, nem Matisse, nem Chagall, nem ninguém. [...] O *fauvisme* é baseado no individualismo absoluto"[31].

Comparava Anita, em termos de parentesco pictórico, a artistas franceses importantes (Lhote, La Fresnaye, Segonzac, Luc-Albert Moreau e André Derain). Porém, após toda a formulação crítica, dava um passo atrás:

> Longe de mim dizer que te pareces com qualquer um destes, não. Quero dizer apenas que há um certo parentesco de intenções e ideais entre tu e esses pintores. Mas parece que estou a te dar conselhos? Não é isso, minha querida Anita. Farás o que quiseres. O que me interessa é o resultado e jamais dei conselhos que não me fossem pedidos. Estou simplesmente pensando sobre ti, que és de todos os pintores vivos brasileiros aquele que mais me entusiasma[32].

O recuo de Mário de Andrade pode ser entendido como o cuidado necessário para evitar que a pintora se sentisse constrangida, caso as formulações críticas expressas na carta viessem a ser tomadas por ela como conselhos. O escritor esperava de Anita, ao voltar da França, uma criação pictórica inédita, inovadora, a impactar novamente a realidade brasileira. Grandes expectativas, grandes direcionamentos[33].

---

30. Como explica Ernest Hans Gombrich: "Em 1905, um grupo de jovens pintores que se tornaria conhecido como *Les Fauves* (ou seja, 'os animais selvagens' ou 'os selvagens'), expôs em Paris. Ficaram devendo esse epíteto ao ostensivo desprezo pelas formas da natureza e seu deleite no emprego de cores violentas. Na realidade, pouca selvageria havia em suas obras. O mais famoso do grupo, Henri Matisse (1869-1954), era dois anos mais velho que Beardsley e possuía um talento análogo para a simplificação decorativa. Estudara os esquemas de cores de tapetes orientais e dos cenários norte-africanos, desenvolvendo um estilo que exerceu grande influência sobre o design moderno" (E. H. Gombrich, *A História da Arte*, Rio de Janeiro, LTC, 2012, pp. 571-573).

31. Carta de Mário de Andrade a Anita Malfatti, 18 mar. 1924, em Marta Rossetti Batista (org.), *Mário de Andrade: Cartas a Anita Malfatti (1921-1939)*, p. 75.

32. *Idem, ibidem.*

33. A análise de Marcos Antonio de Moraes sobre os conselhos do poeta, seguindo a ideia de "consciência crítica" de Marta Rossetti Batista, é ligeiramente distinta da que proponho aqui, considerando-os em sua semelhança com uma catequese. Moraes afirma: "Ao depositar 'esperança' nela, Mário age habilmente como 'consciência crítica', aplaudindo, sugerindo caminhos, cuidando para contornar qualquer indício de ensino – que efetivamente existe e é preciso exorcisar. [...] O processo é difícil, Anita quer seguir sozinha, ressente-se desconfiada desse amigo que agora parecia ocupar o posto de irmão mais velho, com ares de mentor". Esse procedimento de informar categoricamente o que seria melhor para ela, como um irmão mais velho que aconselha, como um mentor, é, a meu ver, uma forma de catequese (Marcos Antonio de Moraes, *Orgulho de Jamais Aconselhar. A Epistolografia de Mário de Andrade*, São Paulo, Edusp/Fapesp, 2007, p. 83).

Na sequência das missivas, Anita relata sua predileção por Matisse, Segonzac e Picasso. Mário, em 2 de junho de 1924, responde detendo-se na questão da virada clássica de Anita: "Quanto ao teu classicismo, tenho plena confiança nele. Tu mesmo na tua carta confessas a tua admiração não diminuída por Matisse. E outra por Picasso. Mistura bem isso que o *cocktail* sai delicioso"[34].

Ao longo do segundo semestre de 1924 Anita viajou para a Itália, encontrou-se com parentes e aproveitou o período de três meses (de julho a setembro) para visitar museus e estudar. Até o fim do ano, Mário de Andrade pouco saberia sobre a produção de Anita; continuaria a cobrar notícias e a solicitar o envio de fotos dos quadros realizados. Recebeu, finalmente, em 22 de outubro de 1924, um desenho, *Lavadeiras*, com o qual se entusiasmou:

Queres a minha opinião sobre ele, orgulhosinha? Pois fica sabendo que me entusiasmei. Acho-o estupendo e, como desenho, é francamente a melhor coisa que tenho de ti. Aquelas duas lavadeiras estão admiravelmente bem lançadas. A calma possante e renascente daqueles volumes, braços, pernas, bundas, costas, pescoços é uma coisa forte que enche a gente. Gostei com toda a franqueza que bem me conheces, já. [...] Continua assim a trabalhar, estudar, criar e fazer coisas grandes. Sabes que, além da nossa amizade que não morre e que perduraria mesmo que um de nós decaísse, eu conservo inalterável confiança em ti[35].

Anita manteve-se na mesma linha: fez saber que já estava alimentando uma composição clássica. Dirige-se ao amigo, de Mônaco, em abril de 1925:

A fortuna virou para mim. Veja quanta coisa boa. Na minha pintura cheguei a uma grande étape. Fiz uma descoberta enorme "para mim". Sei que agora poderei sempre conseguir a unificação harmoniosa dos meus tons e a relação entre eles de modos que pareçam todos partes componentes de um só corpo. Descobri a "cor local" e aplicá-la simultaneamente conforme o problema a resolver. O mesmo sistema no ritmo do desenho. [...] Dias depois chega-me às mãos um livro de Cézanne no qual o mestre diz ter sido mais ou menos isto o segredo de Manet [...]. Trabalharei agora com método e compreensão e sei que isto marca o começo de uma época[36].

---

34. Carta de Mário de Andrade a Anita Malfatti, 2 jun. 1924, em Marta Rossetti Batista (org.), *Mário de Andrade: Cartas a Anita Malfatti (1921-1939)*, p. 77.
35. Carta de Mário de Andrade a Anita Malfatti, 22 out. 1924, em Marta Rossetti Batista (org.), *idem*, p. 88.
36. Carta de Anita Malfatti a Mário de Andrade, 3 e 8 abr. 1925 (Fundo Mário de Andrade, Série Correspondência, IEB-USP).

Era um recomeço, embora o estilo expressionista, tão caro a Mário, tenha permanecido como aspecto intrínseco às composições na aplicação da cor. Essa é uma característica da pintura de Anita Malfatti cuja inteligibilidade surge da leitura das cartas e da visualização dos quadros: uma dualidade transitando entre modos compositivos clássicos e modernos, um caminho de estudo que mostra a busca de uma ordenação pictórica ainda não estabelecida, e por isso algo cambiante.

Anita regozijava-se, no entanto, com a técnica adquirida e com o método encontrado, a ponto de dizer, no momento mesmo em que recebia confirmação da vinda de sua mãe a Paris, viver um momento muito feliz: "terei um renascimento feliz" (carta de 3 e 8 de abril de 1925), "não sou mais a filha pródiga!" (carta de final de maio ou início de junho de 1925).

Passava um recado a Mário, em 4 de novembro de 1925, informando-o sobre o seu modo de pintar:

> O meu medo já passou com a minha dúvida. [...] Posso mandar-te dizer que meu trabalho vai bem. [...] Gosto de pintar anjos misturando sempre, i.e., num esforço de espiritualizar um pouco a concepção material da composição. São todos porém estilizados. [...] Faço agora portraits bem bonitos que você tenho a certeza de que gostaria. Faço tudo mais leve; na minha pintura de agora, há uma ausência completa do elemento dramático. Acabei com o sofrimento e com a dor. É mais calma, alegre, contente, um pouco engraçada sem ser cômica nem trágica[37].

Em 8 de março do ano seguinte, conta a quem obedecia:

> Então você pensa que não aceito o que você me diz? Decerto, mas preciso ser muito sincera para com meu próprio entendimento neste negócio de arte e quando pinto não sou sua amiga, não sou Annita, nem Babynha [apelido íntimo no seio familiar], sou alguém que cumpre com grande prazer a tarefa que lhe dá o direito da vida. Não é para mim que trabalho é para o Nosso Mestre[38].

A constatação da dualidade compositiva na arte da companheira pode não ter agradado a Mário de Andrade. Contudo, no início de 1926, o poeta

---

37. Carta de Anita Malfatti a Mário de Andrade, 4 nov. 1925 (Fundo Mário de Andrade, Série Correspondência, IEB-USP).
38. Carta de Anita Malfatti a Mário de Andrade, 8 mar. 1926 (Fundo Mário de Andrade, Série Correspondência, IEB-USP).

vem a saber dos avanços da "amiga sensitiva" por meio do artigo do francês André Warnod sobre o 37º Salão dos Independentes, na revista *Comoedia*, de 28 de março, que trazia uma entrevista com Anita Malfatti e a reprodução da tela *Dama de Azul* (exposta com o título *Portrait*).

O entusiasmo de Mário foi enorme, expresso em carta de 25 de abril de 1926, que enquadrava novamente Anita como expressionista e a aproximava de Modigliani, introduzindo, portanto, mais uma referência em forma de instrução ou orientação:

> Ah! Anita, enfim encontro de novo a minha Anita estupenda! Dei pulos pulões pulinhos de entusiasmo. Gostei mesmo e gostei muito e sobretudo gostei porque encontrei de novo a minha Anita a Anita do *Japonês*, da *Estudante Russa*, do *Auto-retrato* e do *Homem Ama-relo*, aquela Anita forte e expressiva, com uma bruta propensão pro desenho expressionista. Esta sim, esta é a querida minha Anita amada por quem bato armas faz tanto e com tanta confiança e gosto! Estou besta de alegria. [...] Achei forte, achei fortíssimo e embora sem a mínima influência de ninguém me deu um pouco a impressão que sinto diante dos estranhos e tão persuasivos retratos de... [...] Modigliani. O de você não tem nada de parecido com os dele porém a impressão de força e de estranheza e de vida fora do comum é a mesma. Daria não sei o que pra ver esse retrato, palavra[39].

Na mesma carta, Mário afirma não ter gostado da proposta de um "quadro religioso" de Anita, certamente *Ressurreição de Lázaro*, que atenderia às exigências do Pensionato Artístico (ou seja, o envio de um quadro de inspiração religiosa e clássica). Justifica-se:

> Preocupação de construtivismo meio forçada, até muito forçada, mania de francês que pensa que para construir bastar pôr uma coisa dum lado outra do outro etc. mania, de que o temperamento de você está tão longe, não gostei não [...][40]

Ao longo de 1927 Anita continuou os exercícios composicionais: nus, paisagens, retratos. No fim desse mesmo ano, comunicava a Mário de Andrade o envio de duas telas para o Salão dos Independentes, *Villa d'Este* e *La femme du Pará*, esta última, dizia, tendo despertado bastante interesse. Em carta de 14 de novembro de 1927, explicava: "foi uma mulher que vi num balcão no

---

39. Carta de Mário de Andrade a Anita Malfatti, 25 abr. 1926, em Marta Rossetti Batista (org.), *Mário de Andrade: Cartas a Anita Malfatti (1921-1939)*, pp. 116-117.
40. *Idem, ibidem.*

Pará! Reproduzi-a conforme minha memória ajudava". Pela técnica e o emprego de cores, diferentemente do que vinha fazendo, a pintora considerava que agradaria ao poeta, alertando-o, contudo, que a composição mantinha "a mesma fatura dos meus últimos dois anos". E arrematava: "Também não quero mais mudar, só desenvolver sempre essa mesma linha."

Anita Malfatti, escrevendo a Mário de Andrade em 17 e 18 de novembro desse ano, assegurava trabalhar "sem seguir escola fixa, nem professor algum". O fato é que o poeta sugerira à pintora que fosse "ela mesma", que procurasse significado e sentido numa criação pictórica expressiva de sua experiência, como nas produções do período de estudos norte-americano. Para Anita, no entanto, a questão era entendida nos termos da originalidade. "Não me preocupo como nunca me preocupei com a originalidade", afirmava nessa mesma carta de novembro de 1927. Para ela, o importante residia ainda na aplicação da cor:

> Procuro dentro da composição simples, direta e equilibrada o máximo de sutileza na *qualidade* da cor. Tento conservar o desenho e os valores sempre justos e severos. Explicaria melhor dizendo que toda a poesia do meu trabalho está na cor. É na cor que sempre procuro dizer o que me comove. Na minha composição a forma e os valores sujeitos às leis imutáveis da ciência da pintura. Meus quadros não são coisas do acaso. Resolvo todos meus problemas com antecedência depois executo rápido[41].

Anita Malfatti retornou a São Paulo em 27 de setembro de 1928. Em razão da burocracia, as telas da pintora, despachadas antecipadamente, ficaram seis meses retidas na Alfândega de Santos, o que impediu Mário de Andrade de travar conhecimento com as obras antes de sua viagem ao nordeste, que durou de novembro daquele ano até fevereiro de 1929.

Tendo resolvido o problema de liberação dos quadros, a pintora iniciou os preparativos para uma exposição individual de maneira a apresentar os trabalhos realizados nos últimos anos de estudo. A exposição, realizada entre 1º de fevereiro e 9 de março de 1929, contou com 56 óleos, quinze aquarelas ("vistas" de locais que visitou), três cópias de obras famosas (exigência do Pensionato) e uma coleção de desenhos.

---

41. Carta de Anita Malfatti a Mário de Andrade, 17 e 18 nov. 1927 (Fundo Mário de Andrade, Série Correspondência, IEB-USP).

Esse número expressivo de obras cobria a variada experimentação de Anita Malfatti desde 1923. Deixava perceber as dúvidas no direcionamento composicional, mesclando as boas telas realizadas ("trabalhos de fôlego", ao lado de "trabalhos de técnica mais fácil", nas palavras da própria pintora) a outras, de fases anteriores.

O resultado não agradou à crítica devido à "diversidade-dispersão" temática e formal, sem trazer uma linha que fosse mais homogênea. Mário de Andrade conseguiu ver a individual em seus últimos dias e também foi criteriosamente sincero em suas observações, em artigo no *Diário Nacional* de São Paulo, a 5 de março de 1929, achando o progresso "curioso" porque não se podia dizer que ela tivesse melhorado, já que saiu do Brasil sob a insígnia de uma grande pintora. Para ele, Anita "ganhou em amplitude, em variedade, o que não podia ganhar mais em grandeza pessoal. Talvez mesmo se possa dizer que perdeu alguma coisa... [...] Anita Malfatti pra adquirir a variedade estética até desnorteante que apresenta na exposição de agora, careceu de sacrificar a grande força expressiva que tinha dantes"[42].

A "força expressiva" era o que Mário de Andrade considerava como o "temperamento dramático intensíssimo" da pintura de Anita, o acento intrinsicamente expressionista. No artigo, dizia que essa vasta experimentação que tornava irregular a exposição continha "algumas realizações magníficas e permanentes", um julgamento que remetia justamente àquelas que se filiavam ao estrato das pinturas que adquirira de Anita.

Ao perseguir uma arte menos traumatizante e mais clássica, Anita Malfatti deixou órfãos pelo caminho. Mário de Andrade, uma década mais tarde, em carta de 1º de abril de 1939, ainda estaria lembrando à pintora que "arte, que não é só beleza, por mais pensada, é feita com carne, sangue, espírito e tumulto de amor"[43].

---

42. Marta Rossetti Batista, *Anita Malfatti no Tempo e no Espaço: Biografia e Estudo da Obra*, São Paulo, Editora 34/Edusp, 2006, pp. 367-368.
43. Carta de Mário de Andrade a Anita Malfatti, 1 abr. 1939, em Marta Rossetti Batista (org.), *Mário de Andrade: Cartas a Anita Malfatti (1921-1939)*, p. 146.

REFERÊNCIAS BIBLIOGRÁFICAS

BATISTA, Marta Rossetti. *Anita Malfatti no Tempo e no Espaço: Biografia e Estudo da Obra*. São Paulo, Editora 34/Edusp, 2006.

_____ (org.). *Mário de Andrade: Cartas a Anita Malfatti (1921-1939)*. Rio de Janeiro, Forense Universitária, 1989.

MORAES, Marcos Antonio de. *Orgulho de Jamais Aconselhar. A Epistolografia de Mário de Andrade*. São Paulo, Edusp/Fapesp, 2007.

SILVA, Mauricio Trindade da. *Mário de Andrade Epicêntrico: Estudo sobre as Relações de Sociabilidade do Grupo dos Cinco Paulista (1920-1930)*. Faculdade de Filosofia, Letras e Ciências Humanas, Universidade de São Paulo, São Paulo, 2018 (Tese de Doutorado em Sociologia).

GOMBRICH, E. H. *A História da Arte*. Rio de Janeiro, LTC, 2012.

14

DE UMA VIAGEM AO SERTÃO[1]

HUMBERTO HERMENEGILDO DE ARAÚJO

AS REPERCUSSÕES REGIONAIS da Semana de Arte Moderna de 1922 podem ser vistas como parte de um movimento conjuntural que propiciou as condições adequadas à ruptura de uma situação cultural dominante e, consequentemente, favoráveis ao cenário que seria denominado, a partir de então, de moderno. Em tal conjunção de fatores, o significado de repercussão passa a ser atravessado de ruídos cujos sentidos não correspondem, exatamente, a consequência, efeito, influência, reprodução, eco. Antes, indicam que os impactos da Semana de 22 podem ser encarados como recepções ativas do movimento modernista nas regiões.

Especialmente na região Nordeste, o "novo" abrangia não só os registros do que se considerava "modernismo", mas também a polêmica questão do regionalismo, que se reapresentava no centro intelectual regional da época, o Estado de Pernambuco[2]. A nova forma literária chegava inicialmente por meio de um modernismo "universal", a partir do contato com paulistas e cariocas, mas também a partir da ação de Gilberto Freyre, que não deixava de ser igualmente um divulgador da estética modernista dos norte-americanos.

---

1. Uma versão deste texto foi publicada na *Revista do Instituto Histórico e Geográfico do Rio Grande do Norte*, n. 98, jan.-fev.-mar. 2019.
2. Cf. a respeito estudos como Neroaldo Pontes de Azevedo, *Modernismo e Regionalismo: Os Anos 20 em Pernambuco*, João Pessoa, Secretaria de Educação e Cultura da Paraíba, 1984 e Moema Selma D'Andrea, *A Tradição Re(des)coberta: Gilberto Freyre e a Literatura Regionalista*, Campinas, Editora da Unicamp, 1992.

Se havia a adoção do ritmo dos grandes centros como paradigma, havia também, mais do que a abertura à diversidade de modelos cosmopolitas, a matéria brasileira como força motriz inerente à tradição regional e passível de adaptação ao processo formativo moderno de então. Neste sentido, o centro e a periferia seriam capazes de, numa relação dialética, caracterizar determinadas linhas de forças que só aparentemente surgiriam como produtos diretos daquelas influências centrais.

Quando promove uma avaliação do modernismo, vinte anos mais tarde, Mário de Andrade reputa como altamente determinante do movimento "uma força universal e nacional *muito mais complexa que nós*. Força fatal, que viria mesmo"[3], advinda da conjuntura da modernidade. Esta consideração amplia as possibilidades de reconhecimento do modernismo como um movimento de abrangência maior do que aquele derivado da Semana de Arte Moderna de 1922, sem que se deixe de manter o juízo de que a Semana, segundo Antonio Candido[4] "foi realmente o catalizador da nova literatura". Isto significa que o desafio da ruptura com o academismo pode ter surgido também por vias diversas daquelas que os paulistas ofereceram ao país, inclusive em tempo simultâneo, em espaços distintos[5].

Mário de Andrade identifica São Paulo como o lugar em que se apresentou de modo mais favorável a situação que permitiu o surgimento do modernismo no Brasil, correlacionando elementos da realidade, como o fato de a capital paulista ser uma cidade grande, mas provinciana, e a gratuidade no modo de agir da nobreza regional em estado de decadência. Após a apresentação de fatos que antecederam 1922, até o movimento dos salões, conclui: "E foi da proteção desses salões *que se alastrou pelo Brasil o espírito destruidor* do movimento modernista. Isto é, o seu sentido ver-

---

3. Mário de Andrade, "O Movimento Modernista", *Aspectos da Literatura Brasileira*, 6. ed., São Paulo, Martins, 1978, p. 231. Grifos meus.
4. Antonio Candido, "Literatura e Cultura de 1900 a 1945", *Literatura e Sociedade*, 5. ed., Rio de Janeiro, Ed. Nacional, 1980, p. 117.
5. Considero, neste ponto, a ideia de que o modernismo deve ser visto na sua heterogeneidade, como resultado de um conjunto de fatores contextualizados em situações diferenciadas no tempo, segundo a noção de "temporalidades diferenciais" referida por Perry Anderson: "Tratava-se de uma temporalidade complexa e *diferencial*, em que os episódios ou eras eram descontínuos em relação uns aos outros, e heterogêneos em si mesmos" (Perry Anderson, "Modernidade e Revolução", *Novos Estudos Cebrap*, São Paulo, n. 14, fev. 1986, p. 6).

dadeiramente específico"[6]. Para esta discussão, interessa questionar sobre a situação favorável ao alastramento do modernismo, partindo da hipótese de que os seus simpatizantes nas diversas regiões agiam impulsionados por situações de algum modo comparáveis à situação paulista.

Um fenômeno que Mário de Andrade agrega ao seu raciocínio para justificar o surgimento do modernismo paulista é a existência de um tradicionalismo que, não obstante, era favorável à ruptura com o academismo. Ao apresentar a história dos salões, ele destaca a culinária tradicional afro-luso--brasileira como um dos aspectos que permitem afirmar que "[...] o culto da tradição era firme, dentro do maior modernismo"[7]. Neste sentido, não há como não relacionar Câmara Cascudo e Gilberto Freyre nesse movimento de valorização das tradições concomitante ao sentimento do moderno que surgia com a nova situação nacional. Nas suas memórias, o Príncipe do Tirol, como era chamado o jovem Cascudo, descreveu, nostálgico, o ambiente aristocrático da sua casa natalense onde funcionava, pode-se dizer, um salão, do qual restou apenas a chave como símbolo de um mundo perdido:

Fundou-se o *Principado do Tirol*, com toda a hierarquia aristocrática, reuniões mensais com "frios" requintados e as combinações dificilmente ingeríveis, imaginadas pelo João Cirineu de Vasconcelos, *Monsieur le Comte de Babois*. [...] Meu pai mantinha, à sua custa, o jornal *A Imprensa* (1914-1927), para a nossa inflação literária. Tenores, barítonos, sopranos, pianistas, declamadoras, artistas em excursão, exibiam-se na Vila Cascudo. Sob as árvores de sombra, piqueniques, serenatas, violões famosos, tertúlias, improvisações. Dessa Vila Cascudo planejou-se muita festa vitoriosa e não mais repetida, bailes elegantes e mesureiros, *Tea-Tango, Five O'Clock*, Noite Japonesa, fantasias, assaltos familiares, pesquisas culinárias, planos de renovação literária, apoio à "Semana d'Arte Moderna", leitura de originais de poemas de poetas dos Estados vizinhos, euforia, magnificência.

[...]

Inexplicavelmente, da casa abandonada, na legitimidade da origem, veio uma velha chave. Reconheci-a. Era a chave do meu quarto de solteiro, abrindo para o saguão. Nunca mais passei os portões do meu mundo perdido onde tudo se transformara[8].

---

6. Mário de Andrade, "O Movimento Modernista", *op. cit*, p. 240. Grifos meus.
7. *Idem*, p. 239.
8. Luís da Câmara Cascudo, *O Tempo e Eu: Confidências e Proposições*, Natal, EDUFRN, 1997, pp. 62-63.

Como exemplo do empenho no processo de expansão do modernismo, um dos mais significativos indicadores da relação entre a necessidade modernista de conhecimento do Brasil e o contato direto com as regiões ocorreu na viagem de Mário de Andrade ao Rio Grande do Norte, especialmente na ida ao sertão, entre os dias 18 e 22 de janeiro de 1929, conforme os registros do diário publicado no livro *O Turista Aprendiz* (1983).

Antes, porém, em novembro de 1928, a *Revista de Antropofagia* publicara, no seu n. 7, o texto "A Tardinha em Viagem no Seridó" de autoria do poeta potiguar Jorge Fernandes de Oliveira[9]. A pequena crônica antecipava impressões que seriam vivenciadas pelo turista aprendiz no ano seguinte, sobretudo no que diz respeito ao estranhamento causado pelo encontro de elementos díspares em um espaço de transição, se assim concebemos a estrada. Nela, o motorista-poeta, que também foi caixeiro-viajante, testemunha o avanço, no meio rural, do elemento tecnológico:

O meu carro vai rodando nas estradas de areia barrenta ou de cascalhos e eu vou vendo o verde longe e o verde perto das juremas junto à estrada...

As caatingas vão se tornando escuras esfregando os olhos com sono...

Na carreira do carro aparece de sopetão um serrote, às vezes com uma pedra fina e sisuda apontando o céu. Outros com pedras também parecendo dedos muito grandes apontando: – Olhem aquilo ali – E eu olho e vejo só desertos de serras e um restinho de luz do sol se acabando nas corcundas das serras, verdes... verdes...

Outras pedras agrupadas e enfeitadas de facheiros vão passando na ligeireza da viagem...

E o carro corre entre árvores e serrotes até que a boca-da-noite – chega agasalhando tudo acendendo os olhos dos bacuraus, das raposas, das tacacas, antes que o meu carro abra também os seus olhos atrapalhadores dos bichos que precisam ganhar o seu pão, à noite, farejando nas estradas...[10]

No seu registro, o motorista apresenta uma paisagem áspera, não obstante a presença da cor verde e o ambiente crepuscular que se anuncia. O espaço é habitado por animais exóticos que dão ao texto uma conotação de ambiente

---

9. Autor do *Livro de Poemas de Jorge Fernandes*, publicado no ano de 1927, em Natal, com edição de trezentos exemplares, na tipografia do jornal *A Imprensa*. Essa raridade bibliográfica foi impressa em forma de caderno, de modo a tornar mais largas as páginas (15 cm × 21 cm) que acomodam versos livres de um poeta pródigo em seu discurso irônico de "frases" dispostas no espaço inteiro da página, revelando a ausência de metrificação e outros recursos tradicionais ligados ao verso.

10. Jorge Fernandes, "A Tardinha em Viagem no Seridó", *Revista de Antropofagia*, ano I, n. 7, 1928, p. 5.

selvagem e primitivo. No entanto, o adjetivo usado para designar os faróis do automóvel remete a uma interpretação sobre a presença do elemento urbano como fator de desequilíbrio do bioma sertanejo: os "olhos" do carro são "atrapalhadores" dos bichos que precisam ganhar o seu pão.

No aparente despretensioso registro do circunstancial e do pitoresco, tem-se uma percepção irônica da passagem do automóvel pelo espaço do sertão, de modo a reiterar a agressividade do encontro entre o primitivo e o civilizado. Em conjunção irreversível, o automóvel simboliza, na situação concebida, o elemento da modernização que chega ao espaço interiorano. Alguns textos de Jorge Fernandes, relacionados a esse registro, foram lidos por Mário de Andrade antes da sua viagem ao Rio Grande do Norte, o que significa constatar que preexistia no turista aprendiz uma apreensão daquela realidade[11].

Ainda no mesmo contexto de apreensão de aspectos da realidade interiorana pelos modernistas, Luís da Câmara Cascudo publicou, no mês de janeiro de 1929, no jornal natalense *A República*, uma série de seis crônicas sob o título "Diário dos 1.104 Klmts". Tratava-se de uma narrativa da excursão feita em companhia dos amigos Antônio Bento de Araújo Lima[12] e Mário de Andrade. Escolhi para comentar, nesta análise, a terceira crônica, datada de 31 de janeiro de 1929. O objetivo da análise é confrontar as narrativas de Câmara Cascudo e de Jorge Fernandes com o relato de Mário de Andrade sobre a

---

11.   O autor de *Clã do Jabuti* vinha lendo poemas de Jorge Fernandes desde o ano de 1925, conforme se pode verificar na sua correspondência com Luís da Câmara Cascudo: "Quem é esse Jorge Fernandes, hem? A apresentação de você está engraçadíssima. E o tal de Jorge Fernandes me deixou com água no bico. [...] Que achado formidável" (Carta de 6 set. 1925; cf. Marcos Antonio de Moraes (org.), *Câmara Cascudo e Mário de Andrade: Cartas 1924-1944*, São Paulo, Global, 2010, p. 63).
      No acervo do Instituto de Estudos Brasileiros – IEB/USP, encontra-se um exemplar do livro, com a seguinte dedicatória: "Ao meu grande Mário o meu livro todo errado. 14 Mar. 1928". Esse livro "todo errado" tivera um projeto de título, conforme narra Marcos Antonio de Moraes: "[...] o que veio a se tornar, em 1927, o 'Livro de Poemas', [...] fora antes concebido com o nome de *Pensamento Evadido da Cella n. 14 (soneto)*. 'Evadido' foi ainda o substituto de 'liberto' que, rasurado pelo próprio poeta, pode ser entrevisto. [...]" (Marcos Antonio de Moraes, "Pensamentos Evadidos de Jorge Fernandes", *O Galo*, Natal, n. 11, nov. 1997, pp. 7-9).
      Em 1º de julho de 1926, Jorge Fernandes escreveu uma carta ao amigo paulista e nela faz referência à leitura de um livro que, provavelmente, seja *Losango Cáqui*, e diz que envia "[...] algumas impressões que juntei entre serras do meu Estado [...]" (Transcrito de: *Arquivo Mário de Andrade* – IEB/USP-SP, 1983, 24.07.1997, por José Luiz Ferreira). Tais impressões podem ser o conjunto de quatro poemas que formam a série "Poemas das Serras", do livro do autor potiguar.

12.   O registro da viagem também é feito por Antônio Bento, que publicou o texto "Macau – Assú – Seridó – 1.104 Kilometros em 5 Dias", *A República*, Natal, 27 jan. 1929, p. 3.

mesma viagem ao sertão. A crônica cascudiana selecionada para esta leitura corresponde a uma descrição parcial de Macau, cidade salineira do Estado:

Diário dos 1.104 Klmts. – III

Depois do jantar, um jantar conversado e saboroso, volta-se de carro ao Aterro. Há uma ameaça de lua e as dunas de sal alvejam. Vamos passando e o Oakland escorrega no barro macio. Os moinhos rareiam. Dizem-me que o motor os substitui. A paisagem holandesa desaparece. É uma perda que dá lucro. Lucro de tempo e de rendimento econômico. De regresso, fico lá fora, fumando. Estalos de bilhar. Luarzinho tímido romantiza a praçuela da Conceição. Meninas, rapazes, troços de palavras. O sertão está se praciando. Em todo cochicholo, de Lages até aqui, deparamos todas as cunhãs com as bochechas lambuzadas de encarnado. Bancando o *rouge*. E nem uma com a trança das modinhas saudosas de Lourival Açucena e do Padre Areias (18-1-29).

Na pequena crônica, permanece o tema do automóvel na paisagem sertaneja, no entanto, a sua função é dar um suporte à visão do narrador sobre aspectos da modernização, como a lucrativa substituição de moinhos por motores na produção do sal e, no âmbito da cultura, a adoção de hábitos modernos pela juventude interiorana.

De um modo geral, a narrativa e as descrições dos dois autores potiguares são constituídas de elementos estilísticos devedores da estética modernista. Esta seria, digamos, uma forma proveniente da matriz textual desenvolvida pelas vanguardas e, no Brasil, exercitadas entre a Semana de Arte Moderna e o ciclo de publicação dos diversos manifestos modernistas dos anos 1920. A matéria dessa forma é, no entanto, regional. Com esta peculiaridade em mente, urge comparar a visão dos dois motorizados viajantes potiguares com a visão do paulista que percorreu os mesmos caminhos.

No diário de *O Turista Aprendiz*, a data de 17 de janeiro de 1929 é de preparação da viagem. O autor, que já conhecera a região da cana-de-açúcar do Estado, demonstra excitação diante da iminência de conhecer as regiões do sal e do algodão, sobretudo em função do progresso resultante da economia desses produtos. No dia seguinte, já em Macau, a expectativa de aspectos positivos é quebrada com a defrontação da seca, embora o texto reitere o comentário de Câmara Cascudo sobre a chegada dos motores elétricos como fator de modernização.

Após a passagem por Macau, já no espaço da estrada, a narrativa prossegue com uma tendência à estetização de aspectos apreendidos da paisagem, embora se aprofunde a percepção dos aspectos negativos da seca. Assim, o narrador faz literatura recorrendo a procedimentos como a personificação, nos seguintes exemplos:

> As carnaúbas desfolhadas pela colheita recente têm ar espantado muito pândego;
> A caatinga ficou mais simpática. Os troncos de marmeleiro e da catanduba arborescente não queimam os pés no chão atapetado pelo panasco seco, meio doirado;
> [...] as casas nos veem com receio, fazem perguntas esquisitas pra nós, pretendendo nos pegar numa resposta falsa e descobrir em nós cangaceiros montados na "Oakland"[13].

No encadeamento da viagem, o automóvel chega à cidade de Caicó, localizada na tradicional região do Seridó. A partir desse trecho ("Caicó, 21 de janeiro, 20 horas"), intensificam-se os comentários sobre a seca e seus efeitos na geografia e no aumento da miséria humana, a ponto de o narrador declarar a sua impossibilidade de representação literária para aquela situação. Na última sequência do relato ("Automóvel, 22 de janeiro"), especialmente no seu último parágrafo, Mário de Andrade desabafa, revelando um sentimento que é misto de revolta, decepção e desencanto:

> [...] Mil cento e cinco quilômetros devorados. E uma indigestão formidável de amarguras, de sensações desencontradas, de perplexidades, de ódios. Um ódio surdo... Quase uma vontade de chorar... Uma admiração que me irrita. Um coração penando, rapazes, um coração penando de amor doloroso. Não estou fazendo literatura não. Eu tenho a coragem de confessar que gosto de literatura. Tenho feito e continuarei fazendo muita literatura. Aqui não. Repugna minha sinceridade de homem fazer literatura diante desta monstruosidade de grandezas que é a seca sertaneja do Nordeste. Que miséria e quanta gente sofrendo... É melhor parar. Meu coração está penando por demais...

Nos textos dos três autores, a máquina futurista em movimento permite aos modernistas o registro da paisagem ao vivo, numa dimensão diferente das imagens primitivas representadas em livros e telas: na situação da viagem, essas imagens são atravessadas por tensões, sob pontos de vista distintos.

---

13. Mário de Andrade, *O Turista Aprendiz*, 2. ed., São Paulo, Duas Cidades, 1983, pp. 289, 290 e 292.

Para os dois potiguares, pareceria interessar mais o registro do circunstancial, atitude que revela um desejo de empatia e identificação com o mundo sertanejo, mediado por uma forma devedora da estética modernista. Assim, tal registro associa modernismo e matéria regional e abre ao movimento protagonizado inicialmente pelos paulistas uma visão regionalista distinta daquele "regionalismo pitoresco" ou da chamada "literatura sertaneja", conforme os termos utilizados por Antonio Candido para caracterizar etapas da tendência regionalista na literatura brasileira[14].

Com interesses distintos, embora convergentes no que diz respeito à ficcionalização do regional, os dois potiguares estão impregnados de literatura e não questionam a perspectiva de representação da miséria, talvez levados pela falta de distanciamento daquela realidade, à qual eram arraigados.

Mário de Andrade, no entanto, parece atônito diante do que presenciou na região sertaneja, em tudo diferente da zona da cana-de-açúcar, onde ele conhecera o embolador de cocos Chico Antônio. O que interessaria, ao viajante paulista, registrar nessa viagem? Com base na leitura da correspondência entre ele e Câmara Cascudo, pode-se depreender que o desejo de conhecer a região Nordeste correspondia ao desejo de conhecer as tradições regionais, como um aspecto da tendência que apontava na direção de uma abrangência nacional do modernismo. Neste sentido, a chamada brasilidade determinava uma grande importância para a tradição, de acordo com os termos de entrevista concedida ao jornal *A Noite*, do Rio de Janeiro (em 12 dez. 1925), na qual Mário de Andrade afirma:

> [Nós] só seremos de deveras uma Raça o dia em que nos *tradicionalizarmos* integralmente e só seremos uma Nação quando enriquecermos a humanidade com um contingente original e nacional de cultura. [...] *Tradicionalizar* o Brasil consistirá em viver-lhe a realidade atual com a nossa sensibilidade tal como é e não como a gente quer que ela seja, e referindo a esse presente nossos costumes, língua, nosso destino e também nosso passado[15].

14. Cf. Antonio Candido, "Literatura e Subdesenvolvimento", *A Educação pela Noite e Outros Ensaios*. São Paulo, Ática, 1987, pp. 140-162) e o estudo de Humberto Hermenegildo de Araújo, "A Tradição do Regionalismo na Literatura Brasileira: do Pitoresco à Realização Inventiva", *Revista Letras*, Curitiba, Editora UFPR, n. 74, pp. 119-132, jan.-abr. 2008.

15. ("Assim Falou o Papa do Futurismo", em Georgina Koifman (org.), *Cartas de Mário de Andrade a Prudente de Moraes, neto. 1924/36*, Rio de Janeiro, Nova Fronteira, 1985, pp. 148-149, grifo meu). Segundo Margarida de Souza Neves ("Da Maloca do Tietê ao Império do Mato Virgem", em Sidney Chalhoub

DE UMA VIAGEM AO SERTÃO

Nessa linha de pensamento, o funcionamento pleno da tradição nacional não se daria sem o reconhecimento das tradições regionais. Com a leitura dos demais registros do diário de O Turista Aprendiz, referentes à passagem pelos espaços entre o Rio Grande do Norte e Pernambuco, é possível verificar a satisfação e o encantamento do autor de Macunaíma diante da cultura da região que se estende ao longo e nas proximidades do litoral, fortemente vinculada à economia açucareira. Ao contrário, na situação da passagem pelo trecho dos 1.104 quilômetros, a manifestação da seca, e consequentemente da miséria humana, ergueu-se como cena negativa diante do turista aprendiz[16].

Como representação literária plena de tensões, a cultura do semiárido ainda não se dera a conhecer nacionalmente, fato que só viria a ocorrer com o arrojo do chamado Romance de 30.

A nova fase do modernismo, correspondente aos anos de 1930, pode jogar luzes para a compreensão do desapontamento de Mário de Andrade diante da visão "ao vivo" do fenômeno da seca. Em tal contexto, o que o autor de "O Movimento Modernista" chamaria de "atitude interessada diante da vida contemporânea", elevada a uma tensão máxima, muito provavelmente embotou a capacidade sublimadora do poeta de Clã do Jabuti que estava impregnado de um modo de fazer literatura determinado por aspectos estéticos e programá-

---

& Leonardo Affonso de Miranda Pereira, A História Contada: Capítulos de História Social da Literatura no Brasil, Rio de Janeiro, Nova Fronteira, 1998. p. 280), "Poucas vezes um trecho tão breve resume com tanta precisão e com tanta veemência as teses centrais do trabalho de Mário de Andrade e de sua concepção do modernismo: a busca da tradição como tarefa; a fusão do passado com o presente como desafio; a busca do universal no mais particular e autêntico". Disponível em versão digital: http://www. historiaecultura.pro.br/modernosdescobrimentos/desc/mario/frame.htm. Iumna Maria Simon ("Condenados à Tradição: O que Fizeram com a Poesia Brasileira", Revista Piauí, São Paulo, ano 6, n. 61, out. 2011, p. 86) resume o sentido desse empenho no sentido de promover a tradicionalização: "Criar usos próprios e internos para a apropriação da literatura universal, estabelecer códigos literários e sistemas de transmissão de vasto alcance, posicionar-se em relação aos componentes recalcados da nacionalidade e do mundo popular, delinear linhas de continuidade nas quais se verificasse a formação de uma tradição local – tais eram os pré-requisitos para que a tradição nacional alcançasse funcionamento pleno".

16. No seu texto, Antônio Bento justifica a visão que tiveram, ele e Mário de Andrade: "Antes de mais nada, tivemos o cuidado de não tomar nenhuma nota de caráter literário, por mais leve e inconsequente que pudesse ser. // Nada de imagens bonitas e ausência absoluta de pitoresco – foi esse o nosso maior empenho quando tomavamos qualquer apontamento. [...] Não encontro explicação, não vejo mesmo razão possível para que alguém possa ser levado a pensar em fazer arte diante duma calamidade social da natureza das secas periódicas que desorganizam a nossa vida" (Antônio Bento de Araújo Lima, "Macau – Assú – Seridó – 1.104 Kilometros em 5 Dias", p. 3).

ticos do modernismo, conforme esclarece Antonio Candido[17] ao explicitar o fator de equilíbrio que permitiu a configuração renovadora do movimento: "A destruição dos tabus formais, a libertação do idioma literário, a paixão pelo dado folclórico, a busca do espírito popular, a irreverência como atitude"[18]. Nesse conjunto de fatores, as tradições davam o suporte para o confronto com a realidade presente, um lastro que pode ter sido silenciado naquela jornada sertaneja[19], diferentemente da visita à região da cana-de-açúcar.

O modernismo, aqui evidenciado na figura de Mário de Andrade, chegou ao Nordeste crivado de tensões, uma vez que representado em registros distintos, todos eles combinados a uma tradição que se formara ao longo do processo colonizador e do período formativo nacional. Na região, o legado cultural sedimentado nas instituições da sociedade e também em formas de transmissão populares era capaz de se impor no confronto com o processo de modernização do século XX.

A análise da viagem dos modernistas ao sertão, compreendendo os fatores econômicos entrelaçados no processo modernizador vigente, revela modos distintos de apreensão dos aspectos culturais sertanejos representativos da brasilidade valorizada naquele momento. Assim, os registros da visita às zonas produtoras de sal e algodão demonstram que os três viajantes apresentam posicionamentos distintos sobre tais aspectos, com implicações nos modos de interpretação local de valores e ideários disseminados nacionalmente.

A visão saudosista de Câmara Cascudo, por exemplo, indica que a sua perspectiva funcionava no sentido de reforçar valores estabelecidos, com uma

---

17. "Literatura e Cultura de 1900 a 1945", p. 135.
18. Segundo Sergio Miceli (*Vanguardas em Retrocesso, Ensaios de História Social e Intelectual do Modernismo Latino-americano*, São Paulo, Companhia das Letras, 2012, pp. 115-116), "*Clã do Jabuti* (1927) explora as tensões entre o litoral civilizado, europeizado, e o sertão selvagem, valendo-se de expedientes de composição reminiscentes de *Macunaíma*: o apelo ao folclore, às manifestações da cultura popular, aos meneios da prática literária erudita. O intento era unificar esses polos de vibração da 'alma nacional' por meio de um itinerário das expressões regionais do país; o poeta dividido entre o chão de experiência nativa e a cultura estrangeira, entre a conquista de um rosto autóctone e a alienação imposta pelo esquadro europeu".
19. Talvez tenha faltado ao poeta, na situação vivenciada, aquilo que foi vislumbrado pelo Graciliano Ramos de *Vidas Secas*: o traço singularizador que deu às personagens as possibilidades de humanização, mesmo diante da ausência de tradições no cotidiano de uma família de retirantes. Cf. a respeito, o estudo de Irenísia Torres de Oliveira, "Fantasia e Crítica nos Livros Sertanejos de Graciliano Ramos", em Humberto Hermenegildo de Araújo e Irenísia Torres de Oliveira (orgs.), *Regionalismo, Modernização e Crítica Social na Literatura Brasileira*, São Paulo, Nankin, 2010, pp. 65-77.

diminuição do grau da "atitude interessada diante da vida contemporânea", exatamente por causa do peso da tradição. Do ponto de vista social, torna-se mais evidente no texto do folclorista potiguar, como uma denúncia da ameaça aos valores tradicionais, o registro das transformações causadas pela modernização no modo de produção da mercadoria e nos costumes. Então seria o caso de verificar, em discussão posterior, até que ponto se cumpriu, na obra dos três autores aqui mencionados, a sentença de Walter Benjamin[20] sobre a História: "Em cada época, é preciso arrancar a tradição ao conformismo, que quer apoderar-se dela".

REFERÊNCIAS BIBLIOGRÁFICAS

ANDERSON, Perry. "Modernidade e Revolução". *Novos Estudos Cebrap*. São Paulo, n. 14, pp. 2-15, fev. 1986.

ANDRADE, Mário de. "O Movimento Modernista". *Aspectos da Literatura Brasileira*. 6. ed. São Paulo, Martins, 1978.

_____. *O Turista Aprendiz*. Estabelecimento do texto, introdução e notas Telê Porto Ancona Lopez. 2. ed. São Paulo, Duas Cidades, 1983.

_____. "Assim Falou o Papa do Futurismo". *In*: KOIFMAN, Georgina (org.). *Cartas de Mário de Andrade a Prudente de Moraes, neto, 1924/36*. Rio de Janeiro, Nova Fronteira, 1985.

ARAÚJO, Humberto Hermenegildo de. "A Tradição do Regionalismo na Literatura Brasileira: Do Pitoresco à Realização Inventiva". *Revista Letras*, n. 74, jan./abr. 2008, Curitiba, Editora UFPR.

AZEVEDO, Neroaldo Pontes de. *Modernismo e Regionalismo: Os Anos 20 em Pernambuco*. João Pessoa, Secretaria de Educação e Cultura da Paraíba, 1984.

BENJAMIN, Walter. "Sobre o Conceito de História". *Magia e Técnica. Arte e Política: Ensaios sobre Literatura e História da Cultura*. Trad. Sérgio Paulo Rouanet. São Paulo, Brasiliense, 1985 (*Obras Escolhidas*, vol. 1).

CANDIDO, Antonio. "Literatura e Cultura de 1900 a 1945". *Literatura e Sociedade*. 5. ed. Rio de Janeiro, Ed. Nacional, 1980.

_____. "Literatura e Subdesenvolvimento". *A Educação pela Noite e Outros Ensaios*. São Paulo, Ática, 1987.

CASCUDO, Luís da Câmara. "Diário dos 1.104 Klmts – III". *A República*, p. 1, 31 jan. 1929.

_____. *O Tempo e Eu: Confidências e Proposições*. Natal, EDUFRN, 1997.

D'ANDREA, Moema Selma. *A Tradição Re(des)coberta: Gilberto Freyre e a Literatura Regionalista*. Campinas, Ed. da Unicamp, 1992.

FERNANDES, Jorge. "A Tardinha em Viagem no Seridó". *Revista de Antropofagia*, ano I, n. 7, p. 5, nov. 1928.

20.	Walter Benjamin, "Sobre o Conceito de História", *Magia e Técnica. Arte e Política. Ensaios sobre Literatura e História da Cultura,* tradução de Sérgio Paulo Rouanet, São Paulo, Brasiliense, 1985, p. 224. (*Obras Escolhidas*, vol. 1).

_____. *Livro de Poemas de Jorge Fernandes*. Edição fac-similar de 1927. Natal, Fundação José Augusto, 1997.

LIMA, Antônio Bento de Araújo. "Macau – Assú – Seridó – 1.104 Kilometros em 5 Dias". *A República*. p. 3, 27 jan. 1929, Natal.

MICELI, Sergio. *Vanguardas em Retrocesso: Ensaios de História Social e Intelectual do Modernismo Latino-americano*. São Paulo, Companhia das Letras, 2012.

MORAES, Marcos Antonio de (org.). *Câmara Cascudo e Mário de Andrade. Cartas 1924-1944*. São Paulo, Global, 2010.

_____. "Pensamentos Evadidos de Jorge Fernandes". *O Galo*, n. 11, nov. 1997, Natal.

NEVES, Margarida de Souza. "Da Maloca do Tietê ao Império do Mato Virgem. Mário de Andrade: Roteiros e Descobrimentos". *In*: CHALHOUB, Sidney & PEREIRA, Leonardo Affonso de Miranda (orgs.). *A História Contada: Capítulos de História Social da Literatura no Brasil*. Rio de Janeiro, Nova Fronteira, 1998.

OLIVEIRA, Irenísia Torres de. "Fantasia e Crítica nos Livros Sertanejos de Graciliano Ramos". *In*: ARAÚJO, Humberto Hermenegildo de & OLIVEIRA, Irenísia Torres de (orgs.). *Regionalismo, Modernização e Crítica Social na Literatura Brasileira*. São Paulo, Nankin, 2010.

SIMON, Iumna Maria. "Condenados à Tradição: O Que Fizeram Com a Poesia Brasileira". *Revista Piauí*, ano 6, n. 61, out. 2011, São Paulo.

15

MODERNISMO E REGIONALISMO NO BRASIL:
APROXIMAÇÕES CRÍTICAS

MARIA ARMINDA DO NASCIMENTO ARRUDA

I

TRATAR DA PRESENÇA do regional na produção cultural no Brasil, especialmente no tocante à literatura moderna, é enfrentar uma tensão não resolvida. Isto porque a tradição da crítica literária tende a classificar as obras a partir dos chamados componentes de universalidade da construção narrativa, no limite como expressão socialmente indeterminada da existência humana. O regional, em contrapartida, comumente é caracterizado como gênero impregnado de localismos, carente de envergadura expressiva, confinado às experiências limitadas do meio. Nesse contexto, a crítica literária, quando analisa a ficção regional, não abandona o cânone consagrado. Essa tônica geral da crítica oscila entre considerar o regionalismo na categoria de subgênero, ou então, assinalar que importa "ver como o universal se realiza no particular, superando-se como abstração na concretude deste e permitindo a este superar-se como concreto na generalidade daquele. Desse modo, as 'peculiaridades do regional' alcançam uma existência que as transcende"[1]. Apesar da generalidade, o trecho ilustra a tendência da crítica a respeito do regionalismo, cujo preceito central interpreta o sentido da obra a partir do seu ordenamento

---

1. Lígia Chiappini, "Do Beco ao Belo: As Teses Sobre Regionalismo na Literatura", *Estudos Históricos*, vol. 8, n. 5, p. 158, Rio de Janeiro, 1995.

interno, de perfil formalista[2], deixando na sombra outros fatores igualmente importantes.

A questão de fundo parece-me ser de outra natureza, qual seja a de questionar o estatuto dessas concepções que, em última instância, reproduzem a própria cultura da crítica literária, baseada no julgamento interno das obras, como pretendem os estudos hermenêuticos, consoante critérios próprios de atribuição da qualidade dos textos. Essa crítica literária reproduz, assim, o que Pierre Bourdieu denominou como sendo o "grau da autonomia de um campo da produção cultural" que se manifesta no "grau ao qual o princípio da hierarquização externa está subordinado ao princípio da hierarquização interna"[3]. No caso em exame, certas obras regionalistas são qualificadas no rol de narrativas de envergadura, quando se localizam princípios do cânone consagrado. Nesses casos, não se indaga sobre as representações literárias assumidas sem questionamentos, tampouco sobre as classificações e hierarquias estabelecidas e aceitas como naturais. O regionalismo, portanto, se define, primariamente, como construção literária, embora apareça como narrativa literariamente limitada, sem envergadura expressiva, por oferecer imagens de contextos sociais localizados. Por esse motivo, a análise do regionalismo pressupõe considerar o modo como foi abordado pela bibliografia especializada e como foi formulado como gênero literário, tornando-se tema de pesquisa.

Em larga medida, os críticos são herdeiros da tradição romanesca, firmada entre os séculos XVIII e XIX, "que fez do romance a primeira forma simbólica verdadeiramente mundial"[4], traço que se traduziu em referência das avaliações que passaram a utilizá-lo como parâmetro de apreciação das obras. As razões da incorporação da forma romance, como critério central de avaliação das obras, encontram na própria estilística narrativa motivos justificadores, uma vez que o gênero se moldou "historicamente no curso das forças centrífugas descentralizadoras"[5], movimento contemporâneo à expansão dos valores da modernidade; de modo similar, a dimensão normativa da

2. Gisèle Sapiro, *La Sociologia de la Literatura*, trad. Laura Fólica, Buenos Aires, Fondo de Cultura Económica, 2016, p. 13.
3. Pierre Bourdieu, "Le Champ Littéraire", *Actes de la Recherche en Sciences Sociales*, vol. 89, n. 1, 1991, p. 6.
4. Franco Moretti, "Apresentação", *A Cultura do Romance*, trad. Denise Bottman, São Paulo, Cosac Naify, 2009, p. 11.
5. Mikhail Bakhtin, *Teoria do Romance I – A Estilística*, trad. Paulo Bezerra, São Paulo, Editora 34, 2017, p. 42.

universalidade elide a impregnação social de toda criação humana e tem na imprecisão a sua principal marca. Nesse quadro, o regionalismo torna-se problema para a crítica, pois, frequentemente, trata de assuntos originados em contextos sociais tradicionais, agrários e localizados. Não é por outro motivo que muitas vezes lhe atribuem caráter acanhado e mesmo conservador, situando-o à margem da chamada grande literatura[6].

Pensado nessa perspectiva, o regionalismo é fenômeno moderno, uma modalidade de reação à vida nas cidades industriais, de "uma forma distinta de civilização" de acordo com Raymond Williams[7]. Ainda para o autor, a intensa urbanização capitalista produziu uma "estrutura de sentimentos"[8] que se construiu sob uma imagem do campo como "uma forma natural de vida – de paz, inocência e virtudes simples"[9], o que explica o fato de que, mesmo depois de a experiência citadina ser dominante, a literatura inglesa continuava fundamentalmente rural. Nesses termos, o regionalismo é construção cultural e literária localizada no espaço-tempo, enquanto a "região" ganhou o sentido moderno de "área subordinada", um sentido que, é claro, é compatível com o reconhecimento de suas características "locais" – "regionais"... E o que é notável, na questão da descrição cultural, é a contínua discriminação de certas regiões nesse sentido limitado de "regional", que só pode ser retida se outras regiões não forem vistas dessa forma. Ela é, por sua vez, uma função da centralização cultural, uma forma moderna de discriminação entre o campo e a cidade, e está intimamente vinculada à distinção entre cultura "metropolitana" e "provincial", que se tornou significativa a partir do século XVIII[10]. A valorização do campo foi a contraface da industrialização na Inglaterra, percebida pelas camadas dominantes como artificial e de efeitos agressivos.

No caso brasileiro, o regionalismo emergiu com o romantismo e a sua identificação com as raízes da nacionalidade, presente no "indianismo e suas tendências regionais e campesinas, entrou a ponderar no romance com Bernardo Guimarães e Franklin Távora e invadiu a ficção [...] tornando-se

---

6. Lígia Chiappini, "Do Beco ao Belo: As Teses Sobre Regionalismo na Literatura", p. 156.
7. Raymond Williams, *O Campo e a Cidade na História e na Literatura*, trad. Paulo Henriques Britto, São Paulo, Companhia das Letras, 1989, p. 11.
8. A expressão "estrutura de sentimentos" tem o significado, em Raymond Williams, de categoria analítica.
9. Raymond Williams, *O Campo e a Cidade na História e na Literatura*, p. 11.
10. Raymond Williams, *A Produção Social da Escrita*, trad. André Glasei, São Paulo, Edunesp, 2013, p. 300.

quase um movimento social com Monteiro Lobato"[11]. Em cada uma das fases, há tendências que as distinguem: o indianismo nativista e as origens da nação, a exemplo da poesia de Gonçalves Dias e a ficção de José de Alencar; o romance sertanejo e local do mineiro Bernardo Guimarães (1825-1884); o romantismo de caráter regionalista do Nordeste com o cearense Joaquim Franklin da Silveira Távora (1942-1888), cuja novela *O Cabeleira*, publicada em 1876, inaugurou a literatura do cangaço; finalmente, a ficção de Monteiro Lobato, já nos quadros da superação do modo de vida rural em São Paulo, engolfada pela crescente modernização.

No conjunto, o regionalismo no Brasil caracteriza-se por preservar raízes identitárias (o nativismo), seja por resistência das elites locais frente à centralização do poder imperial (Bernardo Guimarães e Franklin Távora), seja ainda por revelação do impacto da modernização sobre as culturas tradicionais (Monteiro Lobato). Em quaisquer dos casos, percebe-se que a cultura regional foi tributária de processos históricos, como o da construção da nação, a centralização política que atingiu o poder das oligarquias locais, a modernização e a industrialização que deslocou o domínio agrário.

O problema se redefine, no entanto, quando o regionalismo é pensado na relação com o modernismo. Como se sabe, os modernos afirmaram a sua completa oposição à tradição, o que implica rejeitar a história pregressa, em nome das vanguardas guiadas por impulsos de permanente inovação e para além das barreiras culturais[12]. A efervescência metropolitana foi o substrato do desenvolvimento do modernismo: "Mais precisamente, o modernismo é definido pelo local novo e específico dos artistas e dos intelectuais desse movimento dentro do ambiente cultural em transformação da metrópole"[13].

Esses princípios fundamentais da cultura moderna integraram o movimento das vanguardas no Brasil que se impôs como formação discursiva da vida intelectual brasileira, cujos membros celebraram o moderno. É nessa ambiência particular de modernização que se construiu a imagem do regional como o lugar das experiências sociais limitadas, conotando uma cultura estreita e passadista. As relações entre modernismo e regionalismo, tampouco foram

---

11. Antonio Candido, *Brigada Ligeira*, São Paulo, Martins, [1945], pp. 45-46.
12. Jürgen Habermas, *O Discurso Filosófico da Modernidade*, revisão crítica António Marques, Lisboa, Publicações Dom Quixote, 1990, pp. 13-32.
13. Raymond Williams, *Política do Modernismo*, trad. André Glaser, São Paulo, Edunesp, 2007, p. 20.

MODERNISMO E REGIONALISMO NO BRASIL: APROXIMAÇÕES CRÍTICAS

da mesma natureza à que vigiu na Inglaterra a partir do século XVIII. Lá não se tratava, como mostrou Raymond Williams, de pensar o campo como o lugar do atraso; contrariamente, era condição do reencontro com um modo de vida genuíno que se estava perdendo na artificialidade do urbano; aqui a relação foi de conflito e até de rejeição, traço revelador da constituição das nossas vanguardas, elas próprias situadas à margem dos centros criadores. Essa tensão original migra, mesmo de modo oblíquo, para a crítica, que se erige em testemunho das dificuldades de construção da cultura moderna no Brasil, bem como do campo intelectual e das suas relações com os agentes do processo de modernização. Em termos explícitos, com a política, o poder, a classe dominante, o Estado.

Diante de uma matéria regionalista fortemente expressiva tende-se a criar qualificativos. Analisando *Grande Sertão: Veredas,* Antonio Candido afirmou: "No entanto, todos nós *somos* Riobaldo, que transcende o cunho particular do documento para encarnar os problemas comuns da nossa humanidade, num sertão que é também o nosso espaço de vida". E mais adiante: "Assim como na ação o jagunço Riobaldo põe termo ao estado de jaguncismo das gerais [...] no conhecimento o ângulo de visão do jagunço (de Riobaldo que foi jagunço) é uma espécie de posição privilegiada para penetrar na compreensão profunda do bem e do mal, na trama complicada da vida"[14]. Dito de outro modo, a eficácia e força da obra de Guimarães Rosa subjazem nessa capacidade de ultrapassar a região dos sertões de Minas Gerais, cuja narrativa recorta os grandes problemas existenciais. Segundo o mesmo princípio, o crítico, em outro texto, conclui: "Se o leitor aceitou as premissas deste ensaio, verá no livro um movimento que afinal reconduz o mito ao fato, faz da lenda símbolo da vida e mostra que, na literatura, a fantasia nos devolve sempre enriquecidos à realidade do quotidiano, onde se tecem os fios da nossa treva e da nossa luz, no destino que nos cabe"[15].

Esta trajetória comum à vida cotidiana de tantos, em função do mesmo destino, só pode ser reconhecida, caso se parta de uma ideia existencialmente

14. Antonio Candido, "Jagunços Mineiros de Cláudio a Guimarães", *Vários Escritos,* São Paulo, Duas Cidades, 1970, p. 139.
15. Antonio Candido, "O Homem dos Avessos", *Tese e Antítese,* São Paulo, Companhia Editora Nacional, 1978, p. 139.

compartilhada. O regionalismo alça, nesse momento, a condição de grande literatura, sendo parte da categoria das obras literariamente celebradas. Sob esse prisma, a resolução do desnivelamento entre a ficção regionalista e aquela consagrada pelo cânone literário, se faz por meio do tratamento interno do texto, no qual se avalia o grau de aproximação entre ele e as realizações vistas como superiores, o que leva a que se destaque a felicidade da aproximação com os princípios identificados às concepções universalizantes da tradição do romance.

Segundo essa ordem de problemas, a noção de regional perde significado, sendo, antes, mais um entrave do que ferramenta analítica. Mas, ainda assim, não há como separar o modernismo do regionalismo no Brasil, pois ambos se constituíram, historicamente, nessa relação, dada a amplitude do debate entre ambos. Em última instância, pode-se dizer que o modernismo brasileiro fez do regional a sua forma privilegiada de expressão, haja vista as suas relações com o barroco mineiro e as pesquisas de Mário de Andrade sobre a cultura popular. Esses liames de origem exprimem a mútua inerência de um e do outro. Nesses termos, a recusa em admitir caráter moderno ao chamado regionalismo não deriva de juízos puramente literários, mas de disputas que transbordam os limites da crítica.

II

As relações entre a literatura regionalista e as vanguardas no Brasil, especialmente dos participantes do denominado movimento modernista paulista, simbolizado na Semana inaugural de 1922, manifestam forte tensão. Referindo-se à literatura regional, Mário de Andrade caracterizou-a como forma confinada "ao beco que não sai do beco e se contenta com o beco"[16]. Na visão da personalidade mais representativa do modernismo paulista, o regionalismo era uma vertente expressivamente limitada, pelo menos até a data da publicação do texto, em 1928. No mesmo ano, o romancista paraibano José Américo de Almeida acabara de publicar *A Bagaceira,* visto como marco inicial do romance social nordestino do pós-1930, especialmente dos livros

---

16. Mário de Andrade, *apud* Lígia Chiappini, "Do Beco ao Belo: As Teses Sobre Regionalismo na Literatura", p. 154.

de José Lins do Rego que compõem o chamado ciclo da cana-de-açúcar que, ao lado das obras de Rachel de Queiroz, Graciliano Ramos, Jorge Amado, Ascenso Ferreira, Jorge de Lima e outros são considerados expressões, por excelência, do regionalismo do após-modernismo, especialmente dessa geração de escritores do Nordeste[17].

A questão, ainda mal resolvida, refere-se ao próprio debate no interior do modernismo, isto é, como construir referências de avaliação entre a força da literatura dita regional e as vanguardas modernas, até porque o romance de 1930 é parte do legado das vanguardas. Esse problema, parece-me, não foi ainda bem equacionado, uma vez que, de um lado, tende-se a pensar a literatura que se seguiu às vanguardas dos anos 1920, sobretudo a de São Paulo, como representação do recuo frente aos impulsos de renovação; outras vezes, consideram-na herdeira das novas propostas. No primeiro caso, interpretações como as de Flora Süssekind, para quem o romance da década de 1930, – representado especialmente pelos escritores do Nordeste, mas também pela narrativa histórica do gaúcho Erico Verissimo e pelos retratos introspectivos dos mineiros – filiava-se à estética naturalista[18]. No segundo, o escritor Luís Fernando Verissimo observou que, "descontada a Semana de Arte Moderna e suas consequências, foi de fora da metrópole Rio-São Paulo que chegou o novo. Do Nordeste, de Minas Gerais, do Rio Grande do Sul, mesmo que a novidade viesse disfarçada de regionalismo"[19]. Nessa perspectiva, o regionalismo dos anos 1930 foi uma modalidade de interpretação local dos ideários anunciados pelo movimento modernista, por intermédio da recriação particular da realidade. No âmbito desse debate situa-se, embora em perspectiva diversa, a classificação de João Luiz Lafetá, para quem o modernismo no Brasil pode ser dividido em duas fases: na primeira predomina o "projeto estético", presente na inovação da linguagem,

---

17. Utilizo-me da expressão após-modernismo não na acepção de categoria analítica, como é hoje corrente, para tratar do esgotamento das propostas modernas, mas para acentuar a tensão entre as vanguardas de 1920 e a literatura de 1930. Os romances de José Lins do Rego – *Menino de Engenho* (1932), *Doidinho* (1933), *Bangüê* (1934), *O Moleque Ricardo* (1935), *Usina* (1936) e *Fogo Morto* (1943) – compõem o chamado ciclo da cana-de-açúcar.

18. Flora Süssekind, *Tal Brasil, Qual Romance? Uma Ideologia Estética e Sua História: O Naturalismo*, Rio de Janeiro, Achiamé, 1984, p. 42.

19. Luís Fernando Verissimo, "Erico Verissimo um Escritor de Vanguarda", em Robson Pereira Gonçalves (org.), *O Tempo e o Vento 50 Anos*, Bauru, Edusc, 2000, p. 21.

na segunda, o "projeto ideológico" centrado nas preocupações sobre o papel social da literatura[20].

Para autores como Antonio Candido, a literatura dos anos 1930 pode ser vista como desdobramento das mudanças ocorridas na década anterior, pois

[...] um pouco antes de Trinta, e se integrando na mesma corrente popular que acentuou por um momento o rosa burguês da revolução, surgiu o chamado romance do Norte. Surgiu e se colocou pela primeira vez na literatura nacional, como um movimento de integração na nossa cultura, da sensibilidade e da existência do povo, não mais tomado como objeto de contemplação estética, mas de realidade rica e viva [...] procedendo à descoberta e consequente valorização do povo [...] num magnífico trabalho de preparo ao aspecto político da questão [...] garantindo à literatura brasileira a sua sobrevivência como fenômeno cultural, porque lhe mostrava o caminho e o trabalho a ser realizado[21].

E acrescentou mais à frente: "a força do romance moderno foi ter entrevisto na massa, não *assunto*, mas realidade criadora"[22]. Nesse ensaio, no qual o autor analisa a resolução que a literatura de Jorge Amado encontrou para superar a tensão entre documento e poesia, a mudança ocorreu quando a obra se tornou romance histórico, cujo "resultado é que o livro ganha em humanidade e universalidade"[23]. Isto é, a grandeza da obra derivaria do ultrapassamento do espaço-tempo, o caráter documental e realista por meio da capacidade de sensibilizar o leitor, permitindo-lhe compartilhar o sentimento das personagens na sua existência humana superiormente vivida.

A perspectiva da universalidade foi o ponto de vista dominante das análises posteriores sobre a literatura da geração de 1930, cuja valorização aconteceu na medida em que salientavam as aproximações entre os romancistas do período e as vanguardas modernas de São Paulo, ainda que os dois próceres do movimento, Mário de Andrade (1893-1945) e Oswald de Andrade (1890-1954), demonstrassem reservas em relação à geração que se lhes seguiu, sobretudo aos representantes do romance social, os nordestinos José Américo

---

20. João Luiz Lafetá, *1930: A Crítica e o Modernismo*, São Paulo, Duas Cidades, 1974, p. 17. Importante assinalar que Flora Süssekind é crítica carioca e Luís Fernando Veríssimo é gaúcho e filho do escritor Erico Verissimo; João Lafetá foi discípulo de Antonio Candido e, portanto, é herdeiro da tradição da USP e modernista de São Paulo, apesar de ser mineiro de origem.

21. Antonio Candido, *Brigada Ligeira*, pp. 46-47.

22. *Idem, ibidem.*

23. *Idem*, p. 59.

de Almeida (1887-1980), Graciliano Ramos (1892-1953), José Lins do Rego (1901-1957), Rachel de Queiroz (1910-2003), Jorge Amado (1912-2001). Denominados por Oswald de Andrade de "búfalos do Nordeste"[24], por se tratar de obras que revelavam profundas injustiças sociais e uma identificação difusa e diferenciada nos autores com o ideário das esquerdas, a imagem oswaldiana sugeria um estilo pesado, sem arroubos criativos e aventuras estilísticas, em função dos retratos criados sobre a miséria das camadas populares na região[25]. O "mundo novo" criado pelo modernismo, na visão de Mário de Andrade, estava na raiz da geração que os sucedeu, mas de modo diverso: "as gerações seguintes, já de outro e mais bem municiado realismo, nada têm de gozadas, são alevantadas mesmo, e buscam o prazer no estudo e na discussão dos problemas humanos [...] e não no prazer"[26]. Na verdade, os dois modernistas dividiam o mesmo sentimento "de que os romancistas da década de 1930 não só haviam promovido um retorno à ordem [...] como representavam a nova geração dos consagrados"[27]. Criadores de uma "linguagem ficcional concebida nesses contextos tradicionais", esses escritores "foram o polo de irradiação de uma literatura nova que marcará as letras brasileiras ao longo do século"[28].

As querelas do momento ficaram esmaecidas na crítica posterior e isso por diversos motivos, que merecem uma avaliação mais acurada. Certamente, o legado do modernismo, especialmente do consagrado movimento de São Paulo – que se impôs como dominante e erigiu-se em principal referência – tornou-se sinônimo das vanguardas no país e passou a ser parâmetro de avaliação. Embora se reconheça a diversidade entre as duas gerações – das vanguardas e dos representantes de 1930 – a força desta literatura que se distinguiu por formar "uma visão crítica das relações sociais" presente no "romance empenhado desses anos fecundados para a prosa narrativa"[29], costuma ser associada aos desdobramentos advindos da inovação modernista. Segundo Luís Bueno,

---

24. Oswald de Andrade, *Os Dentes do Dragão*, São Paulo, Globo, 1990, p. 266.
25. Maria Arminda do Nascimento Arruda, "Modernismo e Regionalismo no Brasil. Entre Inovação e Tradição", p. 192.
26. Mário de Andrade, "Elegia de Abril", *Clima*, 1º maio de 1941, p. 16.
27. Maria Arminda do Nascimento Arruda, "Modernismo e Regionalismo no Brasil: Entre Inovação e Tradição", *Tempo Social*, vol. 23, n. 2, nov. 2011, São Paulo, p. 194.
28. *Idem*, p. 199.
29. Alfredo Bosi, *História Concisa da Literatura Brasileira*, São Paulo, Cultrix, 1977, pp. 436-437.

[...] o romance de 30 se define mesmo a partir do modernismo e certamente não poderia ter tido a abrangência que teve sem as condições que o modernismo conquistou para o ambiente literário e intelectual do país. No entanto, ao afastar-se da utopia modernista, terminou por ganhar contornos próprios que, e certa forma, só seriam retomados pela ficção brasileira do pós-64, também dominada pelo desencanto[30].

Dito de outra forma, a geração pioneira encarnou uma visão utópica e até otimista do país; a segunda já manifestava ceticismo, em larga medida porque, enquanto as duas personalidades emblemáticas do modernismo paulista vinham de um Estado em pleno processo de modernização, urbanização e progresso, a literatura de 1930, denominada imprecisamente de regionalista, teve como eixo a ficcionalização do mundo agrário, centrado na decadência social das famílias dominantes e nos miseráveis expulsos por aquele mundo em desintegração. "No entanto, ajustaram suas lentes para apanhar os conflitos e as hesitações provenientes quer da resistência de modos de vida do passado, quer do impacto da mudança sobre essa realidade carente de recursos para assimilá-la"[31]. A força do regionalismo do após-modernismo, revelada nos conflitos que grassaram nas hostes vanguardistas, atesta o quanto essas querelas nublavam os motivos substanciais das disputas, originadas na perda de domínio das oligarquias estaduais, bem como das relações entre os ilustrados e o poder local, uns e outros abalados pelo progresso industrial paulista.

As discordâncias a respeito das orientações modernistas escamoteavam o caráter político do dissenso; embora manifestassem tendências reais das vanguardas nas diversas regiões eram aparência do sentido hegemônico da modernização, oriundo especialmente de São Paulo. Em suma, as esferas culturais e literárias estavam permeadas pela dinâmica política e social, que se situa na base das disposições reveladas nessa ficção.

A experiência da perda de poder à qual se encontraram sujeitados os membros dessas famílias empobrecidas, estaria na raiz, por consequência, não apenas de um distanciamento crítico com que encaravam sua classe, mas também da possível tomada de consciência da heterogeneidade de interesses e dos móveis em disputa de sua classe de origem[32].

30. Luís Bueno, *Uma História do Romance de 30*, Campinas/São Paulo, Edunicamp/Edusp, 2006, p. 80.
31. Maria Arminda do Nascimento Arruda, "Lúcio Cardoso. Tempo, Poesia e Ficção", em Sergio Miceli e Heloisa Pontes (orgs.), *Cultura e Sociedade. Brasil e Argentina,* São Paulo, Edusp, 2014, p. 129.
32. Fabrício Santos da Costa, "O Contador de História. Erico Verissimo e José Lins do Rego: História Social dos Contadores de História Natos", *Genius,* João Pessoa, Ed. Especial, nov. 2015, pp. 16-17.

Nesse sentido, a ficção desse período rompeu com o "regionalismo otimista do Romantismo"[33] com suas expressões elitistas e avessas ao trato popular. Diversamente, o chamado romance social nordestino do pós-1930 foi representação incontestável das iniquidades sociais produzidas pela modernização regionalmente excludente e na qual as personagens são prisioneiras de um mundo em desaparição. Em um prefácio inusual, Antonio Candido escreveu:

> Sempre me intrigou o fato de num país novo como o Brasil, e num século como o nosso, a ficção, a poesia, o teatro produzirem a maioria das obras de valor no tema da decadência – social, familiar, pessoal. [...] Cheguei a pensar que este "estigma" [...] seria quase requisito para produzir obras valiosas, e que portanto, os rebentos das famílias mais velhas estariam no caso em situação favorável[34].

Sob o ângulo do crítico, esses herdeiros de famílias de origem abastada, depois arruinadas, foram escritores representativos da renovação literária do século passado, cuja realização não se deu à margem dessa ficção, antes a pressupôs[35].

A literatura que tratou do declínio das relações do Brasil tradicional, representada pelos romancistas do Nordeste, mas também dos mineiros como Cyro dos Anjos (1906-1994), sobretudo por Lúcio Cardoso (1912-1968), em conjunto com o gaúcho Erico Verissimo (1905-1975), espelhou, como todas as formas agônicas gestadas em situações fenecentes, desencanto e ceticismo, vistos na "figura do fracassado", "o primeiro a apontar a recorrência dessa figura, para reprová-la, [tendo sido] um modernista, Mário de Andrade", como argutamente observou Luís Bueno, estudioso do romance de 1930[36]. Interessante perceber que a rejeição de Mário de Andrade a essa personagem símbolo da literatura dos 30, essa "figura-síntese", porém diversa daquela que caracterizou a trama romanesca do século XIX, visto que "o impasse substituiu a linha reta que era comum no realismo", foi representação alegó-

---

33. Antonio Arnoni Prado, "Presença da Falsa Vanguarda: O Ideário e o Percurso", *Itinerário de uma Falsa Vanguarda,* São Paulo, Editora 34, 2010, p. 19.
34. Antonio Candido, "Prefácio", em Sergio Miceli, *Intelectuais e Classe Dirigente no Brasil (1920-1945),* São Paulo, Difel, 1979, p. XIII.
35. Em *Mitologia da Mineiridade. O Imaginário Mineiro na Vida Política e Cultural do Brasil,* São Paulo, Ed. Brasiliense, 1990, especialmente no capítulo 4, tratei da relação entre produção literária e decadência social.
36. Luís Bueno, *Uma História do Romance de 30,* p. 74.

rica do "fracasso da modernização brasileira"[37], sendo por isso uma mescla de vivências do passado em direção a um futuro incerto, típicas de momentos de transição.

Mas, a despeito do propalado otimismo paulista, Oswald de Andrade demonstrou reservas frente à modernização em curso, questionando o impulso civilizatório da nossa modernidade. Para Bruna Carvalho Lima, Oswald de Andrade revelou ter consciência dos limites da criação literária moderna em países periféricos como o Brasil[38]. Nesse cenário, os impasses da modernização desdobraram-se, como sói acontecer, nas linguagens da cultura, cujo drama central foi ultrapassar o dilema entre o acanhamento local e a assimilação da renovação representada pelo modernismo. Nesse cenário, é legítimo dizer que o *Manifesto Antropófago* de 1928 foi uma representação alegórica da tensão percebida por Oswald entre o provincianismo local e o cosmopolitismo da cultura moderna europeia, especialmente francesa[39], problema tratado por Arnoni Prado, na análise sobre a geração anterior aos modernistas paulistas, revelando os impasses e enfrentamentos geracionais, especialmente o modo como uma elite intelectual de cariz oligárquico enfrentou os ares da renovação[40].

Referindo-se à primeira geração da República, Arnoni Prado escreveu:

> [...] o contato com o ideário naturista leva a consciência intelectual do pensamento ilustrado a um balanço crítico do próprio isolamento. [...] Com Elísio [de Carvalho], a visão oligárquica da modernidade antecipa-se à própria realidade e o discurso literário procura manifestar-se sobretudo enquanto norma interessada em categorias distintas como Estado, a natureza, o homem e o trabalho[41].

A análise dessa produção – derivada do atraso reinante, mas fruto de um grupo de intelectuais muitas vezes cosmopolita – permitiu ao autor caracterizar o problema central da vida cultural no Brasil: o enlace entre visão oligárquica e modernidade, cujo embate desemboca em formas específicas de normatividade,

---

37. Ivan Marques, "Herói Fracassado: Mário de Andrade e a Representação do Intelectual no Romance de 30", *Teresa. Revista de Literatura Brasileira. Dossiê: Em Torno do Romance de 30*, n. 16, São Paulo, FFLCH/USP, 2015, p. 67.
38. Bruna de la Torre de Carvalho Lima, *Vanguarda do Atraso ou Atraso da Vanguarda? Oswald de Andrade e os Teimosos Destinos do Brasil*, São Paulo, Alameda, 2018, p. 256.
39. *Idem*, pp. 125 e 223.
40. Antonio Arnoni Prado, "Presença da Falsa Vanguarda: O Ideário e o Percurso", pp. 17-43.
41. *Idem*, p. 42.

transferindo à dimensão estética o papel de modernizar o conjunto. Os conflitos reinantes emergiram das tensões que acompanharam a dinâmica da formação da sociedade moderna no país, que não se apartaram das forças sociais e políticas em pugna, nas quais os intelectuais e artistas brasileiros eram parte integrante.

III

Se tal assertiva apanha o modernismo brasileiro, no caso da ficção do Nordeste fica patente a dimensão que se revela no elo entre as propostas renovadoras e a valorização regional, sobretudo presentes no Movimento Regionalista, liderado por Gilberto Freyre e cujo Congresso Regionalista, ocorrido em 1926, contou com a participação de José Lins do Rego. Acontecimento central à formulação do ideário modernista da região, autorizando admitir a existência de "dois grandes centros de afirmações modernistas no Brasil – São Paulo-Rio de Janeiro e Recife – com atitudes comuns e também muitas divergências, aliás aparentes, se consideradas em seus aspectos polêmicos e até mesmo em suas preocupações de originalidade e independência"[42], as propostas modernistas que espocavam no Nordeste, particularmente em Recife, aliavam à renovação a exaltação do regional[43]. A concepção de Gilberto Freyre estava informada pela crença de que "o modernismo do Rio e de São Paulo foi insignificante sobre aquele grupo regional"[44]; para o escritor José Lins do Rego, o modernismo paulista, foi "uma velharia, um desfrute, que o gênio de Oswald de Andrade inventara para divertir seus ócios milionários"[45]. Em outra ocasião, teceu opiniões ainda mais acerbas: "Pobre Oswald, é um velho que perdeu até a memória. Destino ilógico o desse escritor paulista"[46].

A visão crítica de Gilberto Freyre sobre os paulistas é a própria revelação dos conflitos existentes entre intelectuais diversamente situados e em contextos regionais em desvantagem relativa frente à modernização, especialmente a de São Paulo. As polêmicas generalizavam-se, como se percebe na compreensão

42. José Aderaldo Castello, *José Lins do Rego. Modernismo e Regionalismo,* São Paulo, Edart, 1961, p. 19.
43. Neroaldo Pontes de Azevedo, *Modernismo e Regionalismo. Os Anos 20 em Pernambuco,* João Pessoa, Secretaria da Educação e Cultura da Paraíba, 1984, especialmente capítulo 1.
44. Gilberto Freyre, Neroaldo Pontes de Azevedo, *Modernismo e Regionalismo,* p. 35.
45. José Lins do Rego, Neroaldo Pontes de Azevedo, *Modernismo e Regionalismo,* p. 49.
46. *Idem,* p. 54.

diversa sobre a poesia moderna, a exemplo das posturas do poeta pernambucano Jorge de Lima sobre os paulistas. A atuação do grupo regionalista de Recife assumiu uma "posição independente em relação ao Rio e São Paulo, e até contrária, ao mesmo tempo capaz de apresentar sugestões importantes e definitivas para a poesia modernista. [...] E, a partir da criação de Manuel Bandeira, surgem muitas outras semelhantes de outros poetas"[47]. Os intelectuais do Nordeste, em particular o grupo de Recife congregado em torno de Gilberto Freyre, criticavam a concepção de que a Semana de Arte Moderna de São Paulo havia inaugurado a fase moderna da cultura brasileira e consideravam a linguagem de *Macunaíma* artificial e pensavam o modernismo paulista no prisma dos limites estaduais[48]. José Lins do Rego particularmente não poupou críticas aos paulistas que, se de um lado, eram sintoma da proeminência do modernismo paulista, de outro atestava o significado da literatura do Nordeste na época, bem como o êxito editorial desses romancistas[49]. A geração de escritores de 1930, com destaque para os romancistas do Nordeste, predominou na cena editorial brasileira, pelo menos ao longo das duas décadas seguintes. Evidentemente, não se pode desconhecer o lugar privilegiado de José Lins do Rego como consultor da Livraria José Olympio Editora no Rio de Janeiro, que teve papel decisivo na divulgação dos escritores da sua região e a instituição teve participação relevante na mudança do ambiente editorial brasileiro[50].

Nesse ângulo de análise, a retomada do regionalismo na vertente do tradicionalismo, na década de 1920, em especial em Pernambuco, é acontecimento pleno de significado cultural e político, por ser força resistente de uma literatura embebida nas tramas de uma sociedade do passado em processo de superação, mas que, porém, não tinha dinamismo suficiente para encontrar o futuro. No caso do regionalismo idealizado em Pernambuco, tradição e modernidade harmonizaram-se com "a vanguarda e o regional, unindo anseios e misturando contrários"[51], fenômeno tanto de ordem intelectual e literária, quanto político[52];

47. José Aderaldo Castello, *José Lins do Rego. Modernismo e Regionalismo*, p. 99.
48. *Idem*, pp. 196-198.
49. Maria Arminda do Nascimento Arruda, "Lúcio Cardoso. Tempo, Poesia, Ficção", pp. 129-130.
50. *Idem, ibidem.*
51. Elizabeth Marinheiro, *A Bagaceira. Uma Estética da Sociologia*, 2. ed., João Pessoa, Conselho Estadual de Cultura, 2010, p. 15.
52. Neroaldo Pontes Azevedo, *Modernismo e Regionalismo. Os Anos 20 em Pernambuco*, p. 95.

puras revelações, por fim, dos impasses gestados pela fadiga da tradição e dos dramas do Brasil no trânsito para o moderno. Os dilemas daí resultantes receberam tratamento ficcional, do qual derivaram os retratos das personagens em agonia e existencialmente partidas, cuja força expressiva resultou, igualmente, da sua capacidade de representar simbolicamente o mundo social. Daí, decorre grande parte do seu interesse para tratar da constituição da moderna sociedade no Brasil e da perda de modos de vida, em função tanto da sua decadência, quanto da sua superação ocorrida no bojo da modernização. O denominado romance regional de 1930, diga-se de passagem, noção bastante imprecisa, resultou da combinação entre o modernismo "que se forjou na assimilação da nossa oralidade e se legitimou no compromisso com a realidade brasileira"[53].

O regionalismo nordestino preocupou-se com os riscos representados pela importação cultural estrangeira, com a perda do caráter genuíno da cultura no Brasil, posição característica das teses freyrianas[54]. Diante de tal problemática, é possível afirmar que esse regionalismo oscilou entre os arroubos insubmissos e a conformidade com a tradição, prisioneiro da tensão que acompanhou a formação da cultura moderna no Brasil. Nesse universo de agudas contradições, a denominada literatura regional erigiu-se em força expressiva para além dos seus limites socioespaciais, tornando-se testemunho do desterro da cultura moderna na sociedade brasileira, problema que, de resto, orientou uma linhagem significativa da reflexão no Brasil, presente nos ensaios sobre a formação[55]. A rigor, a questão da formação da sociedade brasileira ganhou contornos com o modernismo, quando os ensaístas de 1930 – Gilberto Freyre, Caio Prado Júnior e Sérgio Buarque de Holanda — trataram da constituição do país, como nação, sociedade e cultura[56]. Numa troca de correspondência entre Mário de Andrade e Manuel Bandeira, o

---

53. Maria Arminda do Nascimento Arruda, "Lúcio Cardoso. Tempo, Poesia e Ficção", p. 128.

54. Antonio Arnoni Prado, "Nacionalismo Literário e Cosmopolitismo", *Trincheira, Palco e Letras,* São Paulo, Cosac Naify, 2004, pp. 37-38.

55. Tratei do problema da formação nos ensaios de interpretação no Brasil nos textos: "El Concepto de Formación em Tiempos Críticos: Esbozo de Reflexión", *Sociológica,* 32/90, pp. 47-68, 2017, México; "The Contemporary Relevance of Florestan Fernandes", *Sociologia e Antropologia,* vol. 08.01: 47-68, jan.-abr., Rio de Janeiro, 2018.

56. Para Antonio Arnoni Prado, "na transição da crítica brasileira para o Modernismo", Sérgio Buarque de Holanda deve ser entendido "como primeiro visionário das raízes autênticas da modernidade que então se anunciava" (*Dois Letrados e o Brasil Nação. A Obra Crítica de Oliveira Lima e Sérgio Buarque de Holanda,* São Paulo, Editora 34, 2015, pp. 10-11).

modernista, referindo-se aos gêneros musicais populares e a dificuldade de classificá-los, escreveu: "É possível também que isto se dê por causa do Brasil, *hélas!* ser uma coisa completamente [...] em formação ainda"[57].

Segundo tal andamento, é perfeitamente adequado atribuir à geração dos romancistas que estrearam nos anos 1930 a condição de retratistas dos dilemas da formação moderna em sociedades como a brasileira. Os romancistas do Nordeste, do mesmo modo que os mineiros Cyro dos Anjos e Lúcio Cardoso, como o gaúcho Erico Verissimo, construíram uma ficção que revelou as tensões sociais no curso da modernização da sociedade brasileira, abrindo caminhos férteis à interrogação de cunho sociológico, erigindo-se em matéria de conhecimento desse mundo. A despeito das diferenças entre os escritores do período, essa literatura tem em comum a denúncia, talvez mais do que a teoria social, das iniquidades da realização do moderno entre nós, transitando entre o desmascaramento das desigualdades e o compromisso com a linguagem modernista. Esse momento do modernismo "conclui a metamorfose para o moderno e assume as opções sociais [...] em lugar da gratuidade estética de que até então tinha vivido"[58], distinguindo-se por construir ficcionalmente os dilemas presentes na vida política brasileira da década de 1930, anos nos quais a modernização econômica, a industrialização e a centralização do poder do Estado, enfraqueceram o domínio das oligarquias regionais, já debilitadas pela crise do seu modo de vida.

Se os romances do paraibano José Lins do Rego construíram imagens pungentes da crise da sociedade açucareira, formadas em "ambientes densamente carregados de tragédia" e por personagens de "decadência e transição"[59], a ficção do mineiro Lúcio Cardoso, particularmente *Crônica da Casa Assassinada*, seu livro mais notável, editado em 1959, é retrato acabado e impiedoso da decadência econômica, social e moral dos Meneses, família mineira tradicional confinada no solar ancestral. Nenhum livro da literatura brasileira parece rivalizar-se com as imagens reveladas nessa obra de forte tensão subjetiva, considerada expressão literária ímpar até

---

57. Carta de Mário de Andrade a Manuel Bandeira, 9 jan. 1935, em Marcos Antonio de Moraes (org.), *Correspondência Mário de Andrade & Manuel Bandeira*, São Paulo, Edusp/IEB-USP, p. 607.
58. Wilson Martins, *História da Inteligência Brasileira*, São Paulo, Cultrix, 1978, p. 497.
59. Antonio Candido, *Briga Ligeira*, p. 63.

o momento da sua publicação e ápice da criação romanesca cardosiana[60], cujas personagens são encarnações da tragédia das suas vidas sem saída e que se movem nos espaços confinados das casas familiares, figurações do declínio social inexorável.

Pertencente à segunda geração dos escritores mineiros, juntamente com Cyro dos Anjos e João Guimarães Rosa, a ficção de Lúcio Cardoso impregnou-se dos acontecimentos – contingentes e circunstanciais – nas diversas linguagens às quais se dedicou: romance, dramaturgia, poesia etc. No entanto, permanências são perceptíveis em todas:

> [...] ausência de uma antevisão de futuro; o peso das relações familiares; a força incoercível da origem; a intransferibilidade da herança; a rendição aos acontecimentos, dada a ausência de saídas; o sufocante conflito existencial; a transgressão como experiência limítrofe; a combinação de busca e impossibilidade da virtude; em suma, a submissão ao caráter trágico da existência presa a um destino, mas vivida na contingência[61].

Outra dimensão característica dessa literatura que tratou da decadência é a profusão erótica combinada à religiosidade e senso do pecado, conflito moral vivido no espaço confinado da casa ancestral, como lugar de realização suprema da dissolução dos laços familiares, núcleo da sociabilidade das camadas dominantes do Brasil oligárquico. O casarão em ruína é metáfora da perda de lugar daquelas elites outrora dominantes e desalojadas do poder, levadas a viver de expedientes, na ausência de posições na burocracia estatal, como já salientou Sergio Miceli[62] e que "traduz muito do peculiar e escorregadio sentido de Brasil"[63]; do país que se moderniza, mas sem vigor para anular o passado.

Crônica da Casa Assassinada – editada quando os escritores do Nordeste já haviam dominado a cena literária brasileira e após a publicação do notável romance *Grande Sertão: Veredas* de Guimarães Rosa – teve recepção modesta à época, sem atingir a mesma repercussão dos livros empenhados dos nordestinos e da saga sertaneja rosiana. *Maleita,* a novela de estreia, publicada em

---

60. Analisei a ficção de Lúcio Cardoso, particularmente *Crônica da Casa Assassinada* (cf. Lúcio Cardoso, "Tempo, Poesia e Ficção", pp. 115-160).
61. *Idem*, p. 122.
62. *Idem, ibidem.*
63. Simone Rufinoni, "Pormenor e Dissipação. O Brasil de Cornélio Pena", *Teresa. Revista de Literatura Brasileira. Dossiê: Em Torno do Romance de 30*, São Paulo, FFLCH/USP, 2015, p. 231.

1934 e considerada narrativa regionalista, retrata a história familiar – pois seu pai foi fundador da cidade mineira de Pirapora localizada nas margens do rio São Francisco – e foi empanada pelo êxito editorial do chamado romance do Norte. A valorização de *Crônica* é fenômeno das últimas décadas, quando o debate sobre o regional arrefeceu, a literatura brasileira diversificou-se com a proliferação das obras ligadas às narrativas urbanas e aos dramas das grandes metrópoles, segundo os contornos da ficção mundial e em consonância com a internacionalização do mercado editorial.

A profundidade da modernização brasileira, não obstante seu caráter socialmente injusto e politicamente conservador, redefiniu os termos do debate, mas abriu espaço para a apreciação de narrativas intensamente subjetivistas, de composição fragmentada, permeadas pela linguagem do teatro e do cinema. Diferentemente dos romances de José Lins do Rego, que "assentam sempre sobre uma realidade social intensamente presente e agente, condicionado a circulação das pessoas"[64], em Lúcio Cardoso tudo se passa na subjetividade das várias personagens que narram o drama familiar e que possuem a mesma voz autoral. Tais características aproximam o livro das obras literárias contemporâneas, abrindo espaço ao tratamento diferenciado da obra. Na esteira dessas transformações do país, as vanguardas foram reavaliadas e mostrou-se que o modernismo de São Paulo não estava dispensado de contradições, mesclando futurismo e atraso; a versão predominante correspondeu ao ideário de progresso da burguesia industrial nascente e das elites políticas do Estado[65]. Em contrapartida, o romance social, especialmente do Nordeste, representou a voz das camadas agrárias tradicionais em processo de perda de poder, cujo estilo de vida volatilizava-se, engolfado no vórtice da modernização em curso.

Esses parecem ser os termos mais adequados do debate, que reenquadram o universo das querelas literárias, buscando os nexos existentes entre a dinâmica da sociedade e a cultura. "De fato, na esteira da superação do domínio agrário nas esferas social, econômica e política, mudanças de vulto ganhavam expressão no âmbito das linguagens da cultura"[66]. Consolidada a transformação, as forças tradicionais se reacomodaram e procuraram tirar vantagem da aliança com os

---

64. *Idem*, p. 64.
65. Annateresa Fabris, *O Futurismo Paulista: Hipóteses para o Estudo da Chegada da Vanguarda ao Brasil*, São Paulo, Edusp/Perspectiva, 1994, p. 31.
66. Maria Arminda do Nascimento Arruda, "Lúcio Cardos. Tempo, Poesia e Ficção", p. 144.

setores modernizantes, com efeitos diversos sobre ambos, mas cujo resultado redundou na modernização conservadora do Brasil, resultante da participação das oligarquias no processo e o consequente amesquinhamento dos agentes modernos.

A literatura regional e os movimentos de vanguarda foram componentes, partícipes e testemunhos das transformações; estavam imersos nas contradições que os acompanharam e atingiram a atividade intelectual. Quase todos os escritores do período eram membros da burocracia do Estado, uma "literatura de funcionários públicos", segundo Carlos Drummond de Andrade, ele mesmo um representante notável desse dilema dos herdeiros das famílias sem herança, dos que fizeram da sua história matéria literária e poética, como se vê nos versos: "Que fará na roça esse herdeiro triste / de um poder antigo?"[67], versos quase de justificação do dilema de intelectuais comprometidos com o poder e com as instituições de dominação, muito bem retratados na novela *O Amanuense Belmiro* (1937), do escritor mineiro Cyro dos Anjos, caracterizada por Antonio Candido como "livro de um burocrata lírico"[68], representação alegórica do intelectual e escritor prisioneiro da burocracia pública.

As relações entre o modernismo e o regionalismo no Brasil, como se vê, extrapolam as questões literárias, revelando o quanto estiveram impregnadas de motivos internos e externos à cena letrada. Independentemente disso, a temática dita regional instituiu uma linhagem poderosa da literatura brasileira, a exemplo, do jagunço como personagem que vai se diluindo, como o introspectivo Riobaldo e os seus companheiros de luta que, na pena de Rosa, tornaram o "Sertão Mundo"; ou, de outro modo, quando o "bando de Chico Herrera" saqueou a casa ancestral dos Meneses, concluindo a ruína da família e levando ao término a decadência de todo um estilo de vida. Nesse contexto, Guimarães Rosa e Lúcio Cardoso são fautores do deslocamento do eixo da ficção, resultado "da complexificação e diversificação da produção literária em meados do século XX, do crescimento quantitativo e qualitativo dos agentes e das instituições (autores, críticos, público, editores e veículos especializados); o aceleramento da modernização no país que se concentrava em São Paulo, mas cujo raio de ação atingiu os Estados adjacentes e a região Sul, aprofundando a crise do Nordeste,

---

67. Carlos Drummond de Andrade, "O Viajante Pedestre", *Poesia e Prosa*, Rio de Janeiro, Nova Aguilar, 1992, p. 530.
68. Antonio Candido, *Brigada Ligeira*, p. 84.

que obrigou as elites regionais a se deslocarem para as capitais do Sudeste, enfraquecendo a expressividade de origem"[69] que, finalmente, já se revelava na agonia do mundo de origem desses escritores.

O regionalismo não é distinto das vanguardas modernas no Brasil, pois compartilham a mesma história e fazem parte do mesmo conjunto. Nessa medida, tratar das relações entre o regionalismo e o modernismo e das formas como se deram é examinar a própria construção da modernidade no país, mas, especialmente, perceber os caminhos da história intelectual no Brasil. Ponto de referência para reescrever toda a história literária, sobretudo em São Paulo, as vanguardas dos anos 1920 foram tomadas como parâmetro de avaliação para periodizar e classificar a produção cultural no Brasil. Evidentemente, tais operações espelhavam os projetos de uma intelectualidade limitada pelo acanhamento do meio, impelida a buscar modelos mais próximos dos centros cosmopolitas, no mesmo compasso em que afinava os métodos de análise, como condição, igualmente, de formar as novas gerações segundo as teorias mais atuais, caso dos professores da Universidade de São Paulo. Por essa razão, o tratamento da formação da cultura moderna no Brasil implica superar a dicotomia entre análises internas e externas da obra e ultrapassar o âmbito do universo letrado.

O chamado romance social do Norte e a literatura que elegeu a decadência das oligarquias aparecem em meio a essa pletora de fatores, no curso da constituição do Brasil moderno e do vácuo social daí resultante. Essa vinculação profunda manifesta a complexidade do problema e convida à colaboração entre domínios diversos do conhecimento.

REFERÊNCIAS BIBLIOGRÁFICAS

ANDRADE, Carlos Drummond de. "O Viajante Pedestre". *Poesia e Prosa*. Rio de Janeiro, Nova Aguilar, 1992.

ANDRADE, Mário. "Regionalismo". *Diário Nacional*. São Paulo, 14 fev. 1928. *Apud* CHIAPPINI, Lígia. "Do Beco Ao Belo: As Teses Sobre O Regionalismo Na Literatura". *Estudos Históricos*, vol. 8, n. 15, 1995, Rio de Janeiro.

ANDRADE, Oswald de. *Os Dentes do Dragão*. Organização, introdução e notas Maria Eugenia Boaventura. São Paulo, Globo, 2009.

ANJOS, Cyro dos. *O Amanuense Belmiro*. 10. ed. Rio de Janeiro, José Olympio, 1979.

69. Maria Arminda do Nascimento Arruda, "Lúcio Cardoso. Tempo, Poesia e Ficção", p. 145.

MODERNISMO E REGIONALISMO NO BRASIL: APROXIMAÇÕES CRÍTICAS

ARRUDA, Maria Arminda do Nascimento. *Mitologia da Mineiridade. O Imaginário Mineiro na Vida Política e Cultural do Brasil*. São Paulo, Brasiliense, 1990.

_____. *Metrópole e Cultura. São Paulo no Meio Século xx*. São Paulo, Edusc, 2001.

_____. "Modernismo e Regionalismo no Brasil. Entre Inovação e Tradição". *Tempo Social,* vol. 23, n. 2, pp. 191-212, nov. 2011.

_____. "Lúcio Cardoso. Tempo, Poesia e Ficção". *In:* MICELI, Sergio & PONTES, Heloisa (orgs.). *Cultura e Sociedade. Brasil e Argentina*. São Paulo, Edusp, 2014.

AZEVEDO, Neroaldo Pontes de. *Modernismo e Regionalismo. Os Anos 20 em Pernambuco*. João Pessoa, Secretaria da Educação e Cultura da Paraíba, 1984.

BAKHTIN, Mikhail. *Teoria do Romance i. A Estilística*. Trad. Paulo Bezerra. São Paulo, Editora 34, 2017.

BOSI, Alfredo. *História Concisa da Literatura Brasileira*. São Paulo, Cultrix, 1977.

BOURDIEU, Pierre. "Le Champ Litttéraire". *Actes de la Recherche en Sciences Sociales,* vol. 89, n. 1, 1991.

BUENO, Luís. *Uma História do Romance de 30*. Campinas/São Paulo, Edunicamp/Edusp, 2006.

CANDIDO, Antonio. "Poesia, Documento e História". *Brigada Ligeira*. São Paulo, Martins, [1945].

_____. "Um Romancista da Decadência". *Brigada Ligeira*. São Paulo, Martins, [1945].

_____. "Jagunços Mineiros de Cláudio a Guimarães Rosa". *Vários Escritos*. São Paulo, Duas Cidades, 1970.

_____. "O Homem dos Avessos". *Tese e Antítese*. Companhia Editora Nacional, 1978.

_____. "Prefácio". *In:* MICELI, Sergio. *Intelectuais e Classe Dirigente no Brasil (1920-1945)*. São Paulo, Difel, 1979.

CASTELLO, José Aderaldo. *José Lins do Rego. Modernismo e Regionalismo*. São Paulo, Edart, 1961.

CARDOSO, Lúcio. *Crônica da Casa Assassinada*. Rio de Janeiro, Nova Fronteira, 1979.

CHIAPPINI, Lígia. "Do Beco ao Belo: As Teses sobre Regionalismo na Literatura". *Estudos Históricos,* vol. 8, n. 5, 1995, Rio de Janeiro.

COSTA, Fabrício Santos da. "O Contador de História. Erico Verissimo e José Lins do Rego: História Social dos Contadores de História Natos". *Genius,* nov. 2015. João Pessoa, Ed. Especial.

FABRIS, Annateresa. *O Futurismo Paulista: Hipóteses para o Estudo da Chegada da Vanguarda ao Brasil*. São Paulo, Edusp/Perspectiva, 1994.

FREYRE, Gilberto. "Introdução". *Região e Tradição*. Rio de Janeiro, José Olympio, 1941. *Apud* AZEVEDO, Neroaldo Pontes. *Modernismo e Regionalismo. Os Anos 20 em Pernambuco*. João Pessoa, Secretaria da Educação e Cultura da Paraíba, 1984.

HABERMAS, Jürgen. *O Discurso Filosófico da Modernidade*. Revisão crítica António Marques. Lisboa, Publicações Dom Quixote, 1990.

LAFETÁ, João Luiz. *1930: A Crítica e o Modernismo*. São Paulo, Duas Cidades, 1974.

LIMA, Bruna de la Torre de Carvalho. *Vanguarda do Atraso ou Atraso da Vanguarda? Oswald de Andrade e os Teimosos Destinos do Brasil*. São Paulo, Alameda, 2018.

MARQUES, Ivan. "Herói Fracassado: Mário de Andrade e a Representação do Intelectual no Romance de 30". *Teresa. Revista de Literatura Brasileira. Dossiê: Em Torno do Romance de 30,* n. 16. São Paulo, FFLCH/USP, 2015.

MARINHEIRO, Elizabeth. *A Bagaceira. Uma Estética da Sociologia*. 2. ed. João Pessoa, Conselho Estadual de Cultura, 2010.

MARTINS, Wilson. *História da Inteligência Brasileira*. Vol. 6: 1915-1933. São Paulo, Cultrix, 1978.

MICELI, Sergio. *Intelectuais e Classe Dirigente no Brasil (1920-1945)*. São Paulo, Difel, 1979.

MORAES, Marcos Antonio de. "Extraordinária Floração. Mário de Andrade Lê o Romance de 30". *Teresa. Revista de Literatura Brasileira. Dossiê: Em Torno do Romance de 30,* n. 16. São Paulo, FFLCH/USP, 2015.

_____. (organização, introdução e notas). *Correspondência Mário de Andrade & Manuel Bandeira*.

São Paulo, Edusp/IEB-USP, 2001.

MORETTI, Franco (org.). "Apresentação". *A Cultura do Romance*. Trad. Denise Bottman. São Paulo, Cosac Naify, 2009.

PRADO, Antonio Arnoni. "Nacionalismo Literário e Cosmopolitismo". *Trincheira, Palco e Letras*. São Paulo, Cosac Naify, 2004.

_____. "Presença da Falsa Vanguarda: O Ideário e o Percurso". *Itinerário de uma Falsa Vanguarda*. São Paulo, Editora 34, 2010.

_____. "Apresentação". *Dois letrados e o Brasil Nação. A Obra Crítica de Oliveira Lima e Sérgio Buarque de Holanda*. São Paulo, Editora 34, 2015.

REGO, José Lins do. "A Terra É Quem Manda em Meus Romances". *In*: COUTINHO, Eduardo e CASTRO, Ângela Bezerra de (orgs.). *José Lins do Rego. Fortuna Crítica*. São Paulo, Civilização Brasileira, 1991.

RUFINONI, Simone Rossinetti. "Pormenor e Dissipação. O Brasil de Cornélio Pena". *Teresa. Revista de Literatura Brasileira. Dossiê: Em Torno do Romance de 30*, São Paulo, FFLCH/USP, 2015.

SAPIRO, Gisèle. *La Sociología de la Literatura*. Trad. Laura Fólica. Buenos Aires, Fondo de Cultura Económica, 2016.

SÜSSEKIND, Flora. *Tal Brasil, Qual Romance? Uma Ideologia Estética e sua História: O Naturalismo*. Rio de Janeiro, Achiamé, 1984.

VERISSIMO, Luís Fernando. "Erico Verissimo um Escritor de Vanguarda". *In*: GONÇALVES, Robson Pereira (org.). *O Tempo e o Vento 50 Anos*. Bauru, Edusc, 2000.

WILLIAMS, Raymond. *O Campo e a Cidade na História e na Literatura*. Trad. Paulo Henriques Britto. São Paulo, Companhia das Letras, 1989.

_____. *Política do Modernismo*. Trad. André Glaser. São Paulo, Edunesp, 2007.

_____. *A Produção Social da Escrita*. Trad. André Glasei. São Paulo, Edunesp, 2013.

Sobre os Autores

Aracy Amaral: Diretora da Pinacoteca do Estado de São Paulo (1975-79) e do Museu de Arte Contemporânea da usp (1982-86). Tem publicado livros sobre o modernismo no Brasil, arte contemporânea brasileira e latino-americana, além de organizar antologias sobre arte brasileira. Autora e organizadora de diversas obras sobre arte e arquitetura no Brasil e na América Latina. Professora Titular em História da Arte na fau-usp até 1990. Fellowship da John Simon Guggenheim Memorial Foundation, 1978. Curadora de várias exposições no Brasil e América Latina. Membro do Comitê Internacional de Premiação do Prince Claus Fund, Haia, 2002/2005. Coordenadora de Rumos Itaú Cultural 2005/6. Curadora na Trienal de Santiago, Chile, 2009, e na 8ª Bienal do Mercosul, 2011.

Carlos Augusto Calil: Professor do Departamento de Cinema, Televisão e Rádio da Escola de Comunicações e Artes (eca) da usp. Foi dirigente de instituições culturais públicas – Embrafilme, Cinemateca Brasileira, Centro Cultural São Paulo e Secretaria Municipal de Cultura – entre 1979 e 2012. Realizador de documentários em filme e vídeo, é autor de mais de 130 artigos, resenhas, ensaios e editor/organizador de mais de trinta publicações sobre cinema, iconografia, teatro, história e literatura. Curador das obras cinematográficas de Glauber Rocha e Leon Hirszman.

Eduardo Coelho: Professor de Literatura Brasileira do Departamento de Letras Vernáculas da Faculdade de Letras da Universidade Federal do Rio de Janeiro, onde também atua no Programa de Pós-Graduação em Ciência da Literatura.

Com Beatriz Resende, Heloisa Buarque de Hollanda e Ilana Strozenberg, coordena o Programa Avançado de Cultura Contemporânea – PACC. Foi chefe do Arquivo-Museu de Literatura Brasileira da Fundação Casa de Rui Barbosa de 2009 a 2011.

FERNANDA PITTA: Curadora sênior na Pinacoteca do Estado de São Paulo e professora de História da Arte na Escola da Cidade. Pesquisa arte no Brasil no século XIX e seu contexto transnacional. Entre seus trabalhos como curadora, destacam-se as exposições *Situações*, 2016 e *No Lugar Mesmo: Uma Antologia de Ana Maria Tavares*, prêmio APCA de melhor retrospectiva de 2016. É uma das organziadoras, com Heloisa Espada, Helouise Costa, Ana Magalhães, Valéria Piccoli e Horrana Santoz, do ciclo de encontros online *1922: Modernismos em Debate*, realizado pela Pinacoteca de São Paulo, Instituto Moreira Salles e MAC-USP. Os encontros acontecem de março a dezembro de 2021 e ficam disponíveis nos canais de youtube das três instituições.

FERNANDO BINDER: Mestre em Musicologia (2006) e Bacharel em Composição e Regência (2002), pelo Instituto de Artes da Unesp. Seu principal campo de interesse é a pesquisa da música brasileira dos séculos XVIII e XIX nas áreas de Musicologia Histórica, Arquivologia Musical e Organologia, com destaque para as atividades como editor de música sacra e instrumental. Como editor trabalhou nos projetos Acervo da Música Brasileira, Restauração e Difusão de Partituras – Museu da Música de Mariana (2003) e do Patrimônio Arquivístico-Musical Mineiro (2009). Entre 2011 e 2012 foi professor de História da Música Brasileira, História da Música e Teoria no Instituto de Artes da Unesp.

FREDERICO COELHO: Doutor em Literatura Brasileira pela PUC-Rio de Janeiro. Tem experiência nas áreas de História, Literatura e Artes Visuais, com ênfase em cultura brasileira, atuando principalmente nos seguintes temas: história cultural brasileira, pensamento crítico brasileiro, música popular, memória e práticas culturais, arquivo e literatura, artes visuais e literatura, modernismo brasileiro, Tropicalismo, Hélio Oiticica, e cultura marginal. É Professor Assistente dos cursos de Literatura e Artes Cênicas e da Pós-Graduação em Literatura, Cultura e Contemporaneidade (PPGLCC) do Departamento de Letras da PUC-Rio de Janeiro.

HUMBERTO HERMENEGILDO DE ARAÚJO: Doutor em Letras pela UFPB e estágio de pós-doutorado em Teoria Literária e Literatura Comparada pela FFLCH/USP. Atualmente é professor titular da Universidade Federal do Rio Grande do

Norte, aposentado. Tem experiência na área de Letras, com ênfase em Literatura Comparada, Literatura Brasileira, Crítica Literária e História Literária, atuando principalmente nos seguintes temas: moderna literatura brasileira, regionalismo, correspondência, literatura e ensino, com ênfase no estudo da literatura local e regional.

João Cezar de Castro Rocha: Professor Titular de Literatura Comparada da Universidade do Estado do Rio de Janeiro (UERJ). Foi Presidente da Associação Brasileira de Literatura Comparada (ABRALIC, 2016-2017). Autor de quatorze livros, entre os quais *Machado de Assis: Por uma Poética da Emulação* (Civilização Brasileira, 2013; Prêmio de Crítica e História Literária da Academia Brasileira de Letras; tradução para o inglês, *Machado de Assis: Toward a Poetics of Emulation* (Michigan State University Press, 2015); *Culturas Shakespearianas. Teoria Mimética e os Desafios da Mímesis em Circunstâncias não Hegemônicas* (É Realizações, 2017; English translation: *Shakespearean Cultures. Latin America and the Challenge of Mimesis in Non-Hegemonic Circumstances*, Michigan State University Press, 2019). Organizador de mais de vinte livros.

Marcos Antonio de Moraes: Professor de Literatura Brasileira no Instituto de Estudos Brasileiros e no Programa de Pós-graduação em Literatura Brasileira da Faculdade de Filosofia, Letras e Ciências Humanas da Universidade de São Paulo. Coordena o Núcleo de Estudos da Epistolografia Brasileira, NEEB (CNPq). Bolsista de produtividade em pesquisa, CNPq. Publicou, entre outros livros, *Correspondência Mário de Andrade & Manuel Bandeira* (Edusp/IEB, 2000), *Orgulho de Jamais Aconselhar: a Epistolografia de Mário de Andrade* (Edusp, 2007) e *Câmara Cascudo e Mário de Andrade: cartas, 1924-1944* (Global, 2010).

Maria Arminda do Nascimento Arruda: Bacharel e licenciada em Ciências Sociais pela Universidade de São Paulo – USP. Realizou Mestrado – 1979, Doutorado – 1987 e Livre-docência – 2000 – em Sociologia na mesma instituição, tendo obtido o título de Professora Titular em Sociologia, em 2005, e, em 2022, tornou-se a vice-reitora da Universidade. A sua área de pesquisa, produção e publicações é em Sociologia da Cultura, com ênfase nos temas da história social dos intelectuais, da literatura, das artes, da sociologia da comunicação de massas.

Maria Augusta Fonseca: Professora Sênior Livre-docente do Departamento de Teoria Literária e Literatura Comparada (USP). Professora Adjunta de Literatura Brasileira (UFSC, 1992-96). Estudiosa do modernismo brasileiro desde 1972, para desenvolver pesquisas nessa área obteve bolsas de instituições de fomento, como Fapesp, Fundação Vitae e CNPq. É autora de livros e ensaios sobre Oswald de Andrade, Mário de Andrade e outros autores da literatura brasileira. O crítico Antonio Candido também integra o núcleo de seu campo de estudos. Tem pesquisas desenvolvidas na área de crítica genética e textual, de crítica e história literária, de literatura e sociedade.

MARIA EUGENIA BOAVENTURA: Doutora em Letras Clássicas pela Universidade de São Paulo. Atualmente é Professora Titular da Universidade Estadual de Campinas. Tem experiência na área de Crítica e História Literárias, com ênfase nos seguintes temas: Modernismo, Oswald de Andrade, Mário Faustino, Literatura contemporânea, Crítica genética, Crítica textual, entre outros.

MAURICIO TRINDADE DA SILVA: Gerente adjunto do Centro de Pesquisa e Formação do Sesc em São Paulo e doutor em Sociologia da Cultura pelo Programa de Pós-Graduação de Sociologia do Departamento de Sociologia da Universidade de São Paulo (USP).

PAULO CÉSAR GARCEZ MARINS: Historiador, Doutor em História Social e Livre--docente pela USP. Docente do Museu Paulista da USP e dos Programas de Pós--Graduação em Arquitetura e Urbanismo e em Museologia da USP. É membro do International Council of Museums (ICOM-BR) e do Internacional Council of Monuments and Sites (ICOMOS-BR).

SERGIO MICELI: Doutor em Sociologia pela École des Hautes Etudes en Sciences Sociales e pela USP, e professor titular dessa mesma instituição. Membro da Academia Brasileira de Ciências. Autor de diversos livros, entre os quais *Intelectuais à Brasileira* (2001) e *Sonhos da Periferia* (2018). Atualmente é editor responsável da *Tempo Social*, revista de Sociologia da USP.

Formato	16 x 23cm
Tipologia	Sabon MT Std (miolo)
Papel	ColorPlus Marfim 240 g/m² (capa)
	Pólen Natural 70 g/m² (miolo)
Impressão e acabamento	A. R. Fernandez Gráfica Ltda.
Data	Agosto de 2022

MISTO
Papel | Apoiando o manejo
florestal responsável
FSC® C178635